高职高专会计专业"十三五"项目化规划教材

成本会计实务

孙　颖　主　编

赵　萍　副主编

清华大学出版社

北　京

内容简介

本书以高职教育人才培养方向和发展战略为指引,以财政部最新颁布的《企业会计准则》《企业财务通则》和《企业产品成本核算制度》为依据,按照中、小型生产企业成本核算典型工作流程,将教学内容整合为三大部分,具体包括十个项目、二十九个工作任务。每一项目均包含能力目标—知识目标—素质目标—项目引入—项目分析—知识与技能—项目小结—项目解析—任务实施—任务评价—技能训练—实战模拟等内容,为该项目的教学和自学提供方便。

本书既可作为高职高专院校会计专业及经济专业"成本会计"课程教材使用,也可作为财经类其他专业学生的选修教材或在职会计人员的培训和自学参考用书。

本书各章对应的素材和电子课件可以通过 http://www.tupwk.com.cn 免费下载。

图书在版编目(CIP)数据

成本会计实务 / 孙颖　主编. —北京: 清华大学出版社,2017 (2019.1 重印)

(高职高专会计专业"十三五"项目化规划教材)

ISBN 978-7-302-47978-9

Ⅰ. ①成… Ⅱ. ①孙… Ⅲ. ①成本会计—会计实务—高等职业教育—教材 Ⅳ. ①F234.2

中国版本图书馆 CIP 数据核字(2017)第 201708 号

责任编辑: 崔　伟　马遥遥
封面设计: 上官千千
版式设计: 思创景点
责任校对: 曹　阳
责任印制: 沈　露

出版发行: 清华大学出版社
　　　　网　　　址: http://www.tup.com.cn, http://www.wqbook.com
　　　　地　　　址: 北京清华大学学研大厦 A 座　　　　　　　邮　　编: 100084
　　　　社 总 机: 010-62770175　　　　　　　　　　　　　邮　　购: 010-62786544
　　　　投稿与读者服务: 010-62776969, c-service@tup.tsinghua.edu.cn
　　　　质 量 反 馈: 010-62772015, zhiliang@tup.tsinghua.edu.cn
印 装 者: 北京鑫海金澳胶印有限公司
经　　销: 全国新华书店
开　　本: 185mm×260mm　　　　　印　　张: 18.75　　　　字　　数: 492 千字
版　　次: 2017 年 9 月第 1 版　　　　印　　次: 2019 年 1 月第 2 次印刷
定　　价: 48.00 元

产品编号: 076018-02

前　　言

　　"成本会计"是高等院校会计学专业的核心课程,也是部分经济管理类专业的主要课程之一。为贯彻教育部 2006 年 16 号文件《关于全面提高高等职业教育教学质量的若干规定》和《国家中长期教育改革和发展规划纲要(2010—2020 年)》中关于"以服务为宗旨,以就业为导向,推进教育教学改革;实行工学结合、校企合作、顶岗实习的人才培养模式……"的精神,使今后的教学活动能真正从培养学生的岗位能力出发,满足用人单位的需要,我们深入企业一线进行了充分调研。通过调研,我们获得了有关中、小型制造业成本会计岗位的主要工作任务、考核标准、岗位能力要求等诸方面的第一手资料。在此基础上,按照各岗位主要工作任务和岗位能力的要求,结合高职院校人才培养目标,编写了本书。

　　在本书的编写过程中,我们本着"工学结合""教、学、做"一体化的原则,打破了原有的成本会计教学内容体系,依据中、小型生产企业成本核算典型工作流程,将教学整合分为三大部分,具体包括十个项目、二十九个工作任务。每一项目均包含能力目标—知识目标—素质目标—项目引入—项目分析—知识与技能—项目小结—项目解析—任务实施—任务评价—技能训练—实战模拟等内容。按照从单项核算任务到成本核算全过程,从成本信息加工、整理再到信息提供与利用的顺序整合相应的知识、技能。在教材形式安排上,本书适应项目教学的要求,将理论融入实践教学中;在教学活动中,通过设置工作情境,使学生以"岗位工作者"的身份参与到教学活动中来,在完成工作任务的过程中,学习、研究工作方法,从而强化他们学习的主动性、目的性,培养独立思考能力、灵活运用能力、应变能力、创新能力等,以全方位提升学生的职业能力。此外,考虑到教材所涉及的产品成本计算方法是已被整理、提炼而典型化了的成本核算工作方法,与之相比,在实际工作中,工业企业的成本核算工作通常更为复杂、灵活。为了让学生能更快地适应工作环境,我们在工作任务后附有与本部分理论知识相匹配的巩固练习题,在一课一练的基础上还特别增加了"实战模拟"练习,以提高学生成本核算的仿真综合实训能力。

　　"成本会计"课程共计 72 学时,其中理论 36 学时,实践 36 学时。根据教学大纲要求,每个模块的教学内容和课时分配如下。

全书概况	具体项目	课时分配	
		理论	实践
第一部分　成本会计实务基础知识	项目一　成本会计实务基础工作	1	1
	项目二　产品成本核算基本要求及程序	2	2
	项目三　工业企业成本核算的典型工作任务	16	16

(续表)

全书概况	具体项目	课时分配	
		理论	实践
第二部分　产品成本核算方法	项目四　产品成本核算的品种法	2	4
	项目五　产品成本核算的分批法	2	2
	项目六　产品成本核算的分步法	4	4
	项目七　产品成本核算的分类法	2	2
	项目八　产品成本核算的定额法	2	2
第三部分　成本报表的编制与成本分析	项目九　成本报表的编制	2	2
	项目十　成本分析	2	2
合　　计		35	37

本书的特色与创新点如下。

(1) **内容创新**。按项目化教学模式组织编写，即以工业企业产品生产过程和步骤为主线，包括材料采购——产品生产——产品完工——产品入库——商品销售——成本报告与分析等全部核算过程，并结合之前所学的基础会计和财务会计的相关知识，力求做到各学科之间的融会贯通。每一项目均设置能力目标—知识目标—项目引入—项目分析—知识与技能—项目小结—项目解析—任务实施—任务评价—技能训练—实战模拟等内容，以引导、帮助、启发学生培养自主学习的方法和创新能力，体现以学生为主体的开放式教学模式。

(2) **结构严谨**。成本会计学科具有较强的综合性，所涉及的知识点由浅入深，由单项到综合。目前可供选择的教材中各章节所引用的例题大多具独立性，只是针对本章节的知识进行举例说明，而对于前后各章节之间、每一工作任务相互之间少有衔接，这就使学习者对知识的理解和掌握也存在片面性，不能将整个教材所包含的各项工作任务与企业产品生产实际步骤和程序联系在一起。为此，我们在教材编写过程中，将项目引入所涉及的例题和工作任务均以一家企业的整个产品生过程为导引，贯穿始终。

(3) **资源丰富**。为提升教学效果和满足学生的学习需求，本书配备多种教学资源，包括教学视频、多媒体课件、电子教案、技能训练、实战模拟等。另外，在课程结束后还配以综合测试及答案解析，以体现"循序渐进、边学边练、学以致用"的教辅用书特色。

本书既可作为高职高专院校会计专业及经济专业"成本会计"课程教材，也可作为财经类其他专业学生的选修教材或在职会计人员的培训和自学参考用书。

本书由孙颖教授(辽宁金融职业学院)担任主编，赵萍(辽宁金融职业学院)担任副主编。具体编写分工为：赵萍编写项目一、项目二和项目十；孙颖编写项目三～项目九。全书由孙颖负责统稿和总纂工作。

在编写过程中，我们吸收了目前国内同类教材的优点，同时还得到了相关企业会计部门及人员、领导、同事的大力支持，在此我们表示衷心的感谢!

虽然我们做了很大的努力，但由于水平有限，难免会存在某些欠缺，不足之处恳请读者批评指正并及时将您的意见反馈给我们，以便修订完善。

作　者

2017 年 5 月

目　　录

第一部分　成本会计实务基础知识

项目一　成本会计实务基础工作 ……………… 2
　任务一　了解成本 ……………………………… 3
　　一、成本的含义及作用 ……………………… 3
　　二、支出、费用及其与成本的关系 ………… 5
　任务二　认识成本会计 ………………………… 9
　　一、成本会计的产生和发展 ………………… 9
　　二、成本会计的含义 ………………………… 9
　　三、成本会计的内容 ……………………… 10
　　四、成本会计的组织工作 ………………… 11
　任务三　成本核算基础工作 ………………… 13
　　一、成本的分类 …………………………… 13
　　二、成本核算的原则 ……………………… 16
　　三、成本核算的账户体系 ………………… 17
　技能训练 ……………………………………… 23
　实战模拟 ……………………………………… 25

项目二　产品成本核算基本要求及程序 …… 26
　任务一　成本核算的要求 …………………… 27
　任务二　成本核算基本程序 ………………… 30
　任务三　产品成本核算方法的确定 ………… 32
　　一、影响成本核算方法的因素 …………… 32
　　二、工业企业的产品生产类型及
　　　　特点 ………………………………… 32
　　三、工业企业产品生产类型对产品
　　　　成本核算方法的影响 ……………… 33
　　四、产品成本计算的基本方法和
　　　　辅助方法 …………………………… 34
　　五、各种成本计算方法的实际应用 ……… 36
　技能训练 ……………………………………… 38
　实战模拟 ……………………………………… 39

项目三　工业企业成本核算的典型
　　　　工作任务 ……………………………… 41
　任务一　直接材料费用的归集和分配 …… 43
　　一、材料费用归集和分配概述 …………… 43
　　二、材料费用的归集 ……………………… 43
　　三、材料费用的分配 ……………………… 47
　　四、外购动力费用的核算 ………………… 51
　技能训练 ……………………………………… 54
　实战模拟 ……………………………………… 56
　任务二　直接人工费用的归集和分配 …… 57
　　一、职工薪酬的构成 ……………………… 58
　　二、职工薪酬的计算 ……………………… 59
　　三、职工福利费的计算 …………………… 60
　　四、社会保险费的计算 …………………… 60
　　五、住房公积金、工会经费、
　　　　职工教育经费的计算 ……………… 61
　　六、工资费用的分配 ……………………… 61
　　七、工资费用的账务处理 ………………… 63
　技能训练 ……………………………………… 66
　实战模拟 ……………………………………… 67
　任务三　辅助生产费用的归集和分配 …… 68
　　一、辅助生产费用的归集 ………………… 70
　　二、辅助生产费用的分配 ………………… 71
　技能训练 ……………………………………… 85
　实战模拟 ……………………………………… 88
　任务四　制造费用的归集和分配 ………… 89
　　一、制造费用的归集 ……………………… 90
　　二、制造费用的分配 ……………………… 90
　技能训练 ……………………………………… 96
　实战模拟 ……………………………………… 98
　任务五　损失性费用的归集和分配 …… 104

一、废品损失的归集和分配……104
二、停工损失的归集和分配……109
技能训练……111
实战模拟……113

任务六　生产费用在完工产品与期末
　　　　在产品之间的分配……113
一、在产品与完工产品的关系……114
二、在产品数量的日常核算……116
三、在产品清查的核算……116
四、在产品成本的计算方法……117
技能训练……133
实战模拟……137

第二部分　产品成本核算方法

项目四　产品成本核算的品种法……140
任务一　认识品种法……143
一、品种法的含义……143
二、品种法的特点……143
三、品种法的适用范围……143

任务二　品种法具体应用……144
一、品种法核算程序……144
二、品种法具体应用……144
技能训练……152
实战模拟……157

项目五　产品成本核算的分批法……160
任务一　认识分批法……161
一、分批法的含义……161
二、分批法的特点……162
三、分批法的适用范围……163
四、间接计入费用的分配方法
　　与分批法的分类……163

任务二　一般分批法应用……164
一、一般分批法的计算程序……164
二、一般分批法的具体应用……165

任务三　简化分批法应用……168
一、简化分批法的含义……168

二、简化分批法的特点……169
三、简化分批法的适用范围……169
四、简化分批法的计算程序……170
五、简化分批法具体应用……170
技能训练……173
实战模拟……178

项目六　产品成本核算的分步法……181
任务一　认识分步法……183
一、分步法的含义……183
二、分步法的特点……183
三、分步法的适用范围……184
四、分步法的分类……184

任务二　逐步结转分步法应用……184
一、逐步结转分步法的含义……184
二、逐步结转分步法的特点……185
三、逐步结转分步法的适用范围……185
四、逐步结转分步法的成本计算
　　程序……185
五、逐步结转分步法的综合结转法
　　具体应用……186
六、逐步结转分步法成本还原……191
七、逐步结转分步法的分项结转法
　　具体应用……194

任务三　平行结转分步法应用……197
一、平行结转分步法的含义……197
二、平行结转分步法的特点……197
三、平行结转分步法的适用范围……197
四、平行结转分步法的计算程序……197
五、平行结转分步法具体应用……198
六、平行结转分步法与逐步结转
　　分步法的区别……202
技能训练……204
实战模拟……211

项目七　产品成本核算的分类法……214
任务一　认识分类法……215
一、分类法的含义……215
二、分类法的特点……216

三、分类法的适用范围·············216
四、分类法成本计算程序·············217
任务二　分类法具体应用·············218
一、企业基本概况·············218
二、核算过程·············218
任务三　联产品、副产品的成本
核算·············221
一、联产品的成本核算·············221
二、副产品的成本核算·············223
技能训练·············227
实战模拟·············230

项目八　产品成本核算的定额法·············**231**
任务一　认识定额法·············232
一、定额法的含义·············232
二、定额法的特点·············232
三、定额法的适用范围·············233
四、定额法成本计算程序·············233
任务二　定额法具体应用·············233
一、定额成本的制定·············233
二、脱离定额差异的计算·············235
三、材料成本差异的计算·············239
四、定额变动差异的计算·············239
五、产品实际成本的计算·············240
技能训练·············244
实战模拟·············246

**第三部分　成本报表的编制与
成本分析**

项目九　成本报表的编制·············**248**
任务一　认识成本报表·············249
一、成本报表的含义·············249

二、成本报表的特点·············250
三、设置成本报表的基本要求·············250
四、成本报表的种类·············251
五、编制和报送成本报表的要求·······251
任务二　编制成本报表·············251
一、产品生产成本及销售成本表的
结构和编制方法·············251
二、产品生产成本表的结构和编制
方法·············254
三、主要产品单位成本表的结构和
编制方法·············256
四、制造费用明细表的结构和编制
方法·············258
五、期间费用明细表的结构和编制
方法·············259
技能训练·············263
实战模拟·············246

项目十　成本分析·············**266**
任务一　认识成本分析·············267
一、成本分析的含义·············267
二、成本分析的作用·············268
三、成本分析的内容·············268
四、成本分析的方法·············269
任务二　成本分析·············273
一、成本计划完成情况的分析·········273
二、技术经济指标变动对产品成本
影响的分析·············282
技能训练·············285
实战模拟·············287

参考文献·············**289**

第一部分
成本会计实务基础知识

◌ 项目一 成本会计实务基础工作

◌ 项目二 产品成本核算基本要求及程序

◌ 项目三 工业企业成本核算的典型工作任务

项目一 成本会计实务基础工作

能力目标

1. 能够合理表述成本的经济实质、构成及作用。

2. 能够对实际生产、生活中的各项列支进行支出、费用、成本的区分。

3. 能够知晓成本会计的任务，帮助企业设计成本会计方面的内部制度，合理地进行成本会计人员的安排。

4. 能够从不同角度进行成本的分类，初步掌握成本核算的账户设置。

知识目标

1. 了解成本的含义、经济实质、成本的构成和作用。

2. 了解成本会计的含义，掌握成本会计的内容。

3. 熟悉成本、费用与支出的区别及联系。

4. 明确成本会计的任务与职能，了解成本会计的组织工作。

5. 理解成本的不同标准分类，理解成本核算原则，初步掌握成本核算的账户体系。

素质目标

1. 遵守法律、法规和国家统一的会计制度，进行成本核算，实施成本监督。

2. 遵守会计职业道德，保守企业成本秘密，如发现有违规、违法情况，能够及时向领导汇报，不隐瞒、不包庇。

3. 能准确表达成本核算相关的工作要求，能与相关人员进行良好沟通，提出成本核算工作的合理化建议。

项目引入

大学生苏丹应聘到一小型家具厂——福瑞克公司当成本核算员，公司会计向苏丹简单介绍企业设有两个基本生产车间和两个辅助生产车间，主要加工各类成品家具，按月进行成本核算，然后拿来一些原始凭证让苏丹帮做账务处理，具体业务如下：

(1) 20××年5月1日购入原材料一批价款24 000元，按实际成本计价，用银行存款支付货款(不考虑税费)；5月6日生产甲产品耗用2 000元，乙产品耗用3 500元，供气车间耗用4 500

元；供电车间领用 6 000 元；基本生产车间一般耗用 5 000 元；企业管理部门耗用 3 000 元。

(2) 5 月 12 日引进生产用设备一台，价款 30 000 元，用银行存款支付，预计使用 5 年，无残值。

(3) 本月用银行存款支付广告费 5 000 元、违约罚款 20 000 元。

(4) 根据工资汇总表，本月应付职工薪酬为 55 000 元，其中产品生产工人 12 000 元，基本生产车间管理人员 25 000 元，行政管理人员 10 000 元，固定资产建造工程人员 5 000 元，专设销售机构人员 3 000 元。本月生产甲、乙两种产品的实际工时分别为 2 000 小时和 1 000 小时。本月应付福利费、工会经费和职工教育经费分别按工资总额的 10.5%、2% 和 1.5% 计提。

(5) 本月基本生产车间设备计提折旧 6 000 元，供气车间房屋折旧 2 500 元，供电车间房屋折旧 3 000 元，行政管理部门房屋折旧 4 000 元。

(6) 购买印花税票 30 元。

(7) 本月应付房产税、土地使用税和车船使用税共 5 000 元。

(8) 用库存现金支付办公费 3 000 元，其中基本生产车间 1 000 元，行政管理部门 2 000 元。

(9) 本月应交所得税费用 50 000 元。

(10) 应分配给投资人利润 200 000 元。

面对现实中复杂多样的票据，刚出校门的苏丹感到手足无措，你能帮她算算本月支出、费用、成本各是多少吗？

项目分析

无论是中小型企业，还是大型公司，总是要面对如何划分成本费用，如何有效地控制成本、准确核算成本以实现利润最大化的问题。要解决这些问题，要求企业财务主管和成本核算人员必须懂得成本会计基础理论知识，明确成本会计职能、任务；能准确进行成本和费用的划分；按成本核算的一般要求和程序进行核算。

以下内容是完成成本会计基础任务所必须掌握的知识。下面我们就开始【知识与技能】的学习吧！

知识与技能

任务一 了解成本

一、成本的含义及作用

(一) 成本的含义

成本(cost)是经济学中的一个非常重要的概念，成本作为一个价值范畴，在市场经济中是客观存在的。加强成本管理，控制各种耗费，节约费用开支，进行成本核算，实行成本控制，无论是对企业本身，还是对整个国民经济都是极其重要的。因此，从理论上充分认识成本的实质是十分必要的。

成本是取得资本和财产的代价或对象化的费用。例如，工业企业经营过程的每一个阶段都会发生资金的耗费，从而构成各种不同的成本。准备阶段的资金耗费是为了购买设备、材料，为购买设备和材料的资金耗费对象化到设备和材料上，构成设备和材料成本。生产阶段的资金耗费是为了生产产品，为生产产品而发生的资金耗费对象化到产品上，构成产品的生产成本。此外，企业的成本还包括为提供某种劳务而发生的资金耗费所构成的劳务成本(如运输、供水、供电)以及为筹集资金所发生的资金成本。由此可见，成本就是对象化的资金耗费。

从政治经济学角度来理解成本的概念，要注意以下几点。

(1) 成本是商品价值的基本部分。成本是商品经济的产物，属于价值范畴，它同商品价值有着密切联系。商品是使用价值和价值的统一，商品价值由三个部分组成：一是生产过程中已消耗的生产资料的价值(C)；二是劳动者为自己劳动所创造的价值(V)；三是劳动者为社会劳动所创造的价值(M)。在商品价值构成的三个部分($C+V+M$)中，成本是商品价值的基本部分，即商品价值中前两部分价值($C+V$)之和。

成本属于价值范畴，是商品价值中已消耗的生产资料的价值与劳动者为自己劳动所创造的价值之和，说明了成本的经济实质，通常称为理论成本。

(2) 成本是指为特定目的而发生的资金耗费。具体是以货币形式表现的产品(或劳务)的"实际成本"。在实际工作中，企业产品(或劳务)的成本中具体应当包括哪些资金耗费，通常称为企业的成本开支范围。企业成本开支范围应当遵循国家法律、行政规章的规定。

(3) 成本是补偿生产耗费的尺度。企业为生产特定产品而发生的各种资金耗费，是需要通过商品产品的销售得到补偿的。企业只有按照成本标准补偿了生产中的资金耗费，企业简单再生产才能顺利进行。因此，成本是企业补偿生产耗费的尺度。

成本作为生产耗费的补偿尺度，补偿数额的大小对企业以及整个社会都有重要的经济意义。在商品产品价格不变的情况下，成本越低，企业为社会劳动所创造的价值就越多，企业缴纳的税金和企业自身发展的资金量就越多；反之，成本越高，企业用于补偿的数额越大，企业为社会提供财富就越少，不仅企业缴纳的所得税费用会越少，还会影响企业自身的生存和发展。

(二) 成本的作用

成本的经济内涵决定了成本在经济管理中具有重要的作用，主要表现在以下几个方面。

(1) 成本是补偿生产耗费的尺度

企业生产经营过程既是产出的过程，也是人力、物力、财力耗费的过程。企业再生产过程顺利进行，生产经营中的各项耗费就必须得到补偿，否则，就难以保证企业的简单再生产。产品成本就是生产过程中消耗的物化劳动和活劳动，只有成本获得补偿，企业的再生产才能进行。因此，成本一方面以货币形式对生产耗费进行计量，另一方面为企业的简单再生产提出资金补偿的标准。在价格不变的情况下，成本越低，企业的利润就越多，企业为社会和自身的发展创造的财富就越多。反之，则相反。所以，成本作为补偿劳动耗费的尺度，对于促进企业加强成本管理，降低劳动消耗，取得最大经济效益有重要意义。

(2) 成本是反映企业工作质量的综合指标

成本是对象化的生产费用，它同企业生产经营过程的各个方面、各个环节的工作质量和工作效能有着内在的联系。例如，产品生产工艺是否科学合理、原材料消耗是否节约、生产设备是否充分利用、人的管理是否有效、生产技术是否不断创新改进、产品质量的优劣等诸多因素，都能通过成本直接或间接地反映出来。因此，成本是反映企业工作质量的综合指标。

(3) 成本是制定产品价格的重要依据

产品价格是产品价值的货币表现，从理论上说产品价格应等于产品成本($C+V$)加劳动者为社会创造的价值(M)。企业在决定产品价格时要比较产品成本这一重要依据，如果单位商品价格低于产品成本，则生产过程中的耗费难以得到补偿，企业必然发生亏损，再生产难以进行。只有商品价格高于产品成本，企业才有获利的可能，商品价格越高，企业获利空间越大。因此成本是决策产品价格的重要因素。

但在实际工作中，产品价格的确定受多种因素的影响：首先是市场条件，包括供求关系的影响，市场定价在很大程度上决定了商品的价格，此外还受国家价格政策、产品比价关系、企业占有的市场份额、是否有定价自主权、产品质量、服务质量等多方面因素的影响，它们共同左右着产品的定价策略。

(4) 成本是企业进行生产经营决策的重要依据

企业为了提高获利能力，在激烈的市场竞争中增强企业竞争力，必然要对生产经营各方面不断进行及时的决策和调整。在诸多的考虑因素中，成本是一项重要因素。企业依据成本资料，分析成本数据，选择扩大产量或增加品种、改进加工方式、创新工艺流程等，实现成本最优、效益最高，以不断提升企业的竞争能力。

二、支出、费用及其与成本的关系

了解成本的经济内涵之后，还要进一步深刻理解成本的概念，并明确支出、费用和成本的关系。这三者之间既有密切的联系，又有很大的区别。

(一) 支出

支出是指企业的经济利益的总流出。按其性质划分，可分为资本性支出、收益性支出、投资性支出、所得税费用支出、营业外支出、利润分配性支出等。

资本性支出是指支出的效益与几个会计年度相关的支出，如企业购买固定资产、无形资产的支出等，这种支出在以后资产使用中按收益情况分期将其价值计入各期费用。

收益性支出是指支出的效益仅与本会计年度相关的支出，如企业生产经营所发生的材料、工人工资等，这种支出直接计入当期费用，并与当期的收入相配比。

投资性支出是指让渡本企业资产的使用权形成的支出。它一般形成的是对外投资，如股票投资、债券投资等。

所得税费用支出是指对从事工商经营的企业和应纳税的个人，就其经营所得或高于计税收入所得而缴纳的税额，这种支出表现为费用。

营业外支出是指与企业的生产经营活动无直接关系的支出，如企业支付的违约金、罚款、非常损失等。这种支出不作为费用，直接计入当期损益。

利润分配性支出是指在利润分配环节发生的支出，如股利分配支出等，这种支出也不作为费用，直接参与税后利润分配。

(二) 费用

费用是指企业在日常活动中发生的、会导致所有者权益减少、与所有者分配利润无关的经济利益的总流出。企业在日常活动中所发生的费用主要有消耗材料、支付的职工薪酬、机器运转发生的磨损费用和维修费用等；在销售过程中发生的销售费用；企业为筹资发生的利息费用；组织和管理生产经营活动发生的公司经费、办公费等。具体分为生产费用和期间费用两类。

1. 生产费用

生产费用是指企业在一定时期内为生产产品而发生的各项支出。它是与产品生产相关的劳动耗费，如生产产品而消耗的材料、支付的生产工人的工资和车间组织产品生产的费用。

(1) 生产费用按经济内容(或性质)分类

生产费用的经济内容，是指构成生产费用的费用项目本身的性质。生产费用按经济内容的分类，也就是生产费用按费用性质的分类。生产费用的构成要素，一般称为费用要素。工业企业的生产费用，可以划分为以下构成要素。

① 外购材料。外购材料指企业为进行生产经营而耗用的一切从外单位购进的原料及主要材料、半成品、辅助材料、包装物、修理用备件和低值易耗品等。

② 外购燃料。外购燃料指企业为进行生产经营而耗用的一切从外单位购进的各种固体、液体和气体燃料。外购材料和外购燃料从性质上看是相同的，可归为一类，由于在许多企业燃料是重要的能源，在成本中所占的比重较大，故将其单独列为一类进行核算。

③ 外购动力。外购动力指企业为进行生产经营而耗用的一切从外单位购进的各种动力，如电力等。

④ 职工薪酬。职工薪酬指企业应计入产品成本的工资、福利费等提供给职工的薪酬。

⑤ 折旧费。折旧费指企业生产单位(分厂、车间)按照规定方法计提的固定资产折旧费用。

⑥ 其他支出。其他支出是指企业为生产产品、提供劳务等发生的不属于以上各要素的费用支出，如生产单位(分厂、车间)发生的办公费、差旅费、租赁费、外部加工费、保险费等。

上述生产费用按照经济内容(或性质)分类，是指应当计入产品生产成本的生产费用的分类。如果将生产费用和期间费用合并在一起按其经济内容分类，则上述费用要素的具体内容应当扩展到全企业而不是企业的生产单位，并且还应当增加"修理费用"(管理费用和销售费用中的项目)、"利息支出"(财务费用中的项目)、"税金"(计入管理费用项目的房产税、车船税、城镇土地使用税和印花税等)等费用要素。

对生产费用按其经济内容(或性质)分类，可以了解企业生产过程中物化劳动和活劳动的耗费情况，为计算工业增加值等指标提供依据。

(2) 生产费用按经济用途分类

生产费用的经济用途，是指生产费用在生产产品和提供劳务过程中的实际用途。工业企业的各种费用按其经济用途分类，首先应分为生产经营管理费用和非生产经营管理费用；生产经营管理费用还应分为计入产品成本的生产费用和不计入产品成本的经营管理费用。计入产品成本的生产费用在生产过程中的用途也各不相同，有的直接用于产品生产，有的间接用于产品生产。为了具体地反映计入产品生产成本的生产费用的各种用途，还应进一步划分为若干个项目，即产品生产成本项目，简称产品成本项目或成本项目。

根据生产特点和管理要求，工业企业产品生产(制造)成本一般应该设立以下三个成本项目。

① 直接材料。直接材料指企业在生产产品和提供劳务过程中所消耗的，直接用于产品生产，构成产品实体的原料及主要材料、外购半成品(外购件)、修理用备件(备品配件)、包装物、有助于产品形成的辅助材料、燃料以及其他直接材料。

② 直接人工。直接人工指企业在生产产品和提供劳务过程中，直接从事产品生产的工人工资以及按生产工人工资总额和规定的比例计算提取的职工福利费及其他职工薪酬。

以上直接材料和直接人工成本项目属于直接费用。直接费用应当根据实际发生数进行核算，并按照成本计算对象进行归集，直接计入产品的生产成本。

③ 制造费用。制造费用指企业为生产产品和提供劳务而发生的各项间接费用，包括生产车间的职工薪酬、折旧费、办公费、水电费、机物料消耗、劳动保护费、季节性和修理期间的停工损失等，但不包括企业行政管理部门为组织和管理生产经营活动而发生的管理费用。

制造费用成本项目属于间接费用。对于间接费用应采取一定的分配标准和分配方法分配计入各种产品的生产成本。

费用按经济用途进行分类，能够明确地反映出直接用于产品生产的材料费用是多少、人工费用是多少，用于组织和管理生产经营活动上的各项支出是多少，从而有助于企业了解费用计划、定额、预算等的执行情况，控制成本费用支出，加强成本管理和成本分析。

需要说明的是，企业应当根据其生产特点和成本管理的要求选择适合本企业的成本项目。例如，燃料和动力费用比重较小的企业，可以不设"燃料和动力"成本项目，而是将其列入"直接材料"成本项目中反映；经常有停工损失的企业，可以增设"停工损失"成本项目；需要单独核算废品损失的企业，可以增设"废品损失"成本项目。企业成本项目一经确定，不得随意变更，如需变更，应当根据管理权限，经股东大会或董事会，或经理(厂长)会议或类似机构批准并在会计报表附注中予以说明。

(3) 生产费用按其与生产工艺的关系分类

生产费用按其与生产工艺的关系不同，可分为基本费用与一般费用。

基本费用是指由于生产工艺本身引起的各种费用，如生产工艺技术过程耗用的原料及主要材料、燃料及动力、产品生产工人薪酬及相关支出。

一般费用是指企业内部各生产单位(车间、分厂)为组织和管理生产所发生的各项费用，如生产单位管理人员的薪酬、办公费、差旅费等。

(4) 生产费用按其计入产品成本的方式分类

生产费用按其计入产品成本的方式不同，可分为直接计入费用和间接计入费用。在构成产品成本的各项生产费用中,可以分清由哪种产品所耗用、可以直接计入某种产品成本的费用,称为直接计入费用(一般简称为直接费用);不能分清由哪种产品所耗用、不能直接计入某种产品成本,而必须按照一定标准分配计入有关的各种产品成本的费用,称为间接计入(或分配计入)费用(一般简称为间接费用)。将生产费用分为直接费用和间接费用,对于正确组织产品成本核算有着重要的意义。也就是说,凡是直接费用都必须根据原始凭证直接计入该种产品的成本;对于间接费用,则要选择合理的分配标准分配计入。间接费用分配标准选择是否妥当,直接影响成本计算的正确性,它是成本计算工作中的一个重要问题。

(5) 生产费用按其与产品产量的关系分类

生产费用按其与产品产量的关系不同,可以分为变动费用(成本)和固定费用(成本)。变动费用(成本)是指总额随产品产量变动而呈正比例增减变化的费用,如原材料费用。但对单位产品来说,它是固定不变的,即不随产品产量的增减发生变动。固定费用(成本)是指在一定期间和一定产量范围内,其总额不随产量增减而变动的费用,但其单位产品中的固定成本则随产量增减变化而呈反比例变动。将生产费用分为变动费用(成本)和固定费用(成本),是进行成本规划和成本控制的前提条件,同时对于分析成本升降原因和寻求成本降低的途径是有很大作用的。

2. 期间费用

期间费用,即经营管理费用,也称期间成本,是企业一定时期内为生产经营的正常进行而发生的各项支出,与企业的销售、经营和管理活动相关的劳动耗费,包括管理费用、销售费用和财务费用等。期间费用在发生的当期与当期收入进行配比,直接冲减当期损益。

(三) 支出、费用和成本的关系

支出、费用与成本是企业耗费的三个概念,具有一定的层次性和交叉性。支出是企业在经济活动中所发生的所有开支与耗费。费用是支出的主要组成部分,是企业支出中与生产经营相关的部分。产品成本是对象化的生产费用。生产费用是计算产品成本的基础,产品成本是生产费用的最后归宿。三者间的关系如图1-1所示。

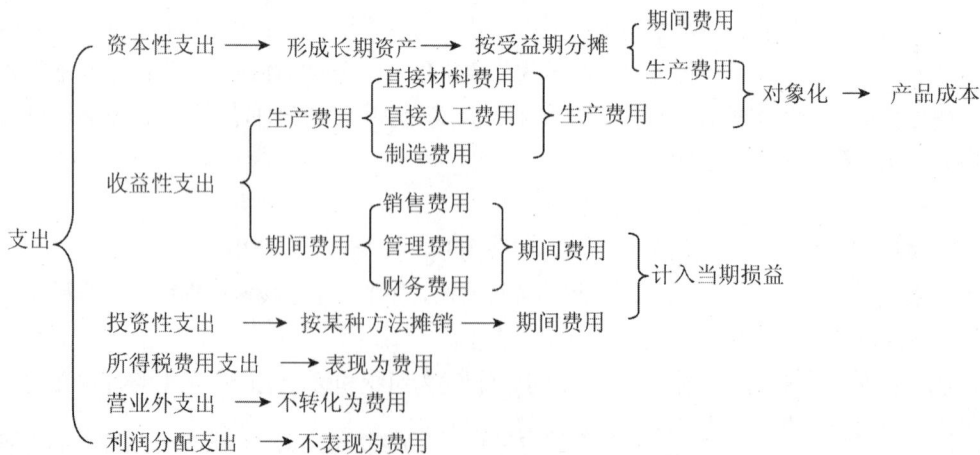

图 1-1 支出、费用和成本之间的关系

任务二　认识成本会计

一、成本会计的产生和发展

随着商品经济的发展，人们必然要计算生产过程中的各项耗费，确定销售盈亏，这就促进了成本计算方法的不断出现，成本会计(cost accounting)随着商品经济的形成而产生了。成本会计的产生和发展先后经历了早期成本会计、近代成本会计、现代成本会计等不同阶段。成本会计的方法和理论体系，随着发展阶段的不同而有所不同。

(一) 早期成本会计阶段(1880—1920年)

原始的成本会计起源于英国，英国产业革命完成后，机器代替了手工劳动，工厂代替了手工工场。会计人员为了满足企业管理上的需要，对生产过程中的耗费分别进行记录汇集，主要是计算产品成本以确定存货成本及销售成本，并设计出订单成本计算和分步成本计算的方法，初期阶段成本会计也称为记录型成本会计。

(二) 近代成本会计阶段(1921—1950年)

20世纪初以泰勒为代表的科学管理理论的产生和应用，对成本会计的发展产生了深远的影响。标准成本法的出现使成本计算方法和成本管理方法发生了巨大的变化，成本会计不仅需要确定产品的生产成本和销售成本，还要事先制定成本标准，并据以进行日常的成本控制与定期的成本分析。成本会计进入了一个新的发展阶段。

(三) 现代成本会计阶段(1951年至今)

20世纪50年代起，西方国家的社会经济进入了新的发展时期。随着管理现代化，运筹学、系统工程和电子计算机等各种科学技术成就在成本会计中得到广泛应用，成本会计发展重点已由如何对成本进行事中控制、事后计算和分析，转移到如何预测、决策和规划成本，形成了新型的以管理为主的现代成本会计。

20世纪80年代以来，随着计算机技术的进步、生产方式的改变、产品生命周期的缩短以及全球性竞争的加剧，产品成本结构与市场竞争模式发生大大改变。现代成本会计受其影响，新的方向和方法不断出现，处于向战略成本会计发展的新阶段。

二、成本会计的含义

通过成本会计的发展我们可以看出，成本会计是现代会计的一个重要分支，属于专业会计，它以会计资料和计划、统计、业务核算资料等为依据，遵循会计有关准则，运用一定的技术方法对生产费用进行归集计算，求得产品总成本和单位成本，对成本进行分析控制和决策。

因此，成本会计是根据会计资料和其他有关资料，按照会计有关原则和方法，对企业生产经营过程中的费用和成本，进行连续、全面、系统、综合的核算和监督的管理活动。

三、成本会计的内容

成本会计作为会计的一个重要分支，它的基本职能与会计的基本职能相同，都是核算和监督。随着社会经济发展和管理水平的提高，成本会计职能也在扩展变化之中。成本监督职能又可扩展为成本预测、成本决策、成本计划、成本控制、成本核算、成本分析、成本考核、成本检查等多项内容。

1. 成本预测

成本预测就是依据与成本有关的数据及信息，结合未来的发展变化情况，运用定量、定性的分析方法，对未来成本水平及变化趋势作出的科学估计。通过成本预测，有助于选择最优方案合理组织生产，从而减少工作的盲目性。

2. 成本决策

成本决策是指根据成本预测及其他与成本有关的资料，运用一定专门的科学方法选择最佳成本方案所作出的一种决定。企业中，成本决策贯穿生产经营的全过程，内容广泛，如最佳生产批量的决策、零部件自制或外购的决策、自制半成品即时出售或进一步深加工的决策等。成本决策是企业实现目标成本的重要手段之一。

3. 成本计划

成本计划是指在成本预测和成本决策的基础上，根据未来生产任务和降低成本的要求等，按照一定的方法所作出的用以反映企业计划期生产费用和产品成本水平的一种计划。例如，按照要素费用编制的生产费用预算，按照生产费用的经济用途编制的产品单位成本计划和全部产品成本计划等。

4. 成本控制

成本控制是指按预先制定的成本标准或成本计划指标，对实际发生的费用进行审核，并将其限制在标准成本或计划内，同时揭示和反馈实际与标准或与计划之间的差异，并采取措施消除不利因素，以使实际成本达到预期目标。通过成本控制，可促使企业顺利完成成本计划。

5. 成本核算

成本核算是指对生产经营过程中发生的各种生产费用进行归集和分配，采用一定的方法计算各种产品的总成本和单位成本。成本核算可以考核成本计划的完成情况、评价成本计划的控制情况，同时也为制定价格提供参考依据。

6. 成本分析

成本分析是指利用成本核算和其他有关资料，与计划、上年同期实际、本企业历史先进水平以及国内外先进企业等的成本进行比较，系统研究成本变动的因素和原因，制定有效办法或措施，以便进一步改善经营管理，挖掘降低成本的潜力。成本分析可以为成本考核，未来的成本预测、决策以及下期成本计划的制订提供依据。

7. 成本考核

成本考核是指对成本计划及其有关经济指标的实际完成情况所进行的考察和评价。成本考核通常是以有关部门或个人作为考核责任对象的，责任对象的目标成本即是企业对其进行成本考核的成本指标。通过成本考核，企业可以决定对有关责任对象进行奖惩。

8. 成本检查

成本检查又称成本审查，是指企业通过审核各项费用和产品成本，以检查各项费用开支的合法性、合理性、真实性及产品成本计算的正确性。它既包括企业内部成本会计工作人员的日常审查，也包括企业外部有关人员定期和不定期地对企业成本费用的审查。通过成本检查，能够发现企业的各项费用开支是否符合国家有关规定，成本计算是否正确，并且能够发现管理中的漏洞，提高员工节约费用、降低成本的意识。

上述成本会计的八项职能既相互独立又相互联系，构成了成本会计工作的有机整体。成本预测是成本决策的前提，成本决策是成本预测的结果；成本计划是成本决策所确定的成本目标的具体化，同时又是成本控制、成本分析、成本考核的依据；成本控制对成本计划的实施进行监督，保证决策目标的实现；成本核算是对决策目标是否实现的最后检验；成本核算和成本计划资料是成本分析的依据，成本分析在于找出影响成本变动的各种因素和原因，并对成本决策的正确性作出判断；成本考核是实现成本决策目标、强化成本核算作用的重要手段；成本检查是成本核算的继续和深化，是保证成本核算资料的真实性、合法性、合理性的重要手段。

在上述各项职能中，成本核算是成本会计最基本的职能，离开了成本核算，就谈不上成本会计，更谈不上其他职能的发挥。

四、成本会计的组织工作

为完成成本会计的任务，充分发挥成本会计在经营管理中的作用，企业应当合理地组织成本会计工作。成本会计工作的组织主要包括成本会计的机构设置、成本会计的人员配备、成本会计制度的制定等。

(一) 成本会计的机构设置

企业的成本会计机构，是企业直接从事成本会计工作的职能部门，是企业会计机构的重要组成部分。企业应在保证成本会计工作质量的前提下，根据企业规模的大小和成本管理要求，科学合理地设置成本会计工作机构。

企业总部成本会计机构内部组织分工，可以按照成本会计职能分工，也可按照对象分工。按照成本会计职能分工，可以在总部成本会计机构内部设置成本核算、成本分析和检查等专门的小组。成本会计对象包括产品成本和期间费用，因此，也可按照产品成本核算和分析、期间费用核算和分析设置专门小组。

企业总部和下属各生产车间(分厂)各级成本会计机构之间工作的组织分工，可采取集中工作方式，也可采用分散工作方式。

1. 集中工作方式

集中工作方式，是指成本会计工作中的核算、分析等各方面工作，主要由总部成本会计机构集中进行，车间(分厂)等其他单位中的成本会计机构和人员只负责登记原始记录和填报原始凭证，并对它们进行初步的审核、整理和汇总，为总部进一步工作提供资料。

这种方式有利于减少企业成本核算机构的层次和人员,及时提供有关成本信息,全面掌握情况,但不利于生产部门对成本费用进行控制,不利于调动车间和生产工人降低成本的积极性。因此,集中工作方式一般适用于成本会计工作比较简单的中小型企业。

2. 分散工作方式

分散工作方式,亦称非集中工作方式,是指成本会计工作中的核算和分析等方面工作,分散由车间等其他单位的成本会计机构或人员分别进行。总部成本会计机构负责对各下级成本会计机构或人员进行业务上的指导和监督,并对全厂成本进行综合的成本预测、决策、计划、控制、分析及考核等工作。

分散工作方式有利于车间、有关职能部门及时了解本车间或部门的成本费用信息,分析本车间或部门的成本费用指标,进而控制费用,降低成本水平。但这种方式也会增加成本核算的层次和人员。因此,分散工作方式一般适用于成本会计工作比较复杂、各部门相对独立的大中型企业。

以上两种工作方式并非截然分开的,也可结合使用,企业应当采取哪种工作方式,应按照每个企业自身特点和经营管理要求,扬长避短,合理确定适合的成本会计工作方式。

(二) 成本会计的人员配备

成本会计人员是指在会计机构或专设成本会计机构中所配备的成本工作人员,对企业日常的成本工作进行处理,诸如成本计划、费用预算、成本预测、成本决策、实际成本计算和成本分析、成本考核等。成本核算是企业核算工作的核心,为了保证成本信息质量,故企业对成本会计人员的业务素质要求比较高,具体如下。

(1) 会计知识面广,对成本理论和实践有较好的基础。

(2) 熟悉企业生产经营的流程(工艺过程)。

(3) 刻苦学习和任劳任怨。

(4) 良好的职业道德。

成本会计人员的配备应该是多层次的,除厂部和生产车间配备专职的成本会计人员,做好成本核算、参与成本管理外,在生产班组内也可设置兼职核算员,开展组织核算,参与企业生产经营决策,提出改进生产经营管理、降低成本、节约费用的建议和措施,真正当好企业领导的参谋,及时提供成本信息。

(三) 成本会计制度的制定

成本会计制度是指对成本会计工作所作的规定,是企业会计制度的重要组成部分。成本会计制度与其他会计制度一样,随着经济体制的变化,它的内涵与外延也在发展变化。建立、健全成本会计制度,对于规范企业的成本会计工作、保证成本信息的质量、满足企业管理的要求,具有十分重要的意义。

企业应根据《中华人民共和国会计法》《企业会计准则》等法律法规,结合本企业的生产经营特点和管理要求,具体制定本企业的成本会计制度、规程和办法,规范本企业成本会计工作,以便成本会计工作顺利进行。

企业的成本会计制度一般包括以下几个方面：

① 成本定额和成本计划的编制方法。

② 关于存货的收、发、领、退和盘存制度。

③ 关于成本核算的原始记录和凭证传递流程。

④ 成本核算制度，包括成本对象的确定、成本核算账户和成本项目的设置、各项费用要素和综合费用的归集与分配、生产费用形成产品成本的计算方法、在产品成本的计算等。

⑤ 成本预测和决策制度，包括预测和决策资料的收集整理、一般方法和程序等。

⑥ 成本计划和控制制度，包括原始凭证的审核办法，有关成本、费用的开支标准和审核权限，成本差异的计算与分析，差异信息的反馈与时间限制，控制成本业绩的考核与奖惩办法等。

⑦ 成本分析的制度，包括成本分析的一般方法、指标种类及计算口径。

⑧ 成本报表的制度，包括成本报表的种类、格式、编制方法、传递程序、报送日期等。

⑨ 其他成本会计制度。

成本会计制度的制定是一项复杂而细致的工作，既要保持相对的稳定性，但又不能一成不变。有关人员应当深入实际工作中进行调查研究，在反复试点、研究的基础上，制定科学、完整的成本会计制度。随着经济的发展及有关会计法律、法规的不断完善，成本会计制度也应适时进行修订，保证其科学性、先进性、可行性。

任务三　成本核算基础工作

一、成本的分类

成本分类是指根据成本管理与核算的要求，按一定的标准对成本所进行的划分。由于企业在管理上、核算上的要求不同，成本可按不同的标准划分为许多种类，主要分类如下。

(一) 成本按其与产品之间的关系分类

成本按其与产品之间的关系可分为制造成本(生产成本)和期间成本(期间费用)。制造成本亦称生产成本(cost of production)，是指企业生产经营过程中实际消耗的直接材料、直接人工、制造费用和其他直接支出。

1. 制造成本

(1) 直接材料。直接材料是指企业生产经营过程中实际消耗的原材料、辅助材料、设备配件、外购半成品、燃料、动力、包装物、低值易耗品以及其他直接材料。

(2) 直接人工。直接人工是指企业直接从事产品生产人员的工资、奖金、津贴和补贴等。

(3) 制造费用。制造费用指企业各个生产单位(分厂、车间)为组织和管理生产所发生的生产单位管理人员工资、职工福利费，生产单位房屋、建筑物、机器设备等的折旧费，设备租赁费(不包括融资租赁费)，机物料消耗，低值易耗品摊销，取暖费，水电费，办公费，差旅费，运输费，保险费，设计制图费，试验检验费，劳动保护费，季节性修理期间的停工损失以及其他制造费用。

(4) 其他直接支出。

2. 期间成本

期间成本，也称期间费用，是指企业在生产经营过程中发生的管理费用、财务费用和销售费用。为了明确经济责任，不计入产品的生产成本，作为期间费用直接计入当期损益。

(二) 成本按其性态分类

成本性态亦称成本习性，是指成本总额与业务量(产量或销量)变化的依存关系是客观存在的，是成本的固有性质形态，因此称之为成本性态。

成本按其性态进行分类，原则上分为固定成本和变动成本两类。但由于有些成本项目同时兼有变动成本与固定成本的两种不同性质，因此将这类成本称为混合成本。

1. 固定成本

固定成本是指成本总额不随业务量(产量、作业量或销量等)的变动而变动。以制造企业来看，固定成本(费用)是指与产品产量增减没有直接联系的成本(费用)，如企业管理人员工资、机器设备的折旧费等。固定成本的主要特点是其发生额不受产量变动的影响，产量在一定范围内变动，其总额仍保持不变。从单位产品来看，随着产品产量的增加，每单位产品分摊的费用将相应地减少。因此固定成本也可以说是一种期间成本，它在一定期间内是固定的，但是从长期的观点来看，固定成本是不存在的。

2. 变动成本

变动成本是指成本总额随着业务量(产量、作业量或销量等)的变动而呈正比例变动。以制造企业看，变动成本(费用)是指与产品产量(作业量)的增减而呈正比例变动的成本(费用)，如企业的直接材料、直接人工等。劳动成本的主要特点是其发生额受产量变动的影响，即产品产量增加，变动成本随之增加；产品产量减少，而变动成本随之减少，但对单位产品来看，却相对不变，所以变动成本和固定成本是相对总成本说的。

3. 混合成本

混合成本是指随产品业务量(产量、作业量或销量等)的增加或减少，其成本总额也随之发生增加或减少，但增减幅度不成比例。混合成本同时兼有固定与变动两个性质。根据具体情况不同，混合成本可进一步分为半变动成本、半固定成本、延期变动成本、曲线变动成本四种。

(三) 成本按其可控性分类

成本按其可控性的程度，可分为可控制成本与不可控制成本两类。

1. 可控制成本

可控制成本是指成本的发生属于某一部门、单位(包括生产车间、工段、班组等)或个人权责范围内，而且是能够加以控制的，其又称为该部门、单位或个人的可控成本。

2. 不可控制成本

不可控制成本是指成本的发生不属于某一部门、单位或个人的权责范围之内，而且是不能加以控制的，其又可称为该部门、单位或个人的不可控成本。

应当指出，成本的可控与不可控是相对的，对某一部门来说属于可控的，而对另一部门来说则属于不可控的；在一定时期看属于不可控的，而从长远看则属于可控的；在基层属于不可控的，而在上层则属于可控的。

(四) 成本按其发生的时间分类

成本按其发生的时间，可分为预计成本和实际成本两类。

1. 预计成本

预计成本，亦称预算成本或目标成本，是指在成本计算对象的费用发生之前，根据有关资料预先计算的成本，包括定额成本、计划成本、标准成本等。

2. 实际成本

实际成本，亦称历史成本，是指根据产品生产和销售中(或提供劳务、作业等)实际支出的费用计算确定的成本，是反映生产经营工作质量的综合性指标。它包含材料采购的实际成本、产品(包括提供劳务、作业)生产的实际成本和产品销售的实际成本。

(五) 成本按其与决策的相关性分类

成本按其与决策的相关性，可分为相关成本和非相关成本两类。

1. 相关成本

相关成本，是指对所有可行方案进行最优决策时，所应考虑的各种形式的未来成本，如差别成本、机会成本、重置成本、边际成本、酌量成本、付现成本等。"相关"是指与某一特定的经营决策有关系。企业在决策过程中，往往面对各种可行方案以及与之相对应的未来成本，从而形成错综复杂的成本关系，因此，企业必须对每一种可行方案的各个相关成本逐一地进行检验，对未来成本进行预测和估计，从而有效地进行比较和选择。

2. 非相关成本

非相关成本，亦称无关成本，是指已经发生，但对现在或未来的决策没有影响，所以在对所有可行性方案进行最优选择时，可以舍去、不加考虑的成本。常见的非相关成本有历史成本、沉没成本、不可避免成本、不可延缓成本等。此外，在进行决策时，在各个可行的方案中，项目一致、成本金额相等的未来成本，也是非相关成本的一种类型。决策是对未来或现在将要采取的各种可行性方案进行取舍。在上述两种类型的非相关成本中，前者是已经发生，不可避免，不以人们意志为转移，无论决策与否都要发生。后者虽然由于决策的不同可能发生，也可能不发生，但由于项目一致、金额相等，为各个备选方案所共同拥有，因此，这种成本现象也是必然要发生，不可避免的，也是不以人们意志为转移的客观存在，因而在决策时，它也是决策的非相关成本。

二、成本核算的原则

成本核算原则是在长期会计实践中，根据会计实务惯例提出，并经会计人员普遍接受和实际应用，确认其有理论根据和实际应用价值。成本核算原则虽不具有法律强制执行的性质，但却为会计人员所普遍承认，实际上是一种规范性的准则。

1．实际成本计价原则

实际成本计价原则，又称历史成本原则，是指"各项财产物资应当按取得时的实际成本计价。物价变动时，除国家另有规定者外，不得调整其账面价值"（《企业会计准则》第十九条）。由于企业的财产物资是在不同时期购入的，因此在账上反映的是其历史成本。

采用实际成本，主要是因为历史成本是实际交易成本，可以验证，较其他计价方法更可信。但是在物价变动时，采用历史成本计价也存在着成本不真实、虚增利润等缺陷，因此，世界上某些通货膨胀严重的国家，部分采用了通货膨胀会计的一些处理方法，以消除物价变动对会计报表的影响。但绝大多数国家仍然坚持采用历史成本原则，我国目前也是如此。但是，当企业存货价值发生较大变化时，也应以会计报表附注等形式补充列示。

2．成本分期原则

成本分期原则，包括分期进行成本计算和报告成本信息两个方面。

企业的生产经营活动是连续进行的。为了充分发挥会计对生产经营活动过程的控制作用，满足决策者对短期信息的需求，需要人为地把持续不断的企业生产经营活动划分成一个个首尾相接、间隔相等的会计期间。会计期间的假设，是在持续经营假设的基础上人为地规定提供会计信息的期限。成本核算的分期与会计上月、季、年期间的划分是一致的，有利于经营成果的确定。需要指出的是，产品成本的分期核算，与产品成本计算期是有区别的，产品成本计算是对产品负担生产费用所规定的起讫期，它受产品生产类型的影响，可以与会计期间一致，也可以与各批或各件产品的生产周期一致。产品成本的分期核算原则与产品的生产类型无具体联系，它是指成本的具体核算工作，包括费用的归集、分配、计算和报告产品成本，都必须按会计期间进行，并于期末对成本计算账户的发生额进行加计，及时计算完工产品成本。

3．权责发生制原则

《企业会计准则》第十六条规定"会计核算应当以权责发生制为基础"，也就是说，在确认本期收入和费用时，应以权利和责任的发生与转移作为记账的基础。凡是本期已经实现的收入和已经发生的费用，不论款项是否收付，都应作为本期的收入和费用入账；凡是不属于本期的收入和费用，即使款项已在本期收付，也不应作为本期的收入和费用处理。

4．一贯性原则

一贯性原则也称为一致性原则，是指每个企业在不同会计期间所使用的会计方法和程序应当相同，即会计工作所采用的方法、计价标准、其他会计实务应当保持一致。这是因为在会计核算中有多种方法和程序可供选择，如存货的计价方法、折旧方法、成本计算的方法和程序等。假如会计人员所使用的会计方法和程序各期不同，则必然会影响会计数据的客观性，使会计报表中的有关数据前后不一致，缺乏可比性，这样就会使会计信息的使用者产生误解，错将会计方法改变的影响当作企业情况或经营成果的实际变动，导致决策失误。

当然，一贯性原则并不是说企业所采用的会计方法和会计程序永远不能变动。若企业的经济环节发生了变化，为了提供正确、有用的信息，确实需要调整会计方法和程序时，则应按规定的程序进行，并将变动情况在会计报告中加以说明。正如《企业会计准则》第十三条所规定的："会计处理方法前后各期应当一致，不得随意变更。如确有必要变更，应当将变更的情况、变更的原因及其对企业财务状况和经营成果的影响，在财务报告中说明。"

5. 合法性原则

所谓合法性原则，是指计入成本的支出应符合国家的法律、制度关于成本开支范围和标准的规定。所谓成本的开支范围，是指哪些支出可以计入成本，哪些开支不可以计入成本。所谓成本的开支标准，是指可计入成本范围支出的数额限制。成本核算遵循合法性原则，有助于保证成本信息的合法性和有用性。

6. 重要性原则

《企业会计准则》规定："财务报告应当全面反映企业的财务状况和经营成果。对于重要的经济业务，应当单独反映。"这一原则同样适用于成本核算。根据这一原则，在成本核算和成本报表中既要全面完整地记录和反映全部会计事项，同时又要突出重点。具体地说，重要的经济业务，必须严格确认、计量、记录和报告，不能遗漏，次要的经济业务可适当简化归并处理。例如对于包装物的成本摊销问题，由于其价值低，可以针对不同情况，采取一次摊销或多次摊销进行处理。这样做可以大大简化成本核算手续而又不影响会计报表的质量，既保证会计信息的效用，又可节约会计核算费用。

这里应注意确定主要还是次要的依据并不是会计处理的难易程度，而是对信息使用者决策影响的大小。为此可从经济业务的数量和质量两个方面来考虑。一般来说，数量金额的大小是判断其重要与否的直接因素，不过它又有相对性。如相同金额的同一经济业务对大企业而言，可能由于其影响微不足道而作为不重要项目处理，但对于小企业而言它则可能直接影响财务状况和经营成果，必须作为重要项目处理。所以定量的标准，应根据具体情况加以确定。判断信息是否重要的另一方面，是考虑经济业务的性质，分析它们是否对客观、全面地反映企业的财务状况和经营成果产生重大影响，如果是，即使数量金额较小，仍必须加以详尽处理反映。

7. 配比性原则

为了确定某一会计期间的产品销售利润，除需要确定本期营业收入之外，还应确定应由本期成本负担的费用，将费用与相应的收入配比。这对企业成本范围而言，本期已销售产品的生产成本、本期期间费用与本期营业外支出等，都应与本期收入相配比，才能核算出真实的经济效益。这对于企业的成本核算来说，就是为实现本期收入而发生应由本期企业成本负担的费用，不论是否已经支付，都应计入本期成本，而不是为实现本期收入所发生的不应由本期成本负担的费用，虽然在本期支付，也不应计入本期成本，以便正确提供各期的成本信息。

三、成本核算的账户体系

为了核算和监督企业生产过程中发生的各项费用，正确进行成本核算，企业一般应设置"生产成本""制造费用""销售费用""管理费用""财务费用"等账户。如果需要单独核算废品损失和停工损失的企业，还可以设置"废品损失"和"停工损失"账户。

(一) 产品成本(生产费用)核算的账户设置

1. "生产成本"总账及其明细账

为了核算企业进行产品生产所发生的各种生产费用，正确计算产品成本，企业应设置"生产成本"账户。该账户借方登记企业为进行产品生产而发生的直接材料、直接人工、制造费用等各种费用项目；贷方登记完工入库的完工产品成本；余额在借方，表示月末尚未完工的在产品成本。

"生产成本"账户应当设置"基本生产成本"和"辅助生产成本"两个二级账户，分别核算基本生产成本和辅助生产成本。

(1) "生产成本——基本生产成本"账户

基本生产是指为完成企业主要生产目的而进行的产品生产。"生产成本——基本生产成本"账户核算企业生产各种产成品、自制半成品等所发生的各项费用。借方登记企业从事基本生产活动的生产单位(分厂、车间)所发生的直接材料费用、直接人工费用、其他直接费用和自"制造费用"账户转入的基本生产单位发生的制造费用；贷方登记结转基本生产单位完工入库产品成本和已完成的劳务成本；该账户的期末余额在借方，表示基本生产单位期末尚未完工的在产品成本。该账户应按产品品种、产品批别或产品生产步骤等成本核算对象分设基本生产成本明细账，也称产品成本计算单或产品生产成本明细账，按成本项目分设专栏或专行登记各种产品、项目的月初在产品成本、本月发生的生产费用、本月完工产品成本和月末在产品成本。其一般格式如表 1-1 所示。

表 1-1 基本生产成本明细账(产品生产成本计算单)

产品：××产品　　　　　生产车间：　　　　投产时间：　　　　　　　单位：元

年		凭证号	摘　要	成本项目			合　计
月	日			直接材料	直接人工	制造费用	

(2) "生产成本——辅助生产成本"账户

辅助生产是指为基本生产车间、企业行政管理部门或辅助生产车间自身提供各种劳务或生产供企业内部使用的各种物资等。如为基本生产提供修理修配、供水供电等服务，为基本生产制造一般工具、模具、修理用备件、自制材料、包装物、低值易耗品等各种物资。为了归集辅助生产车间为基本生产车间及其他部门提供产品、劳务所发生的各项费用，计算辅助生产所提供的产品、劳务的成本，企业可根据需要设置"生产成本——辅助生产成本"二级账户。该账户借方登记为进行辅助生产而发生的直接材料、直接人工等应直接计入产品成本的各种费用，间接费用可以先通过"制造费用"账户归集，然后再分配转入"生产成本——辅助生产成本"账户的借方，或者直接记入"生产成本——辅助生产成本"账户的借方；贷方登记完工入库的产品成本或分配转出的劳务成本；该账户月末一般没有余额，如果有余额，余额在借方，表示辅助生产单位月末在产品成本。

该账户按辅助生产车间生产产品的种类或提供劳务的种类分设辅助生产成本明细账(产品成本计算单)，按辅助生产的成本项目或费用项目分设专栏或专行进行登记。其一般格式如表 1-2 所示。

表 1-2　辅助生产成本明细账

车间：　　　　　　　　　　　产品：　　　　　　　　　　　　　　　　单位：元

年		凭证号	摘　要	成本项目			合　计
月	日			直接材料	直接人工	制造费用	

2. "制造费用" 账户

"制造费用" 账户核算企业为生产产品和提供劳务而发生的应计入产品成本但没有专设成本项目的各项间接费用。如技术管理人员的职工薪酬、折旧费、办公费、水电费、机物料消耗、劳动保护费、季节性停工、大修理停工期间的停工损失等，均应在 "制造费用" 账户中归集。费用发生时，记入 "制造费用" 账户的借方及其有关明细账户，月末按一定标准分配计入有关成本核算对象。从 "制造费用" 账户的贷方转入 "生产成本——基本生产成本" 账户的借方及其有关明细账户。除季节性生产企业外，该账户月末一般无余额。

"制造费用" 账户，应按不同车间、部门设置明细账，账内按费用项目设专栏进行明细核算。其一般格式如表 1-3 所示。

表 1-3　制造费用明细账

车间：　　　　　　　　　　　　　　　　　　　　　　　　　　　　　　单位：元

年		凭证号	摘　要	费用项目				合　计
月	日			材料费	人工费	折旧费	办公费	

3. 其他相关账户

企业如果需要单独核算废品损失和停工损失，还应设置 "废品损失" 和 "停工损失" 账户。

(二) 跨期费用核算的账户设置

为了正确划分各期费用界限，企业应设置 "长期待摊费用" 等账户。长期待摊费用是指企业已经发生但应由本期和以后各期负担的摊销期限在一年以上的各项费用，如以经营租赁方式租入固定资产改良支出等。

　　"长期待摊费用"账户的借方登记企业发生的各项长期待摊费用；贷方登记分期摊销计入管理费用、销售费用等的数额；期末余额在借方，表示企业已经发生尚未摊销的长期待摊费用数额。

　　长期待摊费用的摊销期限应当合理估计，如以经营方式租入固定资产的改良支出，应当按租赁期限与租赁资产尚可使用年限，在摊销期限内平均摊销。

(三) 期间费用核算的账户设置

　　为了归集和结转不计入产品成本的期间费用，还需要分别设置"管理费用""销售费用""财务费用"账户。

1. "管理费用"账户

　　管理费用是指企业为组织和管理生产经营活动所发生的费用。公司经费、工会经费、职工教育经费、劳动保险费、失业保险费、董事会费、咨询费(含顾问费)、聘请中介机构费、诉讼费、排污费、税金、土地损失补偿费、技术转让费、研究与开发费、无形资产摊销、业务招待费、计提的坏账准备和存货跌价准备、存货盘亏、毁损和报废及其他。为了核算企业行政管理部门为组织和管理生产经营活动而发生的各项管理费用，应设置"管理费用"账户进行核算。该账户借方登记发生的各项管理费用；贷方登记期末转入"本年利润"账户的管理费用；期末结转后一般应无余额。"管理费用"账户应按费用项目设置专栏，进行明细核算。

2. "销售费用"账户

　　销售费用是指企业在销售商品、产品和提供劳务过程中发生的各项费用以及专设销售机构(含销售网点、售后服务网点等)的各项经费。具体包括运输费、装卸费、包装费、保险费、展览费、广告费、商品维修费、预计产品质量保证损失等，以及专设销售机构(含销售网点、售后服务网点等)的职工薪酬、业务费、租赁费、折旧费、固定资产修理费等费用。为了核算企业在产品销售过程中所发生的各项费用，应设置"销售费用"账户，该账户借方登记实际发生的各项销售费用；贷方登记期末转入"本年利润"账户的销售费用；期末结转后该账户一般应无余额。"销售费用"账户应按费用项目设置专栏，进行明细核算。

3. "财务费用"账户

　　财务费用是企业为筹集生产经营所需资金而发生的费用。包括企业生产经营期间发生的利息支出(减利息收入)、汇兑损益以及相关的手续费、企业发生的现金折扣或收到的现金折扣等。为了核算企业为筹集生产经营所需资金而发生的各项费用，应设置"财务费用"账户。该账户借方登记发生的各项财务费用；贷方登记应冲减财务费用的利息收入、汇兑收益以及期末转入"本年利润"账户的财务费用；期末结转后该账户一般应无余额。"财务费用"账户应按费用项目设置专栏，进行明细核算。

项目小结

```
                     ┌─ 了解成本 ──┬─ 成本的含义及作用
                     │            │
                     │            └─ 支出、费用及其与成本的关系 ── 详见图1-1
                     │
                     │            ┌─ 成本会计的产生和发展
  成                 │            │
  本                 ├─ 认识成本会计 ┼─ 成本会计的含义
  会                 │            │
  计                 │            ├─ 成本会计的内容
  实                 │            │
  务                 │            └─ 成本会计的工作组织      ┌─ 按其与产品之间的关系分类
  基                 │                                      │
  础                 │                                      ├─ 按其性态分类
  工                 │            ┌─ 成本的分类 ────────────┼─ 按其可控性分类
  作                 │            │                         │
                     └─ 成本核算基础工作 ┼─ 成本核算的原则    ├─ 按其发生的时间分类
                                  │                         │
                                  └─ 成本核算的账户体系      └─ 按其与决策的相关性分类
```

项目解析

通过上面【知识与技能】的学习，我们可以将【项目引入】中所涉及福瑞克公司的各项经济业务核算如下。

(1) 借：原材料　　　　　　　　　　　　　　　24 000
　　　　贷：银行存款　　　　　　　　　　　　　　24 000
　　借：生产成本——基本生产成本——甲　　　　2 000
　　　　　　　　　　　　　　　　——乙　　　　3 500
　　　　　　　——辅助生产成本——供气　　　　4 500
　　　　　　　　　　　　　——供电　　　　　　6 000
　　　制造费用　　　　　　　　　　　　　　　　5 000
　　　管理费用　　　　　　　　　　　　　　　　3 000
　　　　贷：原材料　　　　　　　　　　　　　　　24 000
(2) 借：固定资产　　　　　　　　　　　　　　20 000
　　　　贷：银行存款　　　　　　　　　　　　　　20 000
(3) 借：销售费用　　　　　　　　　　　　　　5 000
　　　营业外支出　　　　　　　　　　　　　　20 000
　　　　贷：银行存款　　　　　　　　　　　　　　25 000
(4) 借：生产成本——基本生产成本——甲　　　　9 120
　　　　　　　　　　　　　　　　——乙　　　　4 560

制造费用——基本车间	28 500	
管理费用	11 400	
在建工程	5 700	
销售费用	3 420	
贷：应付职工薪酬——职工工资	55 000	
——职工福利	5 775	
——工会经费	1 100	
——职工教育经费	825	

(5) 借：制造费用——基本车间   6 000

    生产成本——辅助生产成本——供气   2 500

    ——供电   3 000

    管理费用   4 000

    贷：累计折旧   15 500

(6) 借：管理费用   30

    贷：库存现金   30

(7) 借：管理费用   5 000

    贷：应交税费——房产税、车船使用税、土地使用税   5 000

(8) 借：制造费用——基本车间   1 000

    管理费用   2 000

    贷：库存现金   3 000

(9) 借：所得税费用   50 000

    贷：应交税费——应交所得税   50 000

(10) 借：利润分配——未分配利润   200 000

    贷：应付股利   200 000

❯ 任务实施

1. 全面理解【知识与技能】的基础上，各小组同学独立完成【技能训练】和【实战模拟】相关内容。

2. 小组成员遵循实事求是、认真负责的原则，按照【任务评价】进行组内互评打分。

❯ 任务评价

为了考核学生对【任务一】【任务二】和【任务三】所涉及内容的理解程度，特制定了任务考核评价表(见表1-4)，主要考核学生对成本会计实务基础知识的掌握程度。

表 1-4　任务考核评价表

	内　容	分　值	得　分
	成本会计实务基础知识		
考评标准	成本的分类	20	
	生产费用的分类	20	
	支出、费用及成本的关系	20	
	成本会计的内容	20	
	产品成本(生产费用)核算的账户设置	20	
合　计		100	

注：考评满分为 100 分，60～70 分为及格；71～80 分为中等；81～90 分为良好；91 分以上为优秀。

技能训练

一、单项选择题

1. 成本是产品价值中的(　　)部分。

　A. $C+V+M$　　　　　B. $C+V$　　　　　C. $V+M$　　　　　D. $C+M$

2. 构成产品成本的各项耗费，是指企业的(　　)。

　A. 生产经营费用　　　B. 生产费用　　　C. 生产费用和期间费用　D. 期间费用

3. 产品成本是相对于(　　)而言的。

　A. 一定数量和种类的产品　　　　　　B. 一定的会计期间

　C. 一定的会计主体　　　　　　　　　D. 一定的生产类型

4. (　　)是成本决策所确定的成本目标的具体化。

　A. 成本预测　　　　　B. 成本计划　　　　C. 成本控制　　　　　D. 成本考核

5. 集中工作方式和分散工作方式是指(　　)的分工方式。

　A. 企业内部各级成本会计　　　　　　B. 企业内部成本会计职能

　C. 企业内部成本会计对象　　　　　　D. 企业内部成本会计任务

6. 构成产品成本的支出主要是(　　)。

　A. 资本性支出　　　　B. 收益性支出　　　C. 生产性支出　　　　D. 营业外支出

7. 制造费用应分配记入(　　)账户。

　A. "生产成本——基本生产成本"　　　B. "生产成本——辅助生产成本"

　C. "管理费用"　　　　　　　　　　　D. "财务费用"

8. 下列各项中，属于制造业费用要素的是(　　)。

　A. 直接材料　　　　　B. 直接人工　　　　C. 制造费用　　　　　D. 税金

9. 费用要素是指按其(　　)进行的分类。

　A. 经济用途　　　　　　　　　　　　B. 计入产品成本的方式

　C. 经济内容　　　　　　　　　　　　D. 与生产工艺过程的关系

23

10. 产品成本项目由( )。

    A. 企业根据生产特点和管理要求自行确定   B. 国家统一规定

    C. 财政部发布的规定确定   D. 企业主管部门分别统一确定

二、多项选择题

1. 工业企业发生的各种费用按其经济性质首先可以分为( )等三大要素。

    A. 劳动对象方面的费用   B. 劳动手段方面的费用

    C. 劳动资料方面的费用   D. 活劳动方面的费用

2. 下列项目中属于收益性支出的有( )。

    A. 材料费用   B. 管理费用   C. 销售费用

    D. 财务费用   E. 折旧费用

3. 成本的重要作用表现在( )。

    A. 成本是生产经营耗费的补偿尺度   B. 成本是重要的经济指标

    C. 成本是制定价格的重要依据   D. 成本是进行生产经营决策的重要参考

4. 从经济实质看,成本是企业商品生产过程中( )之和。

    A. 已消耗的生产资料的价值   B. 劳动者为自己劳动创造的价值

    C. 生产资料价值   D. 劳动者创造的价值

5. 工业企业的生产经营费用包括( )。

    A. 生产费用   B. 销售费用   C. 管理费用   D. 财务费用

6. 制定企业内部成本会计制度或办法,应当( )。

    A. 符合《中华人民共和国会计法》的要求   B. 符合国家统一的会计制度的要求

    C. 适应企业的生产经营活动的特点   D. 满足企业成本管理的要求

7. 下列不应计入生产经营费用的有( )。

    A. 企业购置和建造固定资产,购买无形资产

    B. 企业对外投资

    C. 企业的固定资产盘亏损失,报废清理损失

    D. 由于自然灾害造成的非常损失

8. 生产经营费用审核和控制的依据是( )。

    A. 国家有关法律法规

    B. 企业会计准则和企业产品成本核算制度

    C. 企业内部有关会计制度和办法

    D. 费用发生时有关人员的说明

9. 下列项目中,不应计入产品成本的有( )。

    A. 制造费用   B. 利息费用

    C. 固定资产盘亏损失   D. 流动资产盘亏损失

10. 为了进行产品成本的总分类核算,工业企业可以根据不同的情况,设立不同的总账科目,一般可以( )。

    A. 设立"生产成本"科目

B. 设立"生产费用"科目

C. 设立"基本生产成本"和"辅助生产成本"科目

D. 在"生产成本"科目之外，增设"废品损失"科目

三、判断题

1. 成本属于费用，因而费用就是成本。　　　　　　　　　　　　　　　（　　）

2. 成本实质上是生产经营进程中所耗费的生产资料转移价值的货币表现。　（　　）

3. 产品的生产过程，也是劳动对象、劳动手段和活劳动的耗费过程。　　（　　）

4. 分散工作方式有利于进行责任成本核算。　　　　　　　　　　　　　（　　）

5. 成本预测和成本计划是成本会计的最基本的内容。　　　　　　　　　（　　）

6. 企业主要应根据外部有关方面的需要来组织成本会计工作。　　　　　（　　）

7. 企业生产费用都应直接计入各种产品成本。　　　　　　　　　　　　（　　）

8. 期间费用一般应当分配计入当期产品、劳务的成本。　　　　　　　　（　　）

9. 成本是企业为生产产品、提供劳务而发生的各种耗费。因此，成本是对象化的生产费用。

　　　　　　　　　　　　　　　　　　　　　　　　　　　　　　　　　（　　）

10. 产品生产成本是企业为生产一定种类和数量的产品所发生的各种耗费的总和，不包括销售费用、管理费用和财务费用。　　　　　　　　　　　　　　　　　（　　）

▶ 实战模拟

【目的】划分成本、费用和支出的界限。

【资料】华丽公司本月发生各种经济业务如下：

(1) 以银行存款支付劳动保护费 3 000 元；

(2) 车间管理人员工资 5 000 元；

(3) 按车间管理人员工资的 14%提取福利费；

(4) 购买材料 5 000 元，其中 60%被生产车间消耗；

(5) 车间固定资产折旧费 2 000 元；

(6) 以银行存款支付办公费、水电费及其他支出等共计 1 500 元；

(7) 支付保险费 1 600 元；

(8) 辅助生产成本(修理费、运输费)转入 2 400 元；

(9) 支付借款利息 4 500 元；

(10) 为希望工程捐款 50 000 元。

【要求】根据上述资料做相关账务处理，并分析本月生产费用和期间费用各是多少？

项目二　产品成本核算基本要求及程序

能力目标

1. 能够贯彻执行产品成本核算五个方面的基本要求，特别是对各种费用界限的划分。
2. 能够确定产品成本核算的基本程序。
3. 能够根据企业生产类型的特点和管理要求选择适当的成本核算方法。

知识目标

1. 明确产品成本核算的基本要求。
2. 明确产品成本核算的基本程序。
3. 明确产品成本核算方法确定的依据。

素质目标

1. 遵守法律、法规和国家统一的会计制度，进行成本核算，实施成本监督。
2. 爱岗敬业，努力钻研专业知识，增强成本核算意识。

项目引入

南华工厂 20××年 6 月份有关经济业务如下：生产产品耗用原材料 60 000 元，辅助材料 2 000 元，外购动力费 4 000 元，车间折旧费 1 000 元；生产工人工资 10 000 元；车间管理人员工资 5 000 元；车间办公费 400 元；企业管理人员工资 30 000 元，电话费 1 000 元；支付购买原材料所借款项 150 000 元的利息 8 000 元；支付购买车间用设备所借款项 500 000 元的利息 10 000 元；固定资产报废清理损失 1 000 元。企业成本会计人员将此费用的分类内容列示如下。

生产经营管理费用　　132 400 元
生产费用　　　　　　100 400 元
期间费用　　　　　　 32 000 元

请依据【知识与技能】的相关知识来评价本项目引入中该企业成本会计人员的费用分类项目的金额是否正确，并说明原因。

项目分析

成本核算是按照国家有关成本费用开支范围的规定以及企业经营管理的要求，对企业生产经营过程中实际发生的各种耗费进行核算，并进行相应的账务处理，提供真实、有用的成本信息。成本核算是成本会计的核心内容，为了充分发挥其作用，必须正确贯彻执行成本核算的基本要求。

产品成本核算的基本程序是指根据成本核算的基本要求，对生产费用进行分类核算，并按成本项目进行归集，直到计算出完工产品成本的基本工作过程。

知识与技能

任务一　成本核算的要求

为了充分发挥成本核算的作用，企业进行成本核算应贯彻执行以下五个方面的要求。

(一) 算管结合，算为管用

所谓"算管结合，算为管用"，就是成本核算应当与加强企业管理相结合，所提供的成本、费用信息为企业管理和决策所用。为此，成本核算不仅要对各项耗费、支出进行事后的核算，而且还要以国家有关的法规制度以及企业成本计划和定额资料为依据，加强对各项耗费、支出的事前、事中的审核和控制。同时，在成本核算中，既要防止不考虑管理上的需要片面追求简化的做法，也要防止为算而算，搞"烦琐哲学"，脱离管理实际需要的做法，即做到分清主次、区别对待，主要的内容从细、次要的内容从简，简而有理，细而有用。

(二) 正确划分各种费用界限

为了正确地进行成本核算，正确地计算产品成本和期间费用，必须正确划分以下五个方面的界限。

1. 正确划分生产经营管理费用与非生产经营管理费用的界限

根据前述"合法性原则"中成本与费用、支出的关系，我们已经明确：一个会计主体在其日常业务活动中会发生多种性质的支出，除了与日常活动有关的支出外，还有资本性支出、福利性支出、营业外支出等。在企业的各项支出中，只有与日常活动有关的支出才是生产经营管理费用(包括产品生产费用和期间费用)。也就是说，只有用于产品的生产和销售、用于组织和管理生产经营活动，以及为筹集生产经营资金等日常活动所发生的各种收益性支出，才应计入生产经营管理费用。而对于资本性支出或不是由于企业日常生产经营管理活动而发生的费用支出，如企业购建固定资产、无形资产和其他资产的支出，对外投资的支出，固定资产盈亏和清理损失，非正常原因的停工损失和自然灾害损失，被没收的财物损失，支付的滞纳金、违约金、罚款以及企业的捐赠、赞助支出等则应计入非生产经营管理费用。所以，企业应按照国家的有关规定，严格成本、费用的开支范围，既不应乱挤成本、费用，将不属于生产经管理的费用列入成本、费用，也不得将应计入成本、费用的生产经营管理费用不计或少计入成本、费用。乱挤成本、费用，会减少企业利润，进而减少国家财政收入；少计成本、费用，则会虚增企业利润，造成超额分配，使企业的生产经营管理耗费得不到补偿，进而影响企业生产顺利进行。

2. 正确划分产品生产费用和期间费用界限

生产经营管理费用包括生产费用(production cost)和期间费用(period cost)。为了正确计算产品成本和期间费用，还应正确划分生产费用与期间费用的界限。生产费用主要是指用于产品生产的原材料费用、生产工人的薪酬费用和制造费用等，应直接或间接计入产品成本。期间费用是指用于产品销售、组织和管理生产经营活动以及为筹集生产经营资金而发生的费用，不计入产品成本，而是直接计入当期损益。正确划分生产费用和期间费用的界限，是保证正确计算产品成本和核算各期损益的基础。因此，在成本核算过程中，要防止将应计入产品成本的费用列入期间费用，或将期间费用列入产品成本，借以调节各会计期间成本、费用的错误做法。

3. 正确划分各期费用的界限

根据我国会计准则的规定，无论是生产费用还是期间费用，都要按照权责发生制原则分清本期费用与后期费用的界限。凡是属于本月的费用，不论是否实际发生，都应当予以确认并计入当月的生产费用或期间费用。凡不属于本月的费用，不论其发生与否，都不得计入当月的生产费用或期间费用。只有正确划分本期费用和下期费用的界限，才能正确计算本期产品的成本和利润，防止在实务当中任意摊提，人为调节各月成本和各月损益。

4. 正确划分各种产品的费用界限

为了考核和分析各种产品成本的升降情况，必须划清各种产品成本费用的界限。生产费用发生时，凡是能划清应由某种产品负担的费用，应直接计入该种产品成本；对于应由几种产品共同负担的费用，应当按照受益性原则，在有关产品之间进行分配。应特别指出，在划清各种产品成本费用的界限时，应当防止可比产品与不可比产品之间、盈利产品与亏损产品之间任意转移生产费用，借以以盈补亏、掩盖成本超支。

可比产品指以前年度已经正常生产过，有成本资料可以比较的产品。不可比产品是指以前年度尚未正常生产过，尚无成本资料可以比较的产品，企业不得任意将可比产品费用挤入不可比产品成本，或将不可比产品的费用挤入可比产品成本。只有客观地反映可比产品和不可比产品的成本，才能正确考核和分析全部产品成本计划完成情况和各种产品成本的升降情况，寻求降低成本的正确途径。

5. 正确划分完工产品和在产品的费用界限

通过以上费用界限的划分，确定了各种产品本月应负担的生产费用。月末，如果某种产品既有完工产品又有在产品，就需要采用适当的分配方法，将产品应负担的费用在完工产品和在产品之间进行分配。上月末尚未完工的在产品，转入本月继续加工，其上月末分配负担的费用即为本月初在产品费用。月初在产品费用、本月产品费用、本月完工产品成本和月末在产品成本四者之间的关系，如下式所示：

$$月初在产品成本+本月生产费用＝本月完工产品成本+月末在产品成本$$

以上五个方面对各种费用界限的划分过程，也就是产品成本的计算和各项期间费用的归集过程。在这一过程中，应贯彻受益原则，即何者受益、何者负担费用，何时受益、何时负担费用；负担费用的多少应与受益程度的大小成正比。

以上五个方面的费用界限的概括如图 2-1 所示。

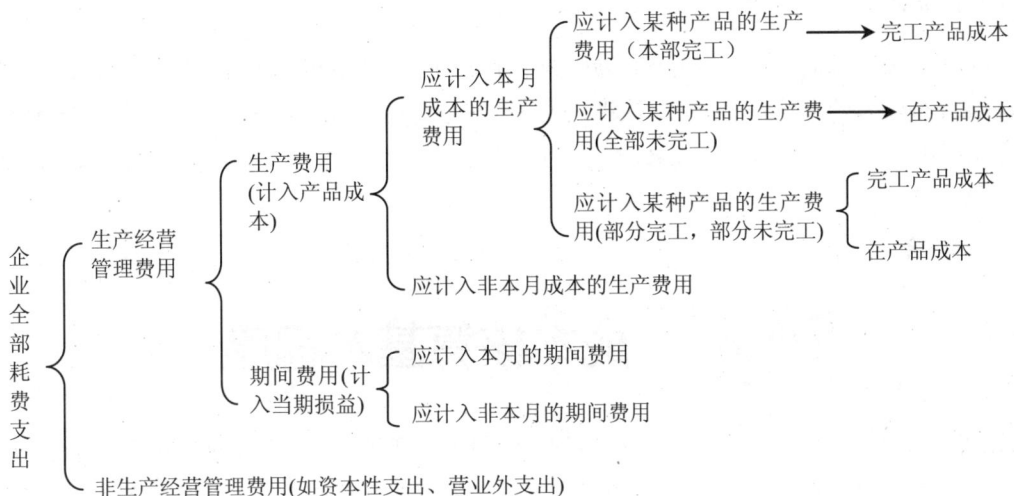

图 2-1　费用界限划分过程图

(三) 正确确定财产物资的计价和价值结转的方法

工业企业拥有的财产物资，绝大部分是生产资料，它们的价值要随着在生产经营过程中的耗用，转移到产品成本和经营管理费用中去。因此，这些财产物资的计价和价值结转的方法，也会影响成本和费用。如其中的固定资产价值耗费部分，就要受到固定资产原值计算方法、折旧方法以及折旧率等的影响；流动资产费用部分，就要受到材料成本的组成内容、发出材料的单位成本、计算方法以及周转材料的摊销方法等的影响。因此，为了正确计算产品成本的期间费用，要合理确定企业财产物资的计价和价值结转方法。其基本要求是：凡国家有统一规定的，应采用统一规定的方法；国家没有统一规定的，企业要根据财产物资的特点，结合管理要求合理选用，而且一经确定不得随意改变。要防止通过任意改变财产物资计价和价值结转的方法来调节成本、费用的错误做法。

(四) 做好成本核算的各项基础工作

在进行成本核算时，为了正确计算产品成本和各期损益，各项基础工作是非常重要的。要做好成本核算的基础工作，需要财务部门和其他部门的密切配合。一般来说，成本核算的基础工作包括建立和健全成本核算的原始记录，建立和健全材料物资的计量、收发、领退制度，制定和修订内部结算价格等。例如，企业需要建立各种原始记录的收集整理制度，组织有关职工认真做好各种原始凭证的登记、传递、审核和保管工作；对材料物资的收、发、领、退和结存进行计量，凡是材料物资的收、发、领、退，在产品、半成品的内部转移，以及产成品的入库等均应填制相应的凭证，并履行一定的审批手续，严格进行计量、验收或交接，防止任意领发和转移；对于各项原材料的耗用、半成品的转移，以及各车间、部门之间相互提供劳务等，都应制定企业内部结算价格，作为企业内部结算和考核的依据，并根据情况的变化及时进行修订。

(五) 选择适当的产品成本计算方法

在进行成本核算时，不同的企业必须根据本企业的生产类型和管理的要求等具体情况，选择适合本企业特点的产品成本计算方法进行成本计算。而对于同一个企业，可以根据其具体情况，采用一种产品成本计算方法或多种产品成本计算方法(详见第二部分 产品成本核算方法)。产品成本计算方法一经确定就不得随意变动。

任务二 成本核算基本程序

由于每个企业产品的生产特点和管理要求有所不同，所以企业在产品成本核算之前首先应根据自己的实际情况确定好成本计算对象、成本项目和成本计算期，从而为正确核算产品成本提供依据。产品成本核算基本程序一般包括以下几个步骤。

(一) 确定成本计算对象，设置生产成本明细账

成本计算对象是生产费用的承担者，即归集和分配生产费用的对象。确定成本计算对象，就是要解决生产费用由谁来承担的问题。成本计算对象的确立，是设置产品成本明细账，正确计算产品成本的前提，也是区别各种产品成本计算的主要标志。不同性质的企业，成本计算对象的确定是不相同的，可以是某种产品、某类产品或某批产品，也可能是某一生产步骤。至于选用什么作为成本计算对象，则取决于企业的生产特点和管理要求。企业应根据自身的生产特点和管理要求，选择合适的产品成本计算对象设置生产成本明细账，计算出各种产品的生产成本，分成本项目确定某种产品的单位成本和总成本。

(二) 确定成本项目，严格审核和控制企业的各项支出

对企业的各项支出进行严格审核和控制，并按照国家的有关规定确定其是否应计入产品成本、期间费用，以及应计入产品成本还是期间费用。

企业应按照国家有关成本开支范围的规定确定费用。凡不属于企业日常生产经营方面的支出，均不得计入产品成本或期间费用；凡属于企业日常生产经营方面的支出，均应全部计入产

品成本或期间费用,不得遗漏。多计成本,会减少企业利润和国家财政收入;少计成本,则会虚增利润,使企业成本得不到应有的补偿,从而影响企业生产经营活动的正常进行。无论是多计成本还是少计成本,都会造成成本不实,从而不利于企业的成本管理。

(三) 确定成本计算期,正确划分各种费用界限

为了按期分析及考核产品成本和经营管理费用,正确计算各期损益,还应将计入产品成本的生产费用和作为期间费用的经营管理费用,在各个期间进行划分。为此,本期发生的成本费用都应在本期入账,不应将其一部分延续到下期入账;也不应未到期末就提前结账,将本期成本、费用的一部分作为下期成本、费用进行处理。

(四) 生产费用的归集和分配

将应计入本期产品成本的各项生产费用,在各种产品之间按照成本项目进行归集和分配,计算出按成本项目反映的各种产品的成本,这是本期生产费用在各种产品之间横向的归集和分配。

生产费用发生时,凡能划清某种产品负担的费用,应直接计入该种产品成本;凡由几种产品共同负担的费用,必须采用适当的办法,在各种产品之间进行分配,分别计入各产品的成本,不得人为地在不同产品之间转移费用,不得以盈补亏,弄虚作假。

应特别指出,在划分各种产品成本的费用界限时,应注意划清可比产品与不可比产品之间、盈利产品与亏损产品之间费用的界限。应该防止在盈利产品与亏损产品之间,以及可比产品与不可比产品之间任意增减生产费用的错误做法。只有客观正确地反映各种产品的成本,才能正确地考核分析全部产品成本计划的完成情况和各种产品成本的升降情况,寻求降低成本的正确途径。

(五) 生产费用在完工产品与期末在产品之间进行分配

对于期末既有完工产品又有在产品的产品,将该种产品的生产费用(期初在产品生产费用与本期生产费用之和)在完工产品与期末在产品之间进行分配。计算出该种产品的完工产品成本和期末在产品成本。这是生产费用在同种产品的完工产品与期末在产品之间纵向的归集和分配。

(六) 编制产品成本计算单,登记生产成本明细账

企业按照成本计算对象开设产品成本计算单,并按照成本项目分设专栏,登记各产品的相应成本项目的期初在产品成本、本期发生的成本、本期完工产品成本和期末在产品成本。

企业运用各种产品成本计算方法对产品成本进行核算后,还要将核算的结果定期编制成本报表,向管理当局报送;同时,还需要对各种成本资料进行分析,总结产品成本管理中的经验,发现其存在的问题和不足,提出改进的意见和建议,并以书面报告的形式提供给企业管理部门,以便决策者及时了解企业产品成本的构成及成本水平,利用成本数据进行各种预测和决策,从而达到加强产品成本管理的目的。

任务三　产品成本核算方法的确定

一、影响成本核算方法的因素

工业企业产品成本核算的过程，就是对生产经营过程中所发生的各种耗费，按照一定的对象进行归集和分配，计算出产品的总成本和单位成本的过程。而生产耗费的形成过程又与企业的生产类型特点(产品的生产工艺过程特点和生产组织特点)有关。企业产品成本核算主要是为成本管理提供资料，因此必须满足成本管理对成本核算资料的要求。不同的企业和车间，具有不同的生产类型特点，其对成本管理的要求也不同。为了正确计算产品成本，企业必须根据其生产特点，考虑成本管理的要求，选择适当的成本核算方法。因此，在研究产品成本核算方法之前，首先要了解工业企业的生产类型及其对成本计算方法的影响。

二、工业企业的产品生产类型及特点

工业企业的产品生产类型按照生产组织方式和生产工艺过程的分类，如图 2-2 所示。

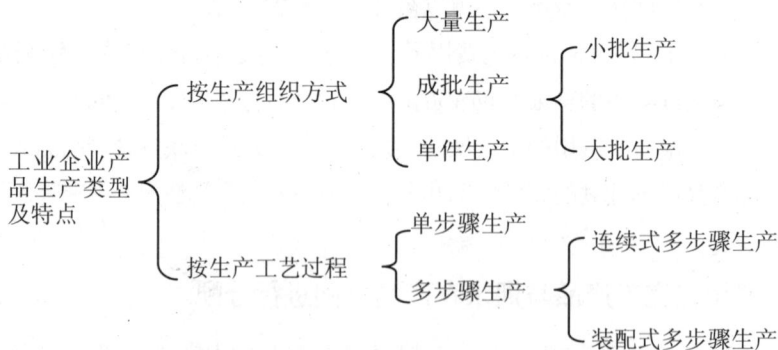

图 2-2　工业企业产品生产类型及特点

(一) 按照生产组织方式划分

1. 大量生产

大量生产是指连续不断地重复生产一种或若干种产品。这种企业生产的产品一般品种较少，但数量较大，管理上只能按照产品的品种核算产品成本，如面粉、食糖、自来水、化肥等企业的生产。

2. 成批生产

成批生产是指按照预先规定的产品规格和数量进行的生产。这种类型的生产，一般品种较多，但每种产品数量不等且一段时间内不断重复生产一种或几种产品。管理上要求同大量生产一样也按照产品品种计算产品成本，如服装、木器制造、制鞋等企业的生产。

成批生产按照批量的大小，又可以分为大批生产和小批生产。

大批生产类似于大量生产，小批生产类似于单件生产。

3. 单件生产

单件生产是指对个别的、特殊的产品按照购买单位订单的要求进行的生产。由于这种类型的产品生产主要针对性质特殊的产品，所以产品的品种虽多，但生产一件或几件后就不再重复生产，管理上要求按照单件产品计算成本，如重型机械和船舶制造等企业的生产。

(二) 按照生产工艺过程划分

1. 单步骤生产

单步骤生产是指工艺过程不间断，不可能或不需要划分成几个生产步骤的生产。该类生产通常只能由一个企业整体进行，如发电、采掘、玻璃制品的熔制等企业的生产。

2. 多步骤生产

多步骤生产也叫复杂生产，是指工艺过程由若干个可以间断的、分散在不同地点进行的生产步骤所组成的生产。该类生产可以由一个企业的各个生产单位进行，也可以由几个企业协作进行，如纺织、钢铁、机械和服装等企业的生产。

多步骤生产按照产品加工方式的不同，又可分为连续式多步骤生产和装配式多步骤生产。

连续式多步骤生产是指企业投入的原材料要经过前后各步骤连续加工，最后加工成产成品的生产，如纺织、钢铁等企业的生产。

装配式多步骤生产是指先将投入的原材料分别加工成各种零、部件，再将各零、部件组装成产成品的生产，如汽车、仪表等企业的生产。

三、工业企业产品生产类型对产品成本核算方法的影响

产品成本核算方法是指生产费用在企业的不同产品之间或同种产品的产成品和在产品之间分配的方法。产品成本核算方法包括成本计算对象、成本计算期、费用计入产品成本的程序等内容。

如前所述，工业企业产品生产类型不同导致其具有不同的生产特点和管理要求，而工业企业的生产特点和管理要求不同，又从不同方面对成本计算方法都产生了一定的影响，主要表现在以下四个方面。

(一) 对成本计算对象的影响

成本计算对象既要适应企业生产特点的需要，同时也要满足企业的管理要求，包括产品的品种、产品的订单或批别、产品的生产步骤、产品的类别等。从生产组织方式角度，大量生产和成批生产一般要求以产品的品种或生产步骤作为成本计算对象。从工艺特点角度，单步骤生产一般以产品品种作为成本计算对象，多步骤生产以产品的品种及各生产步骤作为成本计算对象。

(二) 对成本计算期的影响

成本计算期是每次计算产成品成本的期间。企业的生产特点和管理要求不同，成本计算期也不同。一般来说，大量、成批生产需每月计算产品成本以参考定价，因此要求定期按月计算产品

成本；小批、单件生产等全部完工时计算产品成本，即以产品的生产周期为成本计算期。

(三) 对费用计入产品成本程序的影响

企业在生产过程中所发生的原材料费用、人工费用、制造费用等各项费用归集后，都要通过一定的方法计入产品成本。企业的生产特点对生产费用计入产品成本的程序也有一定的影响。例如，大量生产单一产品的企业，车间所发生的一切费用都可以直接计入该产品成本，无须分配；若同时生产多种产品，则发生的生产费用不能直接计入产品成本，需要按一定的标准在各种产品之间分配后计入；多步骤生产的企业，按步骤归集生产费用后，再直接计入或分配计入产品成本。

(四) 对完工产品和期末在产品之间费用分配的影响

在大量大批的生产型企业里，月末一般有在产品，每种产品月初在产品成本和本月发生的生产费用之和需在完工产品和月末在产品之间分配；小批生产型企业，生产过程不间断，生产周期较短，一般没有月末在产品或月末在产品数量较少，无须在完工产品和月末在产品之间分配生产费用。

根据现行企业会计准则的规定，企业应当根据经营特点和管理要求，确定适合本企业的成本计算对象、成本项目和成本计算方法。成本计算对象、成本项目以及成本计算方法一经确定，不得随意变更，如需变更，应当根据管理权限，经股东大会或董事会、经理(厂长)会议或类似机构批准，并在会计报表附注中予以说明。因此，企业应遵循企业会计准则的规定，充分考虑本企业的生产经营特点和管理要求，并结合企业的具体情况，选择适合本企业的成本核算方法。

四、产品成本计算的基本方法和辅助方法

成本计算是以一定的成本计算对象为依据，归集和分配生产费用并计算其总成本和单位成本的过程。企业的生产类型不同，成本计算对象不一样，企业所采用的成本计算方法也不同。产品成本计算的各种方法见图 2-3。

- 产品成本计算方法
  - 基本方法
    - 品种法
    - 分批法(订单法)
    - 分步法
  - 辅助方法
    - 分类法
    - 定额法
    - 变动成本法
    - 标准成本法
    - 作业成本法

图 2-3　产品成本计算方法

(一) 产品成本计算的基本方法

1. 品种法

品种法是指以产品品种为成本计算对象，归集和分配生产费用，计算出各种产品的实际总成本和单位成本的一种方法。这种产品成本计算方法适用于大量、大批、单步骤生产企业，或者大量、大批、多步骤生产，但管理上不要求分步计算成本的企业。采用品种法计算产品成本具有以下特点：

(1) 以产品品种作为成本计算对象开设成本计算单或设置生产成本明细账；

(2) 成本计算定期按月进行，与生产周期不一致；

(3) 月末，生产费用一般需要在完工产品和月末在产品之间进行分配。

2. 分批法

分批法是指按照产品的批别或订单来归集生产费用、计算产品成本的一种方法。分批法主要适用于单件小批的生产型企业，具体包括：①根据购买者订单组织生产的企业；②产品种类经常变动的小规模制造企业；③承揽修理业务的企业；④新产品试制车间；⑤某些装配式生产的企业。

采用分批法计算产品成本具备以下特点：

(1) 以产品批别或生产订单(单件生产为件别)作为成本计算对象；

(2) 成本计算期与生产周期一致，而与会计报告期不一致；

(3) 月末，一般不需要在完工产品和在产品之间分配生产费用。

3. 分步法

分步法是指以产品的品种及其所经历的生产步骤作为成本计算对象、归集生产费用、计算产品成本的方法。分步法主要适用于大量、大批、多步骤生产，且成本管理要求分步计算产品成本的企业，如纺织、冶金等企业。采用分步法计算产品成本具有以下特点：

(1) 以产品品种及其生产步骤为成本计算对象；

(2) 成本计算定期按月进行，与生产周期不一致；

(3) 月末，一般需要在完工产品和在产品之间分配生产费用。

企业无论采用何种成本计算方法，最后都要按产品品种计算出各种产品的实际总成本和单位成本。因此，品种法是最基本的方法。

(二) 产品成本计算的辅助方法

在实际工作中，除以上三种基本方法外，还有其他一些辅助方法。

1. 分类法

分类法是指以产品类别为成本计算对象、归集分配生产费用、计算出各类产品的实际总成本。再在分类内各产品之间进行成本分配，最终计算出各种产品的实际成本的方法。这种方法适用于产品品种、规格繁多，并且可以按照一定要求和标准对产品划分类别的企业或企业的生产单位。分类法以产品类别作为成本计算对象，计算各类产品成本并且需要采用一定的方法在类内产品之间进行成本分配，从而计算类内各种产品成本。

2. 定额法

定额法是指以产品定额成本为基础，加上或减去脱离定额的差异、材料成本差异、定额变动差异，计算产品实际成本的方法。这种成本计算方法适用于定额管理制度比较健全的企业。定额法与产品的生产类型没有直接联系，不能单独使用，必须与品种法、分批法、分步法中的一种或几种同时使用。

3. 变动成本法

变动成本法是指只将产品生产过程中的变动成本计入产品成本，而将固定生产成本和非生产成本作为当期损益的一种成本计算方法。

4. 标准成本法

标准成本法是将目标成本纳入会计账户体系所形成的一整套会计核算程序，它预先制定标准成本，将标准成本与实际成本相比较，揭示成本差异并对成本差异进行分析处理以加强成本控制的一种成本计算方法。它是一种成本控制方法，同定额法一样，不能单独使用，必须与品种法、分批法、分步法中的一种或几种同时使用。

5. 作业成本法

作业成本法是一种以"作业"为基础，以"成本驱动因素"理论为基本依据，根据产品生产或企业经营过程中发生和形成的产品与作业、作业链和价值链的关系，分析成本发生的动因，对构成产品成本的各种主要间接费用采用不同的间接费用率进行成本分配的成本计算方法。它将成本计算与成本管理和控制相结合，是一种全面成本管理制度。

五、各种成本计算方法的实际应用

在以上各种成本计算的基本方法和辅助方法中，并不是一个企业或一个生产单位只能采用一种成本计算方法，在实际工作中，往往将几种成本计算方法同时应用或结合应用。

(一) 几种成本计算方法的同时应用

在实际工作中，有可能一个企业的各个车间或一个车间的各种产品，其生产特点和管理要求都不同。因此，一个企业的各个车间或一个车间的各种产品可能同时采用几种成本计算方法。例如，服装加工企业的服装加工等基本生产车间，属于多步骤、大量生产，应采用分步法计算产品成本；而企业内供水、供电等辅助生产车间，属于单步骤、大量生产，应采用品种法计算成本。

(二) 几种成本计算方法的结合使用

在计算一种产品成本时，若各生产步骤的生产特点和管理要求不同，就有可能将几种成本计算基本方法结合起来使用，也包括将成本计算的辅助方法与基本方法结合起来使用。例如，小批、单件生产的机械厂，铸工车间采用品种法计算铸件的成本，加工装配车间采用分批法计算各批产品的成本。

项目小结

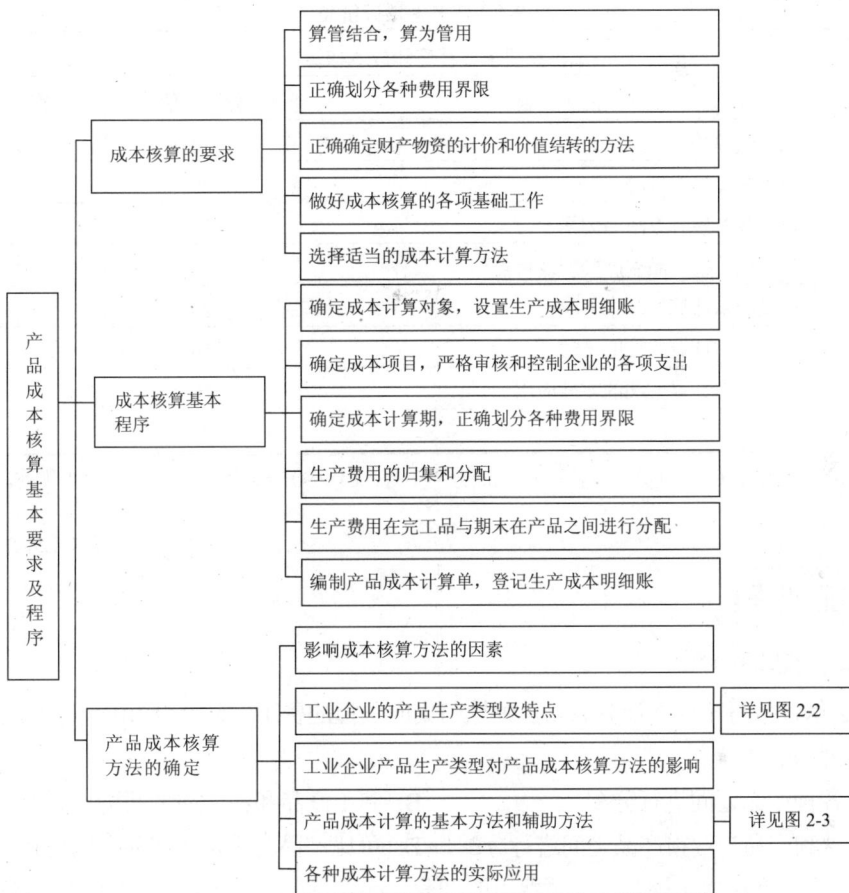

项目解析

生产经营管理费用包括：生产费用和期间费用。

(1) 生产费用：$60\,000 + 2\,000 + 4\,000 + 1\,000 + 10\,000 + 5\,000 + 400 = 82\,400$(元)。

(2) 期间费用：$30\,000 + 1\,000 + 8\,000 + 10\,000 = 49\,000$(元)。

(3) 营业外支出：$1\,000$(元)。

任务实施

1. 在全面理解掌握【知识与技能】的基础上，各小组同学独立完成【技能训练】相关内容。

2. 各小组成员遵循实事求是、认真负责的原则，按照【任务评价】进行组内互评打分。

任务评价

为了考核学生对【任务一】【任务二】和【任务三】所涉及内容的理解程度,特制定了任务考核评价表(见表2-1),主要考核学生对产品成本核算要求、程序和成本核算方法的掌握程度。

表2-1　任务考核评价表

成本核算要求、程序和成本核算方法

	内　容	分　值	得　分
考评标准	成本核算基本要求	20	
	成本核算基本程序	20	
	影响成本核算方法的因素	10	
	工业企业的产品生产类型及特点	10	
	产品成本计算的基本方法	20	
	产品成本计算的辅助方法	10	
	各种成本计算方法的实际应用	10	
合　计		100	

注：考评满分为100分,60~70分为及格;71~80分为中等;81~90分为良好;91分以上为优秀。

技能训练

一、单项选择题

1. 为了保证按每个成本计算对象正确地归集应负担的费用,必须将应由本期产品负担的生产费用正确地在(　　)。

　　A. 各种产品之间进行分配　　　　　B. 完工产品和在产品之间进行分配

　　C. 盈利产品与亏损产品之间进行分配　　D. 可比产品与不可比产品之间进行分配

2. 工业企业产品成本核算中各项费用的划分,都应贯彻(　　)原则,以期正确核算产品成本和管理费用。

　　A. 受益性　　　　B. 谨慎性　　　　C. 权责发生制　　　　D. 配比

3. 下列各项中,不计入产品成本的费用是(　　)。

　　A. 直接材料费用　　　　　　　　B. 辅助车间管理人员工资及社保费

　　C. 车间厂房折旧费　　　　　　　　D. 厂部办公楼折旧费

4. 期末如果既有完工产品成本,又有在产品,企业应将(　　)在本期完工产品和期末在产品之间进行分配。

　　A. 期初在产品成本

　　B. 本期发生的生产费用

　　C. 期初在产品成本加上本期发生的生产费用(生产费用合计数)

　　D. 本期发生的生产费用减去期初在产品成本

5. 企业的管理费用、财务费用和销售费用应属于企业的( )。

    A. 制造费用　　　　B. 期间费用　　　　C. 跨期摊配费用　　　　D. 经营费用

二、多项选择题

1. 为了正确划分费用与成本的界限，企业不得将( )。

    A. 应计入产品成本的生产费用列为期间费用

    B. 制造费用计入产品成本

    C. 期间费用计入产品成本

    D. 生产费用计入产品成本

2. 生产费用在各个成本核算对象之间的归集和分配，必须注意( )。

    A. 应按成本项目归集和分配　　　　B. 归集和分配的只是本期发生的生产费用

    C. 归集和分配的原则是"受益原则"　　D. 归集和分配的费用包括期间费用

3. 为了正确计算产品成本，必须正确划分( )的费用界限。

    A. 盈利产品和亏损产品　　　　B. 生产与期间

    C. 完工产品与在产品　　　　D. 可比产品和不可比产品以及各个会计期

4. ( )等方法，属于成本计算的基本方法。

    A. 品种法　　　　B. 分批法　　　　C. 分类法　　　　D. 分步法

5. 某厂生产的甲产品需经过铸造、加工、装配三个车间加工，该产品有可能以一种成本计算方法为主结合采用( )等成本计算方法。

    A. 品种法　　　　B. 分步法　　　　C. 约当产量法　　　　D. 定额比例法

三、判断题

1. 正确计算期末在产品成本，是正确计算本期完工产品成本的关键。　　　　( )

2. 期末，企业必须按成本项目，将生产费用合计数在本期完工产品和期末在产品之间进行划分。　　　　( )

3. 品种法和分步法的成本计算期与生产周期不一致。　　　　( )

4. 计算某种产品成本时，可以以一种成本计算方法为主，结合运用几种成本计算方法。　　　　( )

5. 企业本期发生的生产费用，都应直接计入各种产品成本。　　　　( )

实战模拟

【目的】划分生产费用和期间费用界限。

【资料】某厂生产甲产品，该产品没有月初和月末在产品，本月发生的有关费用如下。

(1) 耗用原材料 70 000 元，其中基本生产车间生产用 60 000 元，车间一般耗用 8 000 元，行政管理部门耗用 2 000 元。

(2) 外购燃料 10 000 元，基本生产车间生产用 8 000 元，行政管理部门耗用 2 000 元。

(3) 外购动力费用 5 000 元，其中基本生产车间耗用 3 500 元，车间照明耗用 800 元，行政管理部门耗用 700 元。

(4) 本月应付职工薪酬共计 200 000 元,其中产品生产工人工资 120 000 元,车间管理人员工资 30 000 元,行政管理人员工资 50 000 元。

(5) 根据国家相关规定,职工福利费、医疗保险费、养老保险费、失业保险费、工伤保险费和生育保险费等分别按照工资总额的 10%、8%、20%、2%、0.8%和 0.8%的比例计提。

(6) 本月车间计提折旧 6 000 元,管理部门计提折旧 4 000 元。

(7) 短期银行借款利息 700 元。

(8) 支付广告费 5 000 元。

(9) 本月应缴房产税、土地使用税和车船使用税共 5 000 元。

(10) 支付办公费 5 000 元,其中,车间 2 000 元,厂部 3 000 元。

【要求】请你核算各项费用是多少?该厂本月产品成本是多少?

项目三 工业企业成本核算的 典型工作任务

能力目标

1. 能正确运用材料费用分配方法归集分配材料费用，并编制材料费用分配表。
2. 能正确运用人工费用分配方法归集分配人工费用，并编制人工费用分配表。
3. 能正确运用制造费用分配方法归集分配制造费用，并编制制造费用分配表。
4. 能分别运用各种辅助生产费用分配方法分配辅助生产费用，并编制辅助生产费用分配表。
5. 能够将生产费用在完工产品和期末在产品之间进行合理分配。

知识目标

1. 熟悉各项要素费用的分配方法。
2. 掌握辅助生产费用的归集与分配方法。
3. 掌握废品损失和停工损失的核算。
4. 掌握各种费用分配表的编制方法。

素质目标

1. 遵守法律、法规和国家统一的会计制度，进行各项要素费用的核算。
2. 遵循成本核算的原则和程序，采用正确的方法分配各项费用。

任务引入

味美食品厂设有一个基本生产车间，主要生产牛奶核桃饼干和奶油曲奇饼干两种产品，车间采用封闭式流水线生产。该厂还设有供电和供气两个辅助生产车间，为企业提供辅助性劳务，生产饼干的主要原材料为面粉，原材料于生产开始时一次投入。20××年8月份材料费用汇总表如表3-1所示。

表 3-1 材料费用汇总表

单位：元

应借账户			共同耗用材料费用					直接领用材料	合 计
总账账户	二级明细账	成本项目	产量/千克	单位消耗定额/千克	定额消耗量/千克	分配率	应分材料费用		
基本生产成本	牛奶核桃饼干	直接材料	1 500	10				28 000	
	奶油曲奇饼干	直接材料	1 000	4				21 000	
	小计						19 000	49 000	
辅助生产成本	供气车间	机物料消耗						4 400	
	供电车间	机物料消耗						6 800	
	小计							11 200	
制造费用	基本生产车间	机物料消耗						3 900	
管理费用								800	
废品损失	牛奶核桃饼干	机物料消耗						400	
合 计							19 000	65 300	84 300

请根据上述材料费用汇总表采用适当的方法将两种产品共同耗用的材料费用进行分配，并进行相关账务处理。

任务分析

企业在生产过程中发生的材料费用，应计入产品成本。一般而言，凡是能够确定哪种产品耗用的材料费用，应直接计入该种产品成本；对于几种产品共同耗用的材料费用，应采用适当的方法在各有关产品之间进行分配，计入各有关产品的生产成本。

原材料费用的分配标准很多，由于生产过程中原料及主要材料的耗用量一般与产品的重量、体积等因素有关，因此原料及主要材料费用一般可以按产品的重量、体积比例分配，如果企业的定额管理基础好，原料及主要材料消耗定额健全且比较准确，也可以按照产品的材料定额耗用量或材料定额费用的比例分配。

任务一 直接材料费用的归集和分配

知识与技能

在企业的产品成本构成中，直接材料是产品成本的主要构成要素之一。材料消耗主要包括在生产中消耗的原材料(raw material)、辅助材料、外购动力燃料、低值易耗品、包装物、修理用备件等。很多企业材料的种类都很繁杂，日常消耗的材料数量也很多，这就要求企业加强对材料消耗的管理，组织好材料核算工作。材料消耗的核算主要包括材料购入和发出成本、材料消耗的数量、材料的使用用途等内容。在材料消耗的核算中，必须分清哪些材料被消耗以及这些材料被应用到哪些方面，分别计入直接成本、间接成本、期间费用。

一、材料费用归集和分配概述

(一) 材料费用归集和分配的意义

材料是生产过程中的劳动对象。企业在生产过程中发生的材料费用，首先应按其发生的地点和用途进行归集，然后再采用适当的方法进行分配。由于材料费用是产品成本的重要组成部分，加强对材料费用的核算，对于降低产品成本、节约使用资金、加速资金周转等方面，都有着十分重要的作用。

(二) 材料费用归集和分配的任务

为了确保材料费用归集的准确性，必须从材料采购、入库、发出等各个环节入手，做好相应的基础工作。

(1) 采购环节。企业生产经营过程中使用的材料，大多是外购的，材料采购费用的高低，直接关系到材料成本的高低。因此，应根据企业生产经营的需要，制订材料采购计划，促使企业按计划进行采购，以降低材料采购成本，并借以考核采购部门的工作业绩。

(2) 入库环节。企业产品的生产过程，也是各种材料的消耗过程。为保证企业生产的正常进行，应储备一定数量的材料。由于储备材料所占用的资金在流动资金中占有较大的比例，因此要做好材料储备的管理工作，实行定额管理，以节约资金、降低材料的储存成本。

(3) 发出环节。这是材料费用核算的重要环节，企业的大部分材料为生产产品所耗用，发出材料计价是否准确，费用归集是否合理，都影响着产品成本计算的正确性。因此，在材料的使用过程中，要制定材料的消耗定额；同时，还应采用适当的方法，在各种产品之间进行分配，计算出产品耗用的材料费用，借以正确计算产品成本。

二、材料费用的归集

材料费用的归集是进行材料分配的前提和基础。材料费用的归集主要包括如下几个方面的工作。

(一) 发出材料涉及的原始凭证

领用材料时使用的原始凭证主要包括领料单、限额领料单和领料登记表等。企业生产过程领用的材料品种、数量很多，应根据领用材料的具体情况，选择采用某一种领料凭证，同时为明确各单位的经济责任、便于分配材料费用，在领用材料时，应按照规定的手续进行办理。如在领料时，应由专人负责，并经有关人员签字审核后，才能办理领料手续；到了月末，将各种领料凭证按车间、部门进行汇总，即可计算出各车间、部门消耗材料的数量和金额；通过编制"材料费用分配表"即可进行材料费用分配的核算。

(二) 发出材料数量的确定

根据发出材料的有关凭证，可将材料费用列入有关的成本计算对象中。原材料的计量方法有两种：一是连续记录法；二是盘存计算法。

1. 连续记录法

(1) 概念。连续记录法，又称永续盘存制，按存货的品种规格逐一开设明细账，逐笔登记收入数和发出数，并随时结计出结存数量的方法。依据的计算公式为：

$$期初结存数 + 本期增加数 - 本期减少数 = 期末结存数$$

(2) 基本做法。通过设置存货明细账，对日常发生的存货增加或减少，都必须根据会计凭证在账簿中进行连续登记，并随时在账面上结算各项存货的结存数并定期与实际盘存数对比，确定存货盘盈盘亏的一种制度。采用这种方法时，库存商品明细账卡要按每一品种、规格设置。在明细账卡中，要登记收、发、结存数量，有的还同时登记金额。这种方法不需要通过实地盘点来确定结存数，但为了保证账实相符，仍应对存货进行定期或不定期的盘点清查，每年至少应盘点一次。

(3) 优缺点。永续盘存制的优点主要体现在两个方面：

① 有利于存货的日常管理与控制。通过存货账簿可以随时了解其收、发、存的情况。

② 可以正确地计算存货的结存成本、发出成本。账面结存数可与盘点数进行核对，便于发现余缺，及时查明原因，做出会计处理，从而可以正确地计算存货的结存成本、发出成本。

其缺点主要体现在：明细分类核算的工作量较大，在存货品种规格较多的情况下，如采用期末一次结转发出存货成本的方法时，期末工作量也较大。由于永续盘存制有利于加强存货的管理，因此在国内外会计实务中被广泛采用。

2. 盘存计算法

(1) 概念。盘存计算法又称实地盘存制，是指每次发出材料时都不做记录，材料消耗(发出)数量是期末通过实地盘点确认结存数量以后倒挤出来的。依据的计算公式为：

$$期初存货成本 + 本期购货成本 = 本期耗用(或销货)成本 + 期末存货成本$$
$$本期耗用(或销货)成本 = 期初存货成本 + 本期购货成本 - 期末存货成本$$

(注：第二个公式中的"期初存货成本""本期购货成本"根据账簿得出，"期末存货成本"

根据盘点得出。)

(2) 基本做法。采用这种方法时，对收入的存货应逐笔登记在账簿中，发出的存货则不做记录，期末通过盘点确定出库存存货的实际数量，并以此分别乘以单价，计算出期末存货成本，然后根据期初存货成本、本期购货成本和期末存货成本，计算发出存货的成本。因此，通常也称为"以存计耗"或"以存计销"(收入记账，期末盘点，倒挤发出)。

(3) 优缺点。实地盘存制的优点主要是简化了平时的存货核算工作。其缺点包括三个方面：

① 加大了期末的工作量；

② 不利于对存货的日常管理和控制，因为在这种方法下，存货账簿不能随时提供其收、发、存的情况；

③ 以盘存成本倒挤发出成本，会掩盖自然损耗和由于管理不善造成的人为损耗等因素，使计算的发出成本不真实。

可见，与永续盘存制相比，实地盘存制核算工作比较简单，不需要每天记录材料的减少数。但是，该方法可能会将由于贪污盗窃、管理不善等原因造成的材料缺损数隐含在正常的消耗量中，所以一般只适用于那些廉价材料或材料管理比较好的企业。

(三) 发出材料成本的确定

发出材料成本的核算主要包括直接材料的采购成本、发出成本等内容。

1. 直接材料的采购成本

企业所取得的各种材料，包括外购和自制材料都要核算其取得成本，这是核算产品生产中材料费用的基础。外购材料的成本是其直接买价加上采购过程中的相关附带费用；自制材料的成本即自制材料的生产成本。

在确定外购材料的采购成本时，材料的买价直接计入该种材料的采购成本。所发生的附带费用，如采购过程中的运输费、装卸费、运输过程中的保险费，以及运输过程中的合理损耗，凡能够辨明应该由哪种材料承担的，也直接计入该种材料的采购成本。由多种材料共同承担的附带费用，则通过一定的方法在这些材料中进行分配，分别计入不同材料的采购成本。分配方法则根据具体情况，采用按重量、体积、买价等比例合理进行分配。

企业所取得的各种材料入账时，可以采用按实际成本计价和按计划成本计价两种方法。采用实际成本核算材料的企业，按企业采购过程中的实际成本作为材料的入账价值，直接计入原材料的成本，并按该实际成本作为耗用材料费用的计算基础；采用计划成本核算材料的企业，则以该种材料的计划价格作为材料的入账价值，其实际成本与计划成本的差额计入该种材料的材料成本差异。

2. 直接材料的发出成本

材料的发出成本由材料的发出数量和材料的发出单价两个方面的因素决定。在企业的日常经营活动中，所消耗的各种材料的种类比较多，企业必须根据不同种类的材料分别核算其采购、领用、退回及盘存情况，并最终确定该种材料的实际消耗数量；对于每种材料的发出单价，则根据企业所采用的材料核算方法来确定。

(1) 采用计划成本核算材料成本的企业，领用某种材料时，按该种材料的计划成本核算材料费用成本。期末,将该种材料的材料成本差异按实际消耗材料所占比例,分配所应承担的材料成本差异。

$$本月材料成本差异率 = \frac{月初库存材料成本差异 + 本月购进材料成本差异}{月初库存材料计划成本 + 本月购进材料计划成本}$$

$$本月发出材料成本差异 = 本月发出材料计划成本 \times 本月材料成本差异率$$

$$本月发出材料实际成本 = 本月发出材料计划成本 + 本月发出材料成本差异$$

上述公式中,如果材料成本差异率为负数,则表示实际成本小于计划成本,发出材料的计划成本调整为实际成本时,要由计划成本减去材料成本差异。如果保留材料成本差异率的"-"号不变,则上述公式可保持不变。对于材料成本差异的调整可以总结如下:

调整发出材料成本差异时,不论是超支差异还是节约差异,其账户对应关系相同,区别是超支差异用蓝字登记,节约差异用红字登记。要注意的是材料购进入库时,如果是节约差,材料成本差异在贷方登记;如果是超支差,则在借方登记。简而言之,计划成本下的处理原则是:购进材料入库时"节约在贷方,超支在借方",发出材料时"节约用红字,超支用蓝字"。

一般来说,材料品种繁多的企业则多采用计划成本进行日常核算,对于规模较小、材料品种较少、采购业务不多的企业,则采用实际成本进行日常核算。企业在选用材料方法核算后,不得随意变更,如需变更,应按变更会计政策的原则进行处理。

(2) 采用实际成本核算材料成本的企业,由于每次进料成本可能各不相同,在确定发出材料的成本时,可根据企业核算和管理的需要,采用下列成本计价方法中的一种。

① 加权平均法。也称月末一次加权平均法,是根据期初原材料成本和本月新增材料成本按其数量的加权平均成本作为发出材料成本的一种计价方法。其计算公式为:

$$发出材料单位成本 = \frac{月初库存材料总成本 + 本月增加材料总成本}{月初库存材料数量 + 本月增加材料数量}$$

或

$$发出材料单位成本 = $$
$$\frac{月初库存材料单价 \times 月初库存材料数量 + \sum(每批增加材料成本 \times 每批增加材料数量)}{月初库存材料数量 + \sum(每批增加材料数量)}$$

加权平均法优点是:采用加权平均法可以有效地减少由于不同批次的材料采购成本的上下波动对材料消耗费用带来的影响,而且在日常核算中只需核算各种材料的发出数量,月末一次计算发出材料的单位成本和总成本,可以大大简化日常材料核算的工作量,简化核算手续。其缺点是:加权平均法将该种材料不同批次的采购成本进行加权平均,不利于反映材料单位成本的变化趋势。

② 先进先出法。根据最先购入的材料最先领用的原则,确定发出材料单位成本的一种方法。在确定领用材料的单位成本时,以时间上最早购入的批次的材料单位成本作为发出材料的

单位成本，待最早购入批次的材料被消耗完毕，则顺次以下一批次材料的单位成本作为发出材料的实际成本，以此类推。

先进先出法的优点是：无须对不同批次的材料成本进行复杂计算后确定发出材料的单位成本，而只需按照购入材料的时间顺序确定材料成本就可以。其缺点是：当遇到材料价格发生较大变动时，先进先出法往往不能及时反映材料的现时成本对产品成本的影响，导致成本资料不能准确反映材料成本的现时水平。

③ 移动加权平均法。对发出材料采用移动加权平均法进行计价时，对每购入一个批次的材料，都要按加权平均法，重新核定原材料的实际成本，登记在有关账簿中，并以此作为发出材料的单位成本。移动加权平均成本的计算公式为：

$$账面材料的移动加权平均成本 = \frac{结存材料的总成本 + 本批购入材料的总成本}{结存材料数量 + 本批购入材料数量}$$

或

$$账面材料的加权平均成本 = \frac{结存材料单位成本 \times 结存材料数量 + 本批材料单位成本 \times 本批材料数量}{结存材料数量 + 本批购入材料数量}$$

移动加权平均法的优点是：可以在账面上随时反映出原材料的加权平均成本，并能立即确定领用材料的单位成本，有利于及时进行核算，避免月末核算发出材料成本工作量比较集中的缺陷。其缺点是：移动加权平均法每新购入一个批次的材料都要重新确定原材料成本，在购料业务比较频繁的企业，日常核算的工作量比较大。

④ 个别认定法。个别认定法是根据实际领用材料的批次作为确定发出材料单位成本的依据。生产领用哪个批次的材料，就以该批次材料购入时的实际成本作为发出材料的单位成本计价。个别认定法适合于不同批次的材料区分起来比较明显、易于辨认而且材料价格比较昂贵的情况。

三、材料费用的分配

(一) 材料费用的分配原则

材料费用的分配是通过编制"材料费用分配表"的方式进行的，而各生产车间和部门的"材料费用分配表"是根据各种领料凭证记录编制的。如果多种产品共同耗用某种材料，还应采用适当的方法在各种产品中进行分配，然后登记材料费用分配表，在各车间、部门"材料费用分配表"的基础上，汇总编制"材料费用汇总分配表"，据此进行材料费用分配的总分类核算。不论材料是按实际成本核算还是按计划成本核算，发出材料核算的顺序是：根据各种发料凭证编制"材料费用分配表"，根据"材料费用分配表"进行材料费的分配。在进行材料费用分配时，应注意以下原则。

(1) 对用于产品生产并构成产品主要实体或有助于产品形成的各种材料，其分配原则是：直接材料费用直接计入、间接材料费用应采用合理的方法分配记入各成本计算对象的"直接材料"成本项目中。所谓合理的分配方法是指所采用的分配方法、分配标准应同各个成本计算对象负担的费用成正比例的因果关系。

(2) 对生产车间和行政管理部门一般耗用的材料,应分别记入"制造费用"和"管理费用"的相关项目中。

(3) 在材料费用的分配中,对于直接用于生产各种产品的材料,如果数量较少、金额较小,根据重要性原则,可以采用简化的分配方法,即全部记入"制造费用"账户中,以省去一些复杂的计算分配工作。

(二) 材料费用的分配方法

对于领用用于生产某一种产品的材料,可采用直接分配法,记入各该产品的"直接材料"成本项目中;对于几种产品共同耗用的某种材料,则应采取分配的方法计入。这些材料费用的分配方法主要如下。

1. 产品重量(体积、产量)比例分配法

这种方法是将生产成果,即各种产品的重量、体积、产量等指标作为分配的依据来分配材料费用。如果各种产品共同耗用某种材料,其耗用量又与各产品的重量、体积或产量有直接关系,适宜采用此法。以按重量分配为例,计算公式为:

$$材料费用分配率 = \frac{应分配的材料费用}{各种产品的重量(产量、体积)}$$

某产品应分配的材料费用 = 该产品的重量(实际产量) × 材料费用分配率

【例3-1】南方工厂生产甲、乙两种产品,20××年×月共同耗用 A 材料 52 000 千克,单价 5 元/千克。甲产品的重量为 14 000 千克,乙产品的重量为 26 000 千克,采用产品重量比例分配法分配材料费用的结果如下:

材料费用分配率 = 52 000 × 5 ÷ (14 000 + 26 000) = 6.5

甲产品应分配的材料费用 = 14 000 × 6.5 = 91 000(元)

乙产品应分配的材料费用 = 26 000 × 6.5 = 169 000(元)

2. 材料定额消耗量(或定额费用)比例法

该方法是在材料消耗资料比较健全的企业,以各种产品的材料定额消耗量的比例或材料定额费用的比例分配材料费用的一种方法。计算公式如下:

某种产品材料定额消耗量(定额费用) = 该种产品实际产量 × 单位产品材料消耗定额

$$材料消耗量分配率 = \frac{材料实际总消耗量}{各种产品材料定额消耗量(定额费用)之和}$$

某种产品应分配的实际材料费用 = 该产品材料定额消耗量(定额费用) × 材料消耗量分配率

【例3-2】南方工厂生产甲、乙两种产品分别为 100 件、150 件,共同耗用原材料 1 020 千克,每千克实际成本 5 元,共计 5 100 元。该材料单位消耗定额为甲产品每件 4 千克,乙产品每件 3 千克。原材料费用分配计算如下:

乙产品原材料定额消耗量 $= 150 \times 3 = 450$(千克)

① 甲产品原材料定额消耗量 $= 100 \times 4 = 400$(千克)

② 原材料消耗量分配率 $= 5\,100 \div (400 + 450) = 6$

③ 甲产品应分配的原材料费用 $= 400 \times 6 = 2\,400$(元)

乙产品应分配的原材料费用 $= 450 \times 6 = 2\,700$(元)

这种分配方法不仅对材料费用进行了分配，同时也考核了材料消耗量定额的执行情况，有利于加强材料消耗的实物管理，但分配计算的工作量较大。

依上例，我们也可以采用定额费用比例法对材料费用进行分配，计算过程如下：

① 甲产品原材料定额成本 $= 100 \times 4 \times 5 = 2\,000$(元)

乙产品原材料定额成本 $= 150 \times 3 \times 5 = 2\,250$(元)

② 原材料定额费用分配率 $= 5\,100 \div (2\,000 + 2\,250) = 1.2$

③ 甲产品应分配的原材料费用 $= 2\,000 \times 1.2 = 2\,400$(元)

乙产品应分配的原材料费用 $= 2\,250 \times 1.2 = 2\,700$(元)

3. 系数分配法(标准产量比例分配法)

系数分配法是将各种产品的实际产量按照预定的折合系数折算为标准产量，以标准总产量(总系数)为分配标准来分配直接材料费用的方法。这种方法的分配标准为标准总产量，因此也称为标准产量比例分配法。采用这种方法，分配计算的步骤如下：

(1) 选择标准产品

企业一般应当选择正常生产、大量生产的产品作为标准产品；也可以选择系列产品中规格型号居中的产品作为标准产品。

【例3-3】南方工厂生产 101、102、103、104、105 五种产品，五种产品 20×× 年×月份共同耗用 C 材料 897\,750 元；五种产品单位产品 C 材料消耗定额分别为 48、54、60、72 和 78 千克；本月实际产量分别为 1\,000 件、2\,500 件、5\,000 件、3\,000 件和 2\,000 件。C 材料费用采用标准产量比例分配法分配。

南方工厂生产一个系列五种产品，可以选用正常生产和大量生产，且以系列产品中的中间产品 103 产品作为标准产品。

(2) 计算各产品的系数

系数是某种产品与标准产品的比例关系。企业可以根据单位产品的定额消耗量、定额费用、售价，以及产品的体积、面积、长度和重量等来计算各种产品的系数，标准产品的系数为 1。系数一经确定，在年度内一般不做变动。系数的计算公式如下：

$$某产品系数 = \frac{该产品定额消耗量(或定额费用、售价等)}{标准产品定额消耗量(或定额费用、售价等)}$$

【例 3-3】中南方工厂以 103 产品作为标准产品，其系数为 1，其他产品的系数计算见表 3-2。

表 3-2　南方工厂产品系数计算

20××年×月

产品名称	消耗定额/千克	系　数
101	48	48÷60 =0.8
102	54	54÷60 =0.9
103 (标准产品)	60	1
104	72	72÷60 = 1.2
105	78	78÷60 = 1.3

(3) 计算总系数(标准总产量)

总系数就是各种产品的实际产量按预定系数换算成标准产品的产量，也就是费用分配的标准。其计算公式为：

某产品总系数(标准总产量)＝该产品本期实际产量×该产品的系数

根据【例 3-3】提供的资料，南方工厂本月各种产品总系数(标准总产量)的计算见表 3-3。

表 3-3　南方工厂产品总系数(标准总产量)计算表

20××年×月　　　　　　　　　　　　　　　　　　　　　　　单位：件

产品名称	实际产量	系　数	总系数(标准产量)
101	1 000	0.8	800
102	2 500	0.9	2 250
103 (标准产品)	5 000	1	5 000
104	3 000	1.2	3 600
105	2 000	1.3	2 600
合　　计			14 250

(4) 计算费用分配率和各种产品应分配费用

费用分配率即单位标准产品应分配费用；各种产品应分配费用应以费用分配率乘以该产品折合的标准产量。其计算公式分别为：

$$费用分配率 = \frac{各种产品共同耗用的材料费用总和}{各种产品总系数(标准总产量)之和}$$

【例 3-3】中，费用分配率 $= \dfrac{897\ 750}{14\ 250} = 63$

某产品应分配费用=该产品标准总产量×费用分配率

根据【例 3-3】提供的资料和以上两个步骤的计算结果，编制的"材料费用分配表"见表 3-4。

表 3-4　南方工厂材料费用分配表

材料名称：C 材料　　　　　　　　　　　20××年×月　　　　　　　　　　　单位：元

产品名称	总系数(标准产量)	费用分配率	应分配费用
101	800		50 400
102	2 250		141 750
103	5 000		315 000
104	3 600		226 800
105	2 600		163 800
合　　计	14 250	63	897 750

(三) 分配结转材料费用账务处理

根据【例3-3】材料费用分配表的计算结果，材料费用结转的账务处理如下。

借：生产成本——基本生产成本——101　　　　　50 400
　　　　　　　——基本生产成本——102　　　　　141 750
　　　　　　　——基本生产成本——103　　　　　315 000
　　　　　　　——基本生产成本——104　　　　　226 800
　　　　　　　——基本生产成本——105　　　　　163 800
　　贷：原材料——C 材料　　　　　　　　　　　897 750

四、外购动力费用的核算

外购动力是企业向外部有关单位购买的电力、蒸汽、煤气等。外购动力实际上也相当于外购材料，只是不以实物形式存在。因此，在会计处理上与材料有相同之处，也有不同之处。相同之处是耗用的外购动力也可以计量，并且还可以根据其不同用途记入有关的成本、费用账户；不同的是购入时由于没有价值实体，因而无法设专门的账户进行核算，也无收、发、存等环节的核算。

(一) 外购动力费用分配原则和方法

计入产品成本和有关费用中的外购动力费用(purchasing power cost)，应当是按照当月有关电力和蒸气等的计量装置确认的实际耗用量，乘以合同或协议规定的单价以后的金额。因此，对外购动力费用分配应采用的原则是：有仪表记录的情况下应根据各仪表所示数量及动力的单价直接计算计入受益单位的成本、费用：在没有仪表记录的情况下，可以将外购动力费用按生产工时的比例、机器工时的比例或定额耗用量比例分配计入受益单位的成本、费用。其具体分配如下：

生产工时比例分配法即是以各种产品的生产工时为标准来分配费用的方法。

其计算公式为：

$$费用分配率=\frac{各种产品共同耗用的动力费用}{各种产品生产工时之和}$$

某产品应该分配费用＝该产品实际生产工时×费用分配率

上述公式中的生产工时，如果改换为机器工时，则为机器工时分配法，即以各种产品的机器工时为标准来分配动力费用的方法。当产品生产过程以机器加工为主时，采用机器工时分配法来分配动力费用比较合理。

【例3-4】南方工厂20××年×月耗用外购电力共25 500度，每度1.8元。其中：基本生产车间生产甲、乙两种产品耗电18 000度，基本生产车间照明用电500度，供热车间耗用1 000度，供电车间耗电4 000度，行政管理部门用电2 000度。甲、乙两种产品的生产工时分别为12 000工时和8 000工时，该厂按照生产工时比例分配动力费用。具体计算过程如下：

$$费用分配率 = \frac{各种产品共同耗用的动力费用}{各种产品生产工时之和}$$

$$= \frac{18\ 000}{12\ 000+8\ 000} = 0.9$$

甲产品分配耗电量＝12 000×0.9＝10 800(度)

乙产品分配耗电量＝8000×0.9＝7 200(度)

根据上述计算结果资料编制"外购动力费用分配表"，如表3-5所示。

表3-5　外购动力费用分配表

20××年×月

单位：元

应借账户		成本或费用项目	耗电量分配			外购动力费用合计
总账账户	明细账户		生产工时	分配率	分配耗电量	
生产成本——基本生产成本	甲产品	燃料和动力	12 000		10 800	19 440
	乙产品	燃料和动力	8 000		7 200	12 960
	小计		20 000	0.9	18 000	32 400
生产成本——辅助生产成本	供热车间	燃料和动力			1 000	1 800
	供电车间	燃料和动力			4 000	7 200
	小计				5 000	9 000
制造费用		制造费用			500	900
管理费用					2 000	3 600
合　　计					25 500	45 900

（二）分配结转外购动力费用的账务处理

企业在生产经营过程中所消耗的动力费用，直接用于产品生产的动力费用，应借记"生产成本——基本生产成本"账户及所属产品成本计算单的"直接材料"或"燃料和动力"成本项目；直接用于辅助生产的动力费用，借记"生产成本——辅助生产成本"账户及所属明细账的"直接材料"或"燃料和动力"成本项目；用于基本生产车间和辅助生产车间一般消耗的动力费用，以及行政管理部门的照明用电等，应分别借记"制造费用""生产成本——辅助生产成本""管理费用"等账户及其所属明细账有关项目。

根据"外购动力费用分配表"，编制结转外购动力费会计分录如下：

借：生产成本——基本生产成本——甲产品   19 440

          ——基本生产成本——乙产品   12 960

     生产成本——辅助生产成本——供热车间   1 800

          ——辅助生产成本——供电车间   7 200

     制造费用——基本生产车间   900

     管理费用   3 600

     贷：应付账款(或银行存款)   45 900

任务小结

任务解析

通过上面【知识与技能】的学习，我们可以将【任务引入】中所涉及味美食品厂的材料费用进行分配并做出账务处理如下。

(1) 材料费用分配率 $= \dfrac{19\,000}{(15\,000 + 4\,000)} = 1$

牛奶核桃饼干应分材料费 $= 15\,000 \times 1 = 15\,000$(元)

奶油曲奇饼干应分材料费 $= 4\,000 \times 1 = 4\,000$(元)

(2) 账务处理

借：生产成本——基本生产成本——牛奶核桃饼干   43 000

          ——奶油曲奇饼干   25 000

       辅助生产成本——供气车间   4 400

          ——供电车间   6 800

制造费用——基本生产车间	3 900
管理费用	800
废品损失——牛奶核桃饼干	400
贷: 原材料	84 300

任务实施

1. 在全面理解掌握【知识与技能】的基础上, 各小组同学独立完成【技能训练】相关内容。

2. 各小组成员遵循实事求是、认真负责的原则, 按照【任务评价】进行组内互评打分。

任务评价

为了考核学生对【任务一】所涉及内容的理解程度, 特制定了任务考核评价表(见表 3-6), 主要考核学生对直接材料费用归集和分配的掌握程度。

表 3-6　任务考核评价表

	直接材料费用归集和分配		
	内　　容	分　　值	得　　分
考评标准	材料费用归集和分配概述	20	
	材料费用的归集	30	
	材料费用的分配	30	
	外购动力费用的核算	20	
		100	

注: 考评满分为 100 分, 60～70 分为及格; 71～80 分为中等; 81～90 分为良好; 91 分以上为优秀。

技能训练

一、单项选择题

1. 企业为生产产品发生的原料及主要材料费用应通过(　　)账户核算。

　　A. 基本生产成本　　B. 辅助生产成本　　C. 管理费用　　D. 制造费用

2. 月末编制材料费用分配表时, 对于退料凭证的数额, 可以采取(　　)。

　　A. 冲减有关成本费用　　　　　　B. 在下月领料数中扣除

　　C. 从当月领料数中扣除　　　　　D. 无须考虑

3. 对于外购动力费用总额, 按照相关的凭证可能贷记(　　)账户。

　　A. 基本生产成本　　B. 辅助生产成本　　C. 应付账款　　D. 其他应付款

4. 下列单据中, 不应作为记录材料消耗定额数量原始凭据的有(　　)。

　　A. 领料单　　　　B. 限额领料单　　　　C. 退料单　　　　D. 账存实存对比单

5. 按产品材料定额成本比例分配法分配材料费用时，其适用的条件是(　　)。

　　A. 产品的产量与所耗用的材料有密切的联系

　　B. 产品的重量与所耗用的材料有密切的联系

　　C. 几种产品共同耗用几种材料

　　D. 各项材料消耗定额比较准确、稳定

二、多项选择题

1. 应计入产品成本的各种材料费用，按其用途进行分配，应记入的账户有(　　)。

　　A. 基本生产成本　　B. 在建工程　　　　C. 管理费用　　　　D. 制造费用

2. 用于几种产品生产的共同耗用原材料费用的分配，常用的分配标准有(　　)。

　　A. 工时定额　　　B. 生产工人工资　C. 材料定额费用　　D. 材料定额消耗量

3. 下列应计入产品成本的"直接材料"成本项目的有(　　)。

　　A. 用于制造产品并构成产品实体的原料及主要材料

　　B. 车间设备耗用的机物料

　　C. 制造产品耗用的不构成产品实体的辅助材料

　　D. 制造产品耗用的燃料

4. 几种产品共同耗用的动力费用，常用的分配标准有(　　)。

　　A. 生产工时　　　B. 机器工时　　　　C. 马力工时　　　　D. 生产工人工资

5. 对于几种产品共同耗用的原材料，常用的分配方法有(　　)。

　　A. 生产工时　　　B. 机器工时　　　　C. 定额费用比例　　D. 定额耗用量比例

三、判断题

1. 凡属生产车间领用的原材料费用，最终都必须结转到产品成本的"直接材料"成本项目。(　　)

2. 定额消耗量比例法是以定额成本作为分配标准的。(　　)

3. 动力费用的归集与分配一般是通过编制"动力费用分配表"进行的。(　　)

4. 对于工业企业来说，产品耗用的动力费用只能在"直接材料"成本项目上反映。(　　)

5. "外购材料"和"直接材料"，都是材料费用，因此都属于要素费用。(　　)

四、计算分析题

1. 【目的】练习直接材料费用的定额费用比例分配法。

【资料】某企业生产甲、乙两种产品，共同领用 A、B 两种主要材料，共计 21 800 元。本月投产甲产品 120 件，乙产品 100 件。甲产品材料消耗定额：A 材料 6 千克，B 材料 4 千克；乙产品材料消耗定额：A 材料 3 千克，B 材料 5 千克。A 材料单价 10 元，B 材料单价 8 元。

【要求】根据资料采用定额费用比例法分配材料费用。(计算结果保留四位小数)

2. 【目的】练习直接材料费用的定额比例分配法。

【资料】某企业基本生产车间生产产品共同领用材料 3 024 千克，每千克 50 元，成本共计 151 200 元，生产甲、乙产品分别 80 件、100 件。甲产品的材料消耗定额为 20 千克，乙产品的材料消耗定额为 12 千克；生产甲产品直接领用材料 23 000 元，生产乙产品直接领用材料 36 000

元，辅助生产车间领用材料 5 300 元，生产车间一般耗用材料 2 800 元，行政管理部门领用材料 2 000 元。

【要求】根据资料计算甲、乙产品各应分配的材料费用，并进行相关账务处理。(计算结果保留两位小数)

3. 【目的】练习系数分配法。

【资料】某企业生产工艺过程相同的 A、B、C、D、E 五种规格的产品，共同耗用原材料 59 852 元，单位产品材料消耗定额分别为 30 千克、27.5 千克、25 千克、20 千克、17.5 千克，五种产品实际产量分别为 400 件、500 件、1 000 件、200 件、160 件。(以 C 产品材料消耗定额作为标准系数 1)

【要求】采用标准产品系数分配法分配原材料费用，并编制相关会计分录。(计算结果保留两位小数)

4. 【目的】练习外购动力费用分配。

【资料】某企业 6 月份根据仪表记录本月份耗用外购电力情况如下：基本生产车间生产产品用电 8 500 度，照明用电 600 度；辅助生产车间用电 2 300 度；行政管理部门用电 1 500 度。每度电 0.86 元。基本生产车间生产甲、乙两种产品，生产工时分别为 1 500 小时和 2 500 小时。

【要求】采用生产工时分配法分配外购电费，编制分配结转外购动力费的会计分录。(计算结果保留四位小数)

5. 【目的】练习外购动力费用分配。

【资料】某企业 6 月份根据仪表记录本月份耗用外购动力 48 200 千瓦时。其中，基本生产车间生产 A、B 两种产品耗用电力 40 000 千瓦时；照明用电 800 千瓦时；运输车间用电 4 000 千瓦时，销售部门用电 800 千瓦时，行政管理部门用电 2 600 千瓦时，每千瓦时 0.50 元。对直接用于产品生产的外购电力采用生产工时比例进行分配。其中：A 产品耗用 24 000 工时，B 产品耗用 26 000 工时。

【要求】采用生产工时分配法分配外购动力费，编制分配结转外购动力费的会计分录。(计算结果保留两位小数)

实战模拟

【目的】练习直接材料费用的定额耗用量比例分配法。

【资料】某厂生产 A、B、C 三种产品。本月三种产品共同耗用甲材料 33 600 千克，每千克 12.5 元，总金额为 420 000 元。三种产品本月投产量分别为 4 000 件、3 200 件和 2 400 件，甲材料消耗定额分别为 3 千克、2.5 千克和 5 千克。

【要求】利用表 3-7 采用定额耗用量比例分配法分配甲材料费用。(计算结果保留两位小数)

表 3-7　甲材料费用分配表

20××年×月　　　　　　　　　　　　　　　　单位：元

产　品	产品投产量	单位定额	定额消耗总量	分配率	实际消耗总量	分配率	应分配材料费用
A 产品							
B 产品							
C 产品							
合　计							

任务二　直接人工费用的归集和分配

任务引入

味美食品厂 20××年 8 月职工薪酬汇总表如表 3-8 所示。

表 3-8　职工薪酬汇总表

单位：元

应借账户		成本项目	应付工资			职工福利费	工会经费	职工教育经费	社会保险费	人工费用合计
			生产工时	分分配率	工资合计					
基本生产成本	牛奶核桃饼干部	直接人工	12 000							
	奶油曲奇饼干	直接人工	8 000							
	小　计		20 000		18 000					
辅助生产成本	供气车间	职工薪酬			4 300					
	供电车间	职工薪酬			5 200					
	小　计				9 500					
制造费用		职工薪酬			1 200					
管理费用		职工薪酬			1 300					
废品损失		直接人工			150					
合　计			30 150		30 150	301.5	603	452.25	2 864.25	34 371

你能依据国家的相关政策以及企业的实际情况，将上述职工薪酬汇总表补充完整，并进行成本费用核算吗(假设该公司分别按工资总额的 1%、2%、1.5%、9.5%计提职工福利费、工会经费、职工教育经费和社会保险费，住房公积金略)？

✎ 任务分析

根据 2006 年财政部颁发的《企业会计准则第九号——职工薪酬》的规定，企业为获得职工提供的服务而给予职工的薪酬包括工资费用和按照工资总额的一定比例计提的职工福利费、养老保险费、医疗保险费、失业保险费、工伤保险费、生育保险费等社会保险费以及住房公积金、工会经费、职工教育经费、非货币性福利等。在进行工资费用的核算时，应审核构成产品成本的工资范围以及工资费用的具体分配方法。

以下内容是完成工资核算必须掌握的知识，下面我们就开始【知识与技能】的学习吧！

✎ 知识与技能

一、职工薪酬的构成

新颁布的会计准则规定，职工薪酬(employee compensation)是指企业为获得职工提供的服务而给予的各种形式的报酬以及其他相关支出，包括企业为职工在职期间和离职后提供的全部货币性薪酬和非货币性福利以及提供给职工配偶、子女或其他被赡养人的福利等。

职工薪酬是产品成本的重要组成部分，主要包括职工工资、奖金、津贴和补贴，职工福利费，医疗保险费、养老保险费、失业保险费、工伤保险费和生育保险费，住房公积金，工会经费和职工教育经费，非货币性福利，因解除与职工的劳动关系给予的补偿，以及其他与获得职工提供的服务相关的支出等。

(一) 职工工资

职工工资(包括奖金、津贴和补贴)，是指国家统计局《关于工资总额组成的规定》中规定的各项内容。构成工资总额的有计时工资、计件工资、支付给职工的劳动报酬、为了补偿职工特殊或额外的劳动消耗和因其他特殊原因支付给职工的津贴，以及为了保证职工工资水平不受物价影响支付给职工的物价补贴等。

(二) 职工福利费

职工福利费，是指企业为职工集体提供的福利，如补助生活困难职工等。职工福利费属于职工薪酬，在会计处理上采用先提取后使用的方法，提取比例由企业根据自身实际情况合理确定。

(三) 社会保险费

社会保险费是指医疗保险费、养老保险费、失业保险费、工伤保险费和生育保险费等。具体包括企业按照国家规定的基准和比例计算，向社会保险经办机构缴纳的医疗保险费、基本养老保险费、失业保险费、工伤保险费和生育保险费，以及根据《企业年金试行办法》《企业年金基金管理试行办法》等相关规定，向有关单位缴纳的补充养老保险费。

(四) 住房公积金

住房公积金是指企业按照国家新修订的《住房公积金管理条例》规定的基准和比例计算向住房公积金管理机构缴存的住房公积金。住房公积金是住房分配货币化、社会化和法治化的主要形式。住房公积金制度是国家法律规定的重要的住房社会保障制度，具有强制性、互助性、保障性，单位和职工个人必须依法履行缴存住房公积金的义务。

(五) 工会经费和职工教育经费

工会经费和职工教育经费，是指企业为了改善职工文化生活、提高职工业务素质用于开展工会活动和职工教育及职业技能培训，根据国家规定的基准和比例，从成本费用中提取的金额。

工会经费和职工教育经费分别按职工计提工资总额的 2% 和 1.5% 提取，计入"管理费用"。

(六) 非货币性福利

非货币性福利，是指企业以自产产品或外购商品发放给职工作为福利，将自己拥有的资产无偿提供给职工使用，为职工无偿提供医疗保健服务等。

(七) 辞退福利

辞退福利是指在职工劳动合同尚未到期前，企业决定解除与职工的劳动关系而给予的补偿或者为鼓励职工自愿接受裁减而给予的补偿。职工有权利选择继续在职或接受补偿离职。

(八) 其他相关支出

其他与获得职工提供的服务相关的支出。

> **温馨提示：** 职工薪酬准则《企业会计准则第 9 号——职工薪酬准则》规定：应由生产产品、提供劳务负担的职工薪酬，计入产品成本或劳务成本；应由在建工程、无形资产负担的职工薪酬，计入建造固定资产或无形资产成本；除上述之外的其他职工薪酬，计入当期损益。

二、职工薪酬的计算

工资是职工薪酬的主要内容，工资的计算是企业直接人工费用归集的基础，也是企业与职工之间进行工资结算的依据。企业可以根据具体情况采用各种不同的工资制度，最基本的工资制度有计时工资制度和计件工资制度。

(一) 计时工资制下应付工资的计算

计时工资是根据每一职工的考勤记录和规定的工资标准计算的。计时工资是工资结算的基本形式，它适用于不能采取计件的工人、管理人员和服务人员等工资的计算。计时工资的计算方法有月薪制、日薪制和按小时计算的小时工资几种形式。

(二) 计件工资制下应付工资的计算

计件工资一般情况下是针对生产工人所采用的计算方法。采用计件工资制时，根据产量和工时记录中登记的每一生产工人和班组完成的工作量，乘以事前规定的计件工资进行计算。计件工资按照结算对象不同，分为个人计件工资和集体计件工资两种形式。

工资的具体计算方法在财务会计中已有讲述，这里不再重复。

三、职工福利费的计算

企业依据国家有关规定，按照职工工资总额的一定比例从有关成本费用中提取，形成用于职工医疗卫生和生活困难补助等方面支出的资金，称为提取职工福利费。提取职工福利费是通过编制"提取职工福利费计算表"来计算的。

【例3-5】南方工厂确定职工福利费提取比例为工资总额的6%，20××年×月根据其工资汇总表编制"职工福利费计算表"如表3-9所示。

表3-9 南方工厂提取职工福利费计算表

20××年×月   单位：元

车间、部门	工资总额	提取比例	应计提福利费
基本生产车间	105 000	6%	6 300
其中：产品生产工人	80 000	6%	4 800
车间管理人员	25 000	6%	1 500
辅助生产车间	15 000	6%	900
其中：供气车间	8 500	6%	510
供电车间	6 500	6%	390
企业管理部门	10 000	6%	600
合　　计	130 000	6%	7 800

四、社会保险费的计算

对医疗保险费、养老保险费(包括基本养老保险费和补充养老保险费)、失业保险费、工伤保险费和生育保险费等社会保险费，国家规定了计提基础和计提比例的，企业应当按照国家规定的标准计提。

【例3-6】南方工厂按照国家规定对医疗保险费、养老保险费、失业保险费、工伤保险费和生育保险费等社会保险费依据职工工资总额分别按照8%、20%、2%、0.8%和0.8%的比例计提，编制"社会保险费计算表"如表3-10所示。

表3-10 南方工厂社会保险费计算表

20××年×月   单位：元

车间、部门	工资总额	医疗保险	养老保险	失业保险	工伤保险	生育保险	合计
基本生产车间	105 000	8 400	21 000	2 100	840	840	33 180
其中：产品生产工人	80 000	6 400	16 000	1 600	640	640	25 280
车间管理人员	25 000	2 000	5 000	500	200	200	7 900
辅助生产车间	15 000	1 200	3 000	300	120	120	4 740
其中：供气车间	8 500	680	1 700	170	68	68	2 686
供电车间	6 500	520	1 300	130	52	52	2 054
企业管理部门	10 000	800	2 000	200	80	80	3 160
合　　计	130 000	10 400	26 000	2 600	1 040	1 040	41 080

五、住房公积金、工会经费、职工教育经费的计算

对住房公积金、工会经费、职工教育经费等，国家规定了计提基础和计提比例的，企业应当按照国家规定的标准计提。

【例3-7】南方工厂按照国家规定计提住房公积金、工会经费、职工教育经费，提取比例分别为工资总额的8%、2%和1.5%，编制"住房公积金、工会经费、职工教育经费计算表"如表3-11所示。

表3-11 南方工厂住房公积金、工会经费、职工教育经费计算表

20××年×月   单位：元

车间、部门	工资总额	住房公积金	工会经费	职工教育经费
基本生产车间	105 000	8 400	2 100	1 575
其中：产品生产工人	80 000	6 400	1 600	1 200
车间管理人员	25 000	2 000	500	375
辅助生产车间	15 000	1 200	300	225
其中：供气车间	8 500	680	170	127.5
供电车间	6 500	520	130	97.5
企业管理部门	10 000	800	200	150
合　　计	130 000	10 400	2 600	1 950

六、工资费用的分配

(一) 工资费用核算的账户设置

企业工资费用的分配除应通过有关成本费用账户外，还要通过"应付职工薪酬"账户核算已分配计入有关成本费用项目的职工薪酬数额。该账户应按"工资""职工福利""社会保险费""住房公积金""工会经费""职工教育经费""非货币性福利"等应付职工薪酬项目设

置明细账户，进行明细核算。

工资费用分配对象的确定与材料费用的分配原则基本类似，也是按受益对象的不同进行分配。具体来说，为产品生产而发生的人员工资是产品成本的重要组成部分，应由基本生产部门的各产品承担，其中能直接计入某一产品(或成本计算对象)的工资费用，如直接进行产品生产的生产工人的计件工资，应根据工资结算凭证直接记入"生产成本——基本生产成本"账户及所属明细账的"直接人工"成本项目；不能直接计入的工资费用，如生产多种产品的工人的计时工资，则应按一定的比例分配计入各种产品(或成本计算对象)成本明细账的"直接人工"成本项目。为基本生产提供辅助产品和劳务所发生的人员工资应由辅助生产部门生产的各产品或劳务承担，各生产部门的管理人员发生的工资应由各生产部门的制造费用负担，企业销售部门发生的工资由销售费用负担，企业行政管理部门发生的工资则由管理费用承担。

(二) 工资费用的分配方法

生产多种产品的工人的工资费用分配的标准一般是按照产品的生产工时(实际或定额)比例进行分配，具体计算公式如下：

$$工资费用分配率 = \frac{生产工人工资总额}{各种产品生产工时(实际或定额)之和}$$

$$某产品应分配的工资费用 = 该产品生产工时(实际或定额) \times 工资费用分配率$$

工资费用的分配是通过编制工资费用分配表进行的，根据工资费用分配表编制会计分录，登记有关总账和明细账。下面举例说明工资费用分配表的编制及工资费用分配的账务处理。

【例3-8】南方工厂基本生产车间生产甲、乙两种产品，20××年×月份应付生产工人工资为2 500元，本月生产甲产品的实际工时为2 000小时，生产乙产品的实际工时为3 000小时，采用生产工时比例分配法计算如下：

(1) 人工费用分配率 $= \dfrac{2\ 500}{(2\ 000 + 3\ 000)} = 0.5$

(2) 分配人工费用

甲产品应负担人工费用 $= 2\ 000 \times 0.5 = 1\ 000(元)$

乙产品应负担人工费用 $= 3\ 000 \times 0.5 = 1\ 500(元)$

或：$2\ 500 - 1\ 000 = 1\ 500(元)$

根据上述计算结果编制工资费用分配表，如表3-12所示。

表3-12　工资费用分配表

20××年×月

产品名称	实际生产工时/小时	分配率	分配金额/元
甲产品	2 000		1 000
乙产品	3 000		1 500
合　计	5 000	0.5	2 500

七、工资费用的账务处理

(一) 货币性工资费用的账务处理

企业在各车间分配工资费用、编制工资费用分配表的基础上，可以汇总编制全厂的工资费用分配表(如表 3-13 所示)。

表 3-13　工资费用分配表

20××年×月　　　　　　　　　　　　　　　　　　单位：元

车间、部门		生产工人工资	其他人员工资	应借账户
基本生产车间	甲产品	5 000		生产成本——基本生产成本
	乙产品	6 375		生产成本——基本生产成本
	丙产品	4 800		生产成本——基本生产成本
	管理部门		5 300	制造费用
辅助生产车间	供水	2 390		生产成本——辅助生产成本
	供电	3 700		生产成本——辅助生产成本
行政管理部门			6 500	管理费用
销售机构			8 760	销售费用
福利部门			2 200	应付职工薪酬——职工福利费
合　　计		22 265	22 760	

根据上述全厂工资费用分配表，编制如下会计分录。

借：生产成本——基本生产成本——甲产品　　　5 000
　　　　　　　　　　　　　　——乙产品　　　6 375
　　　　　　　　　　　　　　——丙产品　　　4 800
　　　　——辅助生产成本——供水　　　2 390
　　　　　　　　　　　　——供电　　　3 700
　　制造费用　　　　　　　　　　　5 300
　　管理费用　　　　　　　　　　　6 500
　　销售费用　　　　　　　　　　　8 760
　　应付职工薪酬——应付福利费　　　2 200
　　　贷：应付职工薪酬——应付工资　　　　　45 025

(二) 非货币性工资费用的账务处理

企业以非货币性资产作为福利发给职工的，应根据非货币性资产的不同性质进行相应的账务处理。

(1) 企业以自产产品作为非货币性福利发放给职工的，应当根据受益对象，按照该产品的公允价值，计入相关资产成本或当期损益，同时确认应付职工薪酬。记入"生产成本——基本生产成本""生产成本——辅助生产成本""制造费用""管理费用"等账户的借方，记入"应付职工薪酬——非货币性福利"账户的贷方。

(2) 企业将拥有的房屋等资产无偿提供给职工使用的，应当根据受益对象，将该住房每期计提的折旧计入相关资产成本或当期损益，同时确认应付职工薪酬。记入"生产成本——基本生产成本""生产成本——辅助生产成本""制造费用""管理费用"等账户的借方，记入"应付职工薪酬——非货币性福利""累计折旧"等账户的贷方。

(3) 租赁住房等资产供职工无偿使用的，应根据受益对象，将每期应付的租金计入相关资产成本或当期损益，并确认应付职工薪酬。

【例 3-9】南方工厂于 20××年 8 月份以其生产的家具作为福利发给每位职工，每件成本 150 元，售价 400 元，增值税税率 16%，企业共有职工 100 人，85 人为生产人员，15 人为管理人员。发放非货币福利及其分配的核算过程如下。

(1) 发放时

借: 应付职工薪酬——非货币性福利　　　　　　46 400

　　贷: 主营业务收入　　　　　　　　　　　40 000

　　　　应交税费——应交增值税(销项税额)　　6 400

(2) 同时结转商品成本

借: 主营业务成本　　　　　　　　　　　　　　15 000

　　贷: 库存商品　　　　　　　　　　　　　15 000

(3) 分配时

借: 生产成本——基本生产成本　　　　　　　　39 440(46 400 × 85%)

　　管理费用　　　　　　　　　　　　　　　　6 960(46 400 × 15%)

　　贷: 应付职工薪酬——非货币性福利　　　　46 400

任务小结

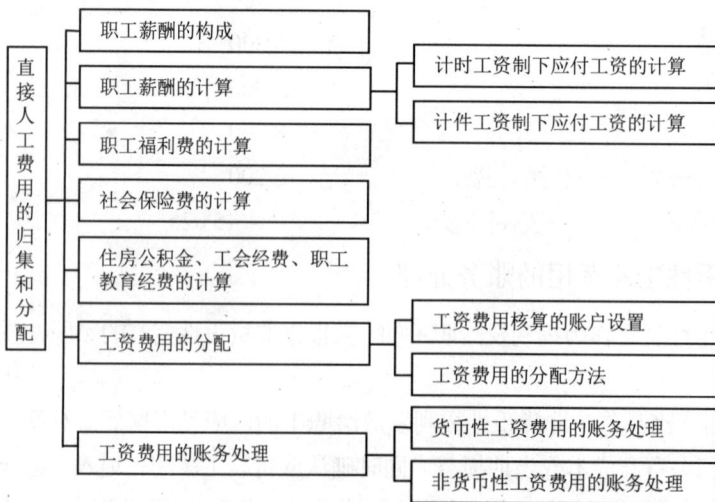

任务解析

通过【知识与技能】的学习，我们可以将【任务引入】中所涉及味美食品厂的应付职工薪酬进行分配并做出账务处理，如表 3-14 所示。

表 3-14　味美食品厂 20××年 8 月应付职工薪酬汇总表

单位：元

应借账户		成本项目	应付工资			职工福利费	工会经费	职工教育经费	社会保险费	人工费用合计
			生产工时	分配率	工资合计					
基本生产成本	牛奶核桃饼干	直接人工	12 000		10 800	108	216	162	1 026	12 312
	奶油曲奇饼干	直接人工	8 000		7 200	72	144	108	684	8 208
	小计		20 000	0.9	18 000	180	360	270	1 710	20 520
辅助生产成本	供气车间	职工薪酬			4 300	43	86	64.5	408.5	4 902
	供电车间	职工薪酬			5 200	52	104	78	494	5 928
	小计				9 500	95	190	142.5	902.5	10 830
制造费用		职工薪酬			1 200	12	24	18	114	1 368
管理费用		职工薪酬			1 300	13	26	19.5	123.5	1 482
废品损失		直接人工			150	1.5	3	2.25	14.25	171
合　计					30 150	301.50	603	452.25	2864.25	34 371

根据工资结算汇总表编制会计分录如下。

借：生产成本——基本生产成本——牛奶核桃饼干　　　12 312.00
　　　　　　　　　　　　　　——奶油曲奇饼干　　　8 208.00
　　　　　　辅助生产成本——供气车间　　　4 902.00
　　　　　　　　　　　　——供电车间　　　5 928.00
　　制造费用——基本生产车间　　　1 368.00
　　管理费用　　　1 482.00
　　废品损失——牛奶核桃饼干　　　171.00
　贷：应付职工薪酬——职工工资　　　30 150.00
　　　应付职工薪酬——职工福利费　　　301.50
　　　应付职工薪酬——工会经费　　　603.00
　　　应付职工薪酬——职工教育经费　　　452.25
　　　应付职工薪酬——社会保险　　　2 864.25

任务实施

1. 在全面理解掌握【知识与技能】的基础上，各小组同学独立完成【技能训练】相关内容。

2. 各小组成员遵循实事求是、认真负责的原则，按照【任务评价】进行组内互评打分。

任务评价

为了考核学生对【任务二】所涉及内容的理解程度，特制定了任务考核评价表(见表 3-15)，主要考核学生对直接人工费用的归集和分配的掌握程度。

表 3-15　任务考核评价表

直接人工费用的归集和分配			
	内　　　容	分　　值	得　　分
考评标准	职工薪酬的构成、计算	30	
	"五险一金"的计算	20	
	工资费用的分配	30	
	工资费用的账务处理	20	
		100	

注：考评满分为 100 分，60~70 分为及格；71~80 分为中等；81~90 分为良好；91 分以上为优秀。

技能训练

一、单项选择题

1. 下列人员的工资属于产品成本的直接人工成本项目有(　　)。

　　A. 生产工人　　　　B. 车间管理人员　　　C. 财务部门人员　　　　D. 专职销售人员

2. 甲企业生产 A、B 两种产品，共支付生产工人工资薪酬 900 万元，该企业按照生产工时比例分配，A 产品生产工时为 400 小时，B 产品生产工时为 600 小时，生产工资费用分配率应为(　　)。

　　A. 0.4　　　　　　B. 0.6　　　　　　　C. 0.9　　　　　　　D. 1.2

3. 下列各项中，属于直接计入费用的有(　　)。

　　A. 几种产品负担的制造费用　　　　　　B. 几种产品共同耗用的原材料费用

　　C. 一种产品耗用的生产工人工资　　　　D. 几种产品共同负担的机器设备折旧

4. 下列应计入产品成本的费用是(　　)。

　　A. 职工教育经费　　　　　　　　　　　B. 生产车间管理人员工资及福利费

　　C. 职工死亡丧葬补助费　　　　　　　　D. 因筹资支付给银行的手续费

5. 在生产多种产品的车间里，(　　)一定可以直接计入产品成本。

　　A. 机器设备折旧率　　　　　　　　　　B. 车间管理人员工资

　　C. 生产工人的计件工资　　　　　　　　D. 生产工人的计时工资

二、多项选择题

1. 下列各项中应计入产品成本的有( )。

    A. 专设销售机构人员的工资   B. 车间管理人员的工资

    C. 车间生产工人的工资   D. 企业管理部门人员的工资

2. 下列项目中,属于工资总额的组成部分的是( )。

    A. 计时工资   B. 生产工人工资   C. 计件工资   D. 津贴

3. 直接人工成本项目包括的内容有( )。

    A. 产品生产工人的计时工资和计件工资   B. 产品生产工人的资金、津贴和补贴

    C. 产品生产工人的加班工资   D. 产品生产人员非工作时间的工资

4. 职工的计件工资,可能记入( )账户的借方。

    A. 基本生产成本   B. 辅助生产成本   C. 制造费用   D. 管理费用

5. 根据"工资结算汇总表"和"直接人工费用分配表"进行分配结转工资费用的账务处理时,会计分录中对应的借方账户主要是( )。

    A. 生产成本   B. 财务费用   C. 制造费用   D. 管理费用

三、判断题

1. 对于车间管理人员的工资和企业管理部门的工资,都应记入"管理费用"账户。( )

2. 职工薪酬费用并不都计入产品成本或管理费用。   ( )

3. 无论是计时工资形式还是计件工资形式,人工费用的分配方法相同。   ( )

4. 凡是发放给企业职工的货币,均作为工资总额的组成部分。   ( )

5. 职工福利费应按实发工资的14%计算提取。   ( )

四、计算分析题(计算结果保留两位小数)

1. 【目的】练习按生产工时分配工资。

【资料】某企业生产甲、乙两种产品,共发生工资费用76 000元,其中生产工人工资53 000元,车间管理人员工资7 500元,行政管理人员工资10 000元,辅助生产车间工人工资5 500元。甲、乙两种产品的生产工时分别为1 500小时和2 500小时。

【要求】按生产工时比例法分配生产工人工资费用,并做出账务处理。

2. 【目的】练习按定额工时分配工资。

【资料】某厂根据20××年5月份工资结算汇总表:基本生产车间生产甲、乙两种产品,生产工人的计时工资共计39 200元,管理人员工资2 840元。甲产品完工数量为10 000件,乙产品完工数量为8 000件。单件产品工时定额为甲产品2.5小时,乙产品3小时。

【要求】按定额工时比例法分配甲、乙产品生产工人工资,并做出账务处理。

实战模拟

【目的】要素费用的核算。

【资料】某工厂20××年5月初投产甲、乙两种产品,分别为300件和200件。5月份的有关资料如下:

(1) 共同耗用 A 材料 58 800 千克，该材料单位计划成本 10 元，成本差异率为 2%，单位消耗定额甲、乙产品分别为 4 千克、8 千克；车间一般耗用材料 8 000 元。

(2) 甲、乙产品共同耗用燃料费用 59 976 元。(按定额消耗量比例法分配)

(3) 甲、乙产品共耗用电力费用 97 200 元。两种产品的单位生产工时分别为 100 小时和 120 小时。

(4) 应付职工薪酬为 300 000 元，其中生产甲、乙产品的工人工资为 200 000 元，车间管理人员工资为 30 000 元，企业管理人员工资为 70 000 元。

(5) 根据工资总额，按照当地政府和企业的需要，计提 10%的职工福利费、1.5%职工教育经费、2%工会经费、各类社会保险和住房公积金合计按 10%提取。

【要求】根据上述资料对企业产品生产过程中发生的要素费用进行分配，并编制相应的会计分录。

任务三　辅助生产费用的归集和分配

任务引入

20××年 8 月，味美食品厂发生如下经济业务。

1. 各车间、部门计提折旧费(见表 3-16)

表 3-16　各车间、部门计提折旧费

应借账户	车间、部门	本月折旧金额
制造费用	基本生产车间	1 300
辅助生产车间	供气车间	650
	供电车间	1 000
管理费用	管理部门	300
合　　计		3 250

2. 用银行存款支付其他费用(见表 3-17)

表 3-17　其他费用明细

应借账户	办公费	劳保费	水费	电费	差旅费	其　他	合　计
制造费用——基本生产车间	500	600	1 000	1 400		120	3 620
辅助生产成本——供气	200	500	200	800		150	1 850
辅助生产成本——供电	250	300	250	400		100	1 300
管理费用	300	100	150	200	2 000	200	2 950
合　　计	1 250	1 500	1 600	2 800	2 000	570	9 720

3. 你能完成上述经济业务的相关账务处理并根据本项目【任务一】直接材料费用归集与分配和【任务二】直接人工费用归集与分配【任务引入】所涉及的各项要素费用登记供气车间和供电车间辅助生产成本明细账吗?

4. 如果已经完成相关账簿登记工作,你可以采用适当的方法将辅助生产成本进行分配吗? (本单位采用一次交互分配法,辅助生产车间供应劳务数量如表 3-18 所示,辅助生产成本明细账如表 3-19、表 3-20 所示)。

表 3-18 辅助生产车间供应劳务数量情况表

受益对象	供气车间/立方米	供电车间/度
基本生产车间——牛奶核桃饼干		8 900
牛奶核桃饼干(废品损失)		100
基本生产车间——奶油曲奇饼干		8 000
基本生产车间一般消耗	4 500	2 000
供电车间	901	
供气车间		5 000
管理部门	500	1 000
合 计	5 901	25 000

表 3-19 辅助生产成本明细账(供气车间)

车间名称:供气车间

20××年		凭证号	摘要	材料	人工	折旧费	水电费	保险费	其他	合计	转出	余额
月	日											
8	31											
			合计									

表 3-20 辅助生产成本明细账(供电车间)

车间名称:供电车间

20××年		凭证号	摘要	材料	人工	折旧费	水电费	保险费	其他	合计	转出	余额
月	日											
8	31											
			合计									

任务分析

工业企业生产车间按生产任务不同，可划分为基本生产车间和辅助生产车间两大类。辅助生产车间提供劳务或生产产品所耗费的各种生产费用构成了这些劳务或产品的成本，称为辅助生产成本。辅助生产成本的高低对于基本生产成本和经营管理费用有着很大的影响，只有正确归集和分配辅助生产成本，才能计算基本生产成本和经营管理费用，辅助生产成本分配的方法很多，主要有直接分配法、顺序分配法、一次交互分配法、计划成本分配法和代数分配法等。

以下内容是完成辅助生产成本核算必须掌握的知识，下面我们就开始【知识与技能】学习吧！

知识与技能

工业企业的生产车间按其生产职能不同可以分为基本生产车间和辅助生产车间两种。基本生产车间是指从事商品、产品生产的车间。辅助生产车间，是指为基本生产车间、企业行政管理部门等单位服务而进行的产品生产和劳务供应的车间。辅助生产车间有的只生产一种产品或提供一种劳务，例如供电、供水、供气、运输等劳务；有的则生产多种产品或提供多种劳务，例如从事工具、刀具、模具、修理用备件的制造以及机器设备的修理等辅助生产。辅助生产提供的产品和劳务，有时也对外销售，但其根本的任务主要是服务于企业的基本生产和企业管理。企业只有在辅助生产产品成本、劳务成本确定之后，才能确定基本生产产品成本。因此，正确、及时地组织辅助生产成本的归集和分配的核算，对于节约生产费用、降低产品成本、保证产品成本核算的正确性有着十分重要的意义。

一、辅助生产费用的归集

为了核算辅助生产车间为生产产品或提供劳务而发生的各种费用，辅助生产车间应设置"生产成本——辅助生产成本"账户，据以进行辅助生产费用(auxiliary production cost)的归集和分配。"辅助生产成本"明细账一般应按车间以及产品或劳务的种类进行设置，明细账内按照成本项目或费用项目设置专栏，进行明细分类核算。辅助生产车间发生的各项费用，应记入"生产成本——辅助生产成本"账户的借方进行归集。

对于直接用于辅助生产产品或提供劳务的费用，应记入"生产成本——辅助生产成本"账户的借方；对于单独设置"制造费用"账户进行制造费用核算的辅助生产车间，发生的制造费用，则应先记入"制造费用——辅助生产车间"账户的借方进行汇总，再从"制造费用——辅助生产车间"账户的贷方，直接转入或分配转入"生产成本——辅助生产成本"账户及其明细账的借方，计算辅助生产的产品或劳务的成本。辅助生产完工的产品或劳务的成本，经过分配以后从"生产成本——辅助生产成本"账户的贷方转出，期末若有借方余额则为辅助生产的在产品成本。辅助生产成本明细账的格式见表3-21。

表 3-21　辅助生产成本明细账

车间：供电车间　　　　　　　　　　20××年 7 月　　　　　　　　　　单位：元

20××年		摘　要	直接材料	直接人工	制造费用	合　计
月	日					
7	31	根据材料费用分配表	30 000			30 000
7	31	根据职工薪酬分配表		20 000		20 000
7	31	根据制造费用分配表			19 440	19 440
7	31	本月发生额合计	30 000	20 000	19 440	69 440
7	31	分配辅助生产成本				
		合　计				0

> **温馨提示：**如果有些工业企业的辅助生产车间的规模较小，发生的制造费用数额较少，也不对外销售产品或提供劳务，不需要按照规定的成本项目计算辅助生产产品成本；为了简化核算工作，辅助生产车间的制造费用可以不单独设置"制造费用"账户进行归集核算，而直接将其记入"生产成本——辅助生产成本"账户的借方。在这种情况下，"生产成本——辅助生产成本"明细账就需按照成本项目与费用项目相结合设置专栏，而不是按成本项目设置专栏。

二、辅助生产费用的分配

经过前述要素费用的分配及辅助生产费用的归集，辅助生产车间发生的各项费用已经全部归集到"生产成本——辅助生产成本"总账及相关明细账中，下一步就应将这些辅助生产成本分配计入各受益对象。辅助生产成本的分配就是指将辅助生产成本各明细账上所归集的费用，采用一定的方法计算出提供的辅助产品或劳务的总成本和单位成本，并按受益对象耗用的数量计入基本生产成本或期间费用的过程。

由于辅助生产车间所生产的产品和劳务的种类不同，费用转出、分配的方法也不一样。如果辅助生产车间提供的是产品，如辅助生产车间生产的是工具、模具和修理用的备件等，则应在期末将辅助生产成本在完工产品和在产品之间进行分配(分配方法比照【任务六】生产费用在完工产品与期末在产品之间的分配)，并结转完工产品成本，从"生产成本——辅助生产成本"账户的贷方转入"周转材料""原材料"等账户的借方，其他单位领用时，按低值易耗品或原材料的核算方法进行核算。如果辅助生产车间提供的是劳务作业，如供水、供电、供热、运输等劳务，则须将当期发生的辅助生产费用在各受益单位之间按照所耗用数量或其他比例进行分配，分配后按受益单位不同分别计入不同的成本和费用账户。具体来说，基本生产车间应分配的辅助生产费用，如果能直接确定是哪种产品耗用的，则直接记入"生产成本——基本生产成本"中该产品的成本明细账制造费用成本项目；如果是多种产品共同耗用的，则先记入"制造费用——基本生产车间"，待制造费用归集和分配完成后再转入基本生产成本；行政管理部门耗用的，则记入"管理费用"账户。

　　辅助生产提供的产品和劳务，主要是为基本生产车间及行政管理部门服务的，但在某些辅助生产车间也有相互提供产品和劳务的情况，如供电车间为供水车间提供用电服务，而供水车间又为供电车间提供水。为了正确计算辅助生产产品和劳务的成本，在分配辅助生产费用时，应在各辅助生产车间之间进行费用的相互分配，然后才是对外(辅助生产车间以外的各受益单位)分配费用。

　　由于上述原因，辅助生产费用的分配是一个较为复杂的过程。为了使分配结果尽量接近客观，在分配时应根据企业各辅助生产部门生产产品的特点以及受益单位提供服务的情况，结合企业管理的条件和要求来选用适当的分配方法。辅助生产费用分配的方法很多，主要有直接分配法、一次交互分配法、顺序分配法、代数分配法和计划成本分配法等。

(一) 直接分配法

　　直接分配法是指把辅助生产车间所发生的实际费用，仅在各基本生产车间和行政管理等部门之间按其受益数量进行分配，对于各辅助生产车间之间相互提供的产品或劳务则不进行分配的一种辅助生产费用分配方法。其计算公式如下：

$$费用分配率 = \frac{某辅助生产单位待分配费用总额}{该生产单位供应给辅助生产单位以外部门的劳务总量}$$

$$各受益车间部门应分配的费用 = 费用分配率 \times 该车间、部门受益数量$$

　　【例3-10】南方工厂设有供电和供水两个辅助生产车间，在分配结转前，"生产成本——辅助生产成本"账户归集的本月辅助生产费用：供电车间为69 440元，供水车间为35 000元。该厂本月辅助生产车间提供的产品和劳务供应量见表3-22。采用直接分配法进行分配，有关计算过程如下。

表3-22　南方工厂辅助生产车间劳务供应量汇总表

20××年×月

受益对象(生产单位和部门)	供电数量/度	供水数量/吨
辅助生产单位耗用：		
供电车间耗用		800
供水车间耗用	12 000	
基本生产单位耗用：		
产品生产直接耗用	80 000	6 000
车间一般耗用	12 000	1 000
行政管理部门耗用	8 000	3 000
合　　计	112 000	10 800

(1) 计算对外分配费用分配率:

$$供电车间费用分配率 = \frac{69\ 440}{112\ 000 - 12\ 000} = \frac{69\ 440}{100\ 000} = 0.694\ 4(元/度)$$

$$供水车间费用分配率 = \frac{35\ 000}{10\ 800 - 800} = \frac{35\ 000}{10\ 000} = 3.5(元/吨)$$

(2) 将辅助生产费用分配给辅助生产以外的受益对象,各受益对象应负担的电费和水费分别为:

基本生产车间产品生产应负担的电费 = 80 000 × 0.694 4 = 55 552(元)

基本生产车间一般消耗应负担的电费 = 12 000 × 0.694 4 = 8 333(元)

行政管理部门应负担的电费 = 8 000 × 0.694 4 = 5 555(元)

或 69 440 - 55 552 - 8 333 = 5 555(元)

基本生产车间产品生产应负担的水费 = 6 000 × 3.5 = 21 000(元)

行政管理部门应负担的水费 = 3 000 × 3.5 = 10 500(元)

基本生产车间一般耗用应负担的水费 = 1 000 × 3.5 = 3 500(元)

或 35 000 - 21 000 - 10 500 = 3 500(元)

采用直接分配法计算各受益对象应负担的费用,集中编制的辅助生产费用分配表,如表3-23所示。

表3-23 南方工厂辅助生产费用分配表(直接分配法)

20××年×月

项目	分配电费		分配水费		对外分配金额合计
	数量/度	金额/元	数量/吨	金额/元	
待分配费用		69 440		35 000	104 440
劳务供应总量	112 000		10 800		
其中:辅助生产以外单位	100 000		10 000		
费用分配率(单位成本)		0.6944		3.5	
受益对象					
供电车间			(800)		
供水车间	(12 000)				
基本生产车间					
产品生产	80 000	55 552	6 000	21 000	76 552
一般消耗	12 000	8 333	1 000	3 500	11 833
行政管理部门	8 000	5 555	3 000	10 500	16 055
合计	100 000	69 440	10 000	35 000	104 440

(3) 根据辅助生产费用分配表3-23,编制分配结转辅助生产费用的会计分录如下。

借:生产成本——基本生产成本　　　　　　　　76 552

　　制造费用——基本生产车间　　　　　　　　11 833

　　管理费用　　　　　　　　　　　　　　　　16 055

贷：生产成本——辅助生产成本——供电		69 440	
——辅助生产成本——供水		35 000	

上述会计分录中，如果产品生产用电没有专设成本项目，也可以将电费计入基本生产车间的制造费用明细账，并入制造费用分配给各种产品。

采用直接分配法分配辅助生产成本，辅助生产车间发生的费用仅对外进行一次分配，计算手续较为简单，但它具有一定的假定性，即假定各辅助生产车间提供的产品或劳务都为基本生产车间和管理等部门所耗用。实际上，各辅助生产车间之间相互提供的产品或劳务不分配费用，计算出来的辅助生产成本就不完整。所以，在各辅助生产车间相互提供产品或劳务的数量较多时，采用直接分配法分配结果的准确性较差。因此，这种方法一般只适用于辅助生产车间之间相互提供产品或劳务较少的情况。

(二) 一次交互分配法

一次交互分配法也叫交互分配法，它是先根据各辅助生产单位相互提供劳务的数量和费用分配率(单位成本)，在各辅助生产单位之间进行一次交互分配；再将交互分配以后辅助生产单位的全部应分配费用(交互分配前的待分配费用，加上交互分配转入的应负担费用，减去交互分配转出的费用)，按提供劳务的数量，在辅助生产以外的各受益对象之间进行分配。采用一次交互分配法，辅助生产部门之间相互提供了劳务，也相互负担了费用，虽然计算过程较直接分配法复杂，但分配结果较之更为合理。在交互分配法下，其计算公式如下：

$$交互分配费用分配率 = \frac{交互分配前辅助生产单位的待分配费用总额}{该辅助生产单位的劳务供应总量}$$

某辅助生产单位应负担的费用 = 该辅助生产单位接受的劳务总量 × 交互分配费用分配率

$$对外分配费用分配率 = \frac{交互分配前待分配费用总额 + 交互分配转入费用 - 交互分配转出费用}{该生产单位供应给辅助生产以外部门的劳务总量}$$

某辅助生产以外部门应负担费用 = 该生产单位或部门接受的劳务总量 × 对外分配费用分配率

【例3-11】根据【例3-10】提供的南方工厂资料，采用一次交互分配法进行分配，有关计算过程如下。

(1) 计算交互分配费用分配率(单位成本)：

$$供电车间交互分配费用分配率 = \frac{69\ 440}{112\ 000} = 0.62\ (元/度)$$

$$供水车间交互分配费用分配率 = \frac{35\ 000}{10\ 800} = 3.24\ (元/吨)$$

(2) 计算各辅助生产车间交互分配应分配费用：

供水车间应负担电费 = 12 000 × 0.62 = 7 440(元)

供电车间应负担水费 = 800 × 3.24 = 2 592(元)

(3) 计算对外分配应分配费用总额：

供电车间对外分配应分配费用 = 69 440 + 2 592 − 7 440 = 64 592(元) ①

供水车间对外分配应分配费用 = 35 000 + 7 440 − 2 592 = 39 848(元) ②

(4) 计算对外分配的费用分配率：

$$供电车间对外分配费用分配率 = \frac{64\,592}{112\,000 - 12\,000} = 0.645\,92(元/度)$$

$$供水车间对外分配费用分配率 = \frac{39\,848}{10\,800 - 800} = 3.984\,8(元/吨)$$

(5) 将辅助生产费用分配给辅助生产以外的受益对象，各受益对象应负担的电费和水费分别为：

基本生产车间产品生产应负担的电费 = 80 000 × 0.645 92 = 51 674(元)

基本生产车间一般消耗应负担的电费 = 12 000 × 0.645 92 = 7 751(元)

行政管理部门应负担的电费 = 8 000 × 0.645 92 = 5 167 (元)

或 64 592 - 51 674 - 7 751 = 5 167(元)

基本生产车间产品生产应负担的水费 = 6 000 × 3.984 8 = 23 909(元)

基本生产车间一般耗用应负担的水费 = 1 000 × 3.984 8 = 3 985(元)

行政管理部门应负担的水费 = 3 000 × 3.984 8 = 11 954(元)

或 39 848 - 23 909 - 3 985 = 11 954(元)

根据上述交互分配和对辅助生产以外单位或部门应分配的金额集中编制的辅助生产费用分配表，如表3-24所示。

表3-24　南方工厂辅助生产费用分配表(一次交互分配法)

20××年×月

项　　　目	交互分配				对外分配				金额
	分配电费		分配水费		分配电费		分配水费		
	数量/度	金额/元	数量/吨	金额/元	数量/度	金额/元	数量/吨	金额/元	合计/元
待分配费用		69 440		35 000		64 592①		39 848②	104 440
劳务供应总量	112 000		10 800		100 000		10 000		
费用分配率		0.62		3.24		0.645 92		3.984 8	
受益对象：									
供电车间			800	2 592					
供水车间	12 000	7 440							
基本生产车间									
产品生产					80 000	51 674	6 000	23 909	75 583
一般消耗					12 000	7 751	1 000	3 985	11 736
行政管理部门					8 000	5 167	3 000	11 954	17 121
合　　计		7 440		2 592	100 000	64 592	10 000	39 848	104 440

根据表3-24的分配结果，编制分配结转辅助生产费用的会计分录如下。

(1) 交互分配

借：生产成本——辅助生产成本——供电　　　　　　　　2 592

　　　　辅助生产成本——供水　　　　　　　　　　　　7 440

| 贷: 生产成本——辅助生产成本——供电 | 7 440 |
| ——辅助生产成本——供水 | 2 592 |

(2) 对外分配

借: 生产成本——基本生产成本	75 583
制造费用——基本生产车间	11 736
管理费用	17 121
贷: 生产成本——辅助生产成本——供电	64 592
——辅助生产成本——供水	39 848

采用一次交互分配法，辅助生产单位内部相互提供的产品和劳务进行了交互分配(相互分配了费用)，与直接分配法比较，提高了费用分配结果的正确性，但由于在分配费用时都要计算交互分配和对外分配两个费用分配率，进行两次分配，增加了分配计算的工作量。同时，交互分配的费用分配率是根据交互分配前的待分配费用计算的，不是该辅助生产单位产品或劳务的实际单位成本，因此，分配结果也不很准确。在实际工作中，为了简化计算工作，如果各月辅助生产的成本水平相差不大，也可以用上月辅助生产单位该产品或劳务的实际单位成本，作为本月交互分配的费用分配率(产品或劳务的单位成本)。

(三) 顺序分配法

顺序分配法又名阶梯法。采用这种分配方法时，首先将各辅助生产部门按施惠和受益的多少顺序排列，施惠最多、受益最少的排在第一位，施惠最少、受益最多的排在最后一位。在分配时，前者分配给后者，而后者不分配给前者，后者的分配额等于其直接费用加上前者分配转入的费用之和。这种方法比直接分配法前进了一步，有重点地反映了辅助生产车间交互服务的关系，并且分配方法也较简便。但其毕竟未全面考虑辅助生产部门之间的交互服务关系，因此，分配结果也不够准确。另外，各辅助生产部门费用分配的先后顺序也较难确定。所以这种方法一般只适用于辅助生产部门交互服务有较明显顺序的单位。

计算公式：

$$费用分配率 = \frac{待分配费用总额}{提供的产品或劳务总量 - 排序在前的辅助车间受益量}$$

其中：

待分配费用总额 = 该车间的直接费用 + 排序在前的辅助车间分配转入的费用

某单位应分配的费用 = 该单位的受益量 × 费用分配率

【例3-12】仍以【例3-10】为例，根据南方工厂的资料，采用顺序分配法进行分配，有关计算过程如下。

(1) 计算费用分配率

$$供电车间费用分配率 = \frac{69\ 440}{112\ 000} = 0.62(元/度)$$

$$供水车间费用分配率 = \frac{35\ 000}{10\ 800} = 3.24(元/吨)$$

(2) 计算施惠(受益)金额

供电车间提供劳务(施惠)即供水受益：$12\,000 \times 0.62 = 7\,440$ (元)

供水车间提供劳务(施惠)即供电受益：$800 \times 3.24 = 2\,592$ (元)

(3) 排序

供电车间耗用供水车间的水较少，而供水车间耗用供电车间的电较多，所以分配顺序为：先供电车间，再供水车间。

(4) 分配供电车间的电费

供水车间应负担的电费：$12\,000 \times 0.62 = 7\,440$ (元)

基本生产车间产品生产应负担的电费：$80\,000 \times 0.62 = 49\,600$ (元)

基本生产车间一般消耗应负担的电费：$12\,000 \times 0.62 = 7\,440$ (元)

行政管理部门应负担的电费：$69\,440 - 7\,440 - 49\,600 - 7\,440 = 4\,960$ (元)

(5) 分配供水车间的水费

待分配费用总额：$35\,000 + 7\,440 = 42\,440$ (元)

$$\text{费用分配率} = \frac{42\,440}{(10\,800 - 800)} = 4.244 \text{(元/吨)}$$

基本生产车间产品生产应负担的水费：$6\,000 \times 4.244 = 25\,464$ (元)

基本生产车间一般消耗应负担的水费：$1\,000 \times 4.244 = 4\,244$ (元)

行政管理部门应负担的水费：$42\,440 - 25\,464 - 4\,244 = 12\,732$ (元)

根据上述分配结果，编制辅助生产费用分配表，如表 3-25 所示。

表 3-25 南方工厂辅助生产费用分配表(顺序分配法)

20××年×月 单位：元

项 目	分配电费		分配水费		对外分配金额
	数量/度	金额/元	数量/吨	金额/元	合计/元
直接费用		69 440		35 000	104 440
待分配费用		69 440		42 440[①]	
劳务供应总量	112 000		10 800		
费用分配率(单位成本)		0.62		4.244[②]	
受益对象：					
供电车间			800		
供水车间	12 000	7 440			
基本生产车间：					
产品生产	80 000	49 600	6 000	25 464	75 064
一般消耗	12 000	7 440	1 000	4 244	11 684
行政管理部门	8 000	4 960	3 000	12 732	17 692
合　　计	112 000	69 440	10 800	42 440	104 440

根据表 3-25 的分配结果,编制分配结转辅助生产费用的会计分录如下。

借: 生产成本——辅助生产成本——供水   7 440

              ——基本生产成本   75 064

    制造费用——基本生产车间   11 684

    管理费用   17 692

  贷: 生产成本——辅助生产成本——供电   69 440

              ——辅助生产成本——供水   42 440

(四) 代数分配法

代数分配法是运用代数中解多元一次联立方程组的原理,在辅助生产车间之间相互提供产品或劳务情况下的分配辅助生产费用的一种方法。采用这种分配方法,首先,应根据各辅助生产车间相互提供产品和劳务的数量,求解联立方程式,计算出各辅助车间提供的产品或劳务的单位成本(费用分配率);然后,根据各受益单位(包括辅助生产内部和外部各单位)耗用产品或劳务的数量和单位成本,计算分配辅助生产费用。

【例 3-13】仍沿用【例 3-10】南方工厂的资料,采用代数分配法,有关计算过程如下: 设南方工厂每度电的成本为 x 元,每吨水的成本为 y 元,根据资料设立的二元一次方程组如下:

$$\begin{cases} 69\,440+800y=112\,000x \\ 35\,000+12\,000x=10\,800y \end{cases}$$

解此方程组得:

$$\begin{cases} x=0.648\,29 \\ y=3.961\,07 \end{cases}$$

计算结果表明,南方工厂本月每度电的实际成本为 0.648 29 元,每吨水的实际成本为 3.961 07 元。根据计算结果编制"辅助生产费用分配表",如表 3-26 所示。

表 3-26 南方工厂辅助生产费用分配表(代数分配法)

20××年×月

项 目	分配电费		分配水费		对外分配金额
	数量/度	金额/元	数量/吨	金额/元	合计/元
待分配费用		69 440		35 000	104 440
劳务供应总量	112 000		10 800		
费用分配率 (单位成本)		0.648 29		3.961 07	
受益对象:					
供电车间			800	3 169	
供水车间	12 000	7 780			

(续表)

项 目	分配电费		分配水费		对外分配金额
	数量/度	金额/元	数量/吨	金额/元	合计/元
基本生产车间:					
产品生产	80 000	51 863	6 000	23 767	75 630
一般消耗	12 000	7 780	1 000	3 961	11 741
行政管理部门	8 000	5 186	3 000	11 883	17 069
合 计	112 000	72 609	10 800	42 780	104 440

根据表 3-26 的分配结果，编制分配结转辅助生产费用的会计分录如下。

借: 生产成本——辅助生产成本——供电　　　　　　3 169

　　　　——辅助生产成本——供水　　　　　　7 780

　　　　——基本生产成本　　　　　　　　　　75 630

　　制造费用——基本生产车间　　　　　　　　　11 741

　　管理费用　　　　　　　　　　　　　　　　　17 069

　贷: 生产成本——辅助生产成本——供电　　　　72 609

　　　　——辅助生产成本——供水　　　　　　42 780

采用代数分配法,是通过解联立方程组求得产品和劳务的实际单位成本的,分配结果最为准确,但当企业生产单位较多时,计算工作会比较复杂。如果企业已经实现会计电算化,则采用这种方法比较适宜。

(五) 计划成本分配法

计划成本分配法是先按辅助生产单位产品或劳务的计划单位成本和实际供应量,在各受益对象(包括各辅助生产单位在内)之间分配生产费用,再计算和分配辅助生产单位实际发生的费用(待分配费用加上辅助生产单位内部按计划成本分配转入的费用)与按计划单位成本分配转出费用的差额,即辅助生产单位产品或劳务的成本差异。为了简化分配工作,辅助生产的成本差异一般全部调整计入管理费用,不再分配给其他各受益对象。

【例 3-14】根据【例 3-10】提供的南方工厂的资料,假设该厂确定的计划单位成本每度电为 0.64 元,每吨水为 3.9 元。采用计划成本分配法,有关计算过程如下。

(1) 按计划成本将辅助生产费用分配给全部受益对象,编制的辅助生产费用分配表,如表 3-27 所示。

(2) 计算辅助生产单位产品和劳务的成本差异:

供电车间实际总成本 = 69 440+3 120 = 72 560 (元)

按计划单位成本分配转出的费用 = 112 000 × 0.64 = 71 680(元)

成本差异(超支) = 72 560 - 71 680 = 880 (元)[①]

按计划单位成本分配转出的费用 = 10 800 × 3.9 = 42 120 (元)

成本差异(超支) = 42680 − 42 120 = 560 (元)[②]

表3-27 南方工厂辅助生产费用分配表(计划成本分配法)

20××年×月

项 目	按计划成本分配				成本差异分配/元		对外配
	分配电费		分配水费		供电车间	供水车间	金额计
	数量/度	金额/元	数量/吨	金额/元			/元
待分配费用		69 440		35 000			104 440
劳务供应总量	112 000		10 800				
计划单位成本(费用分配率)		0.64		3.9			
受益对象:							
供电车间			800	3 120			
供水车间	12 000	7 680					
基本生产车间							
产品生产	80 000	51 200	6 000	23 400			74 600
一般消耗	12 000	7 680	1 000	3 900			11 580
行政管理部门	8 000	5 120	3 000	11 700	880[①]	560[②]	18 260
合 计	112 000	71 680	10 800	42 120	880	560	104 440

(3) 根据表3-27的分配结果,编制分配结转辅助生产费用的会计分录如下。

借: 生产成本——辅助生产成本——供电 3 120
　　　　——辅助生产成本——供水 7 680
　　　　——基本生产成本 74 600
　　制造费用——基本生产车间 11 580
　　管理费用 18 260
　　贷: 生产成本——辅助生产成本——供电 71 680
　　　　——辅助生产成本——供水 42 120

(4) 根据辅助生产单位产品和劳务成本差异的计算结果,编制分配结转辅助生产单位产品和劳务成本差异的会计分录如下。

借: 管理费用 1 440
　　贷: 生产成本——辅助生产成本——供电 880
　　　　——辅助生产成本——供水 560

上述分配结转辅助生产成本差异的会计分录属于调整分录，不论是超支差异还是节约差异，账户的对应关系是相同的，在登记账户时，超支差异用蓝字表示补加，节约差异用红字表示冲减。在实际工作中，按计划单位成本分配和成本差异的分配两笔会计分录可以合并编制，上述(3)和(4)合并编制的会计分录如下。

```
借: 生产成本——辅助生产成本——供电              3 120
          ——辅助生产成本——供水              7 680
          ——基本生产成本                    74 600
    制造费用——基本生产车间                   11 580
    管理费用                                18 260
    贷: 生产成本——辅助生产成本——供电          72 560
          ——辅助生产成本——供水              42 680
```

采用计划成本分配法，由于预先制定了产品和劳务的计划单位成本，各种辅助生产费用只需分配一次，简化和加快了成本计算和分配工作。同时，通过计算和分配辅助生产单位的成本差异，可以查明辅助生产单位成本计划的完成情况；辅助生产费用按计划单位成本分配给各受益单位和部门，排除了辅助生产单位费用超支和节约的影响，也便于考核和分析各受益单位和部门的经济责任。

> 温馨提示：通过上述几种方法的学习，我们发现辅助生产成本分配方法不会改变辅助生产成本归集和分配的特点。不管采用何种方法，分配结转后辅助生产成本明细账应无余额；对外分配金额的合计数是相同的，即应等于分配前各辅助生产单位的待分配费用之和。上述五种方法对外分配金额的合计数集中列示如表3-28所示。

表 3-28 辅助生产成本对外分配金额的比较表

单位：元

分配方法	对外分配金额			
	生产成本	制造费用	管理费用	合　　计
直接分配法	76 552	11 833	16 055	104 440
一次交互分配法	75 583	11 736	17 121	104 440
顺序分配法	75 064	11 684	17 692	104 440
代数分配法	75 630	11 741	17 069	104 440
计划成本分配法	74 600	11 580	18 260	104 440

任务小结

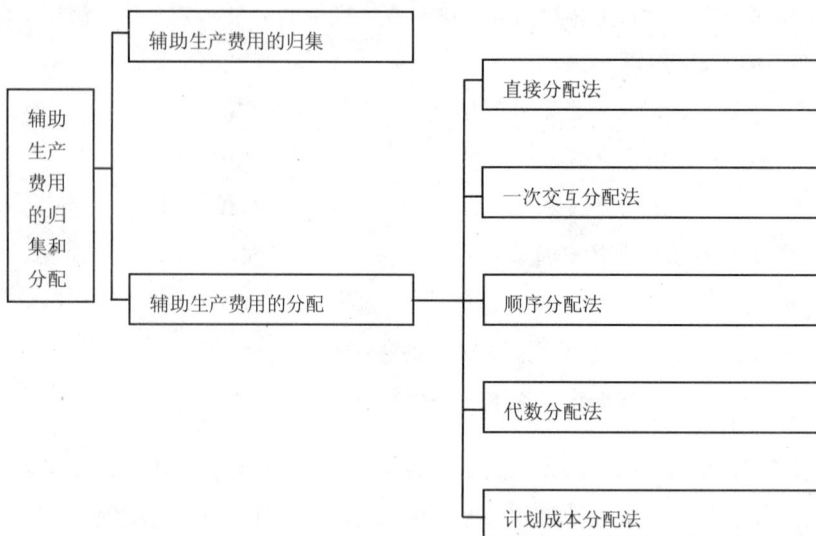

任务解析

通过【知识与技能】的学习，我们可以将【任务引入】中所涉及味美食品厂的相关业务进行分配结转如下。

(1) 各车间、部门计提折旧费

借：制造费用——基本生产车间	1 300
生产成本——辅助生产成本——供气	650
——辅助生产成本——供电	1 000
管理费用	300
贷：累计折旧	3 250

(2) 用银行存款支付其他费用

借：制造费用——基本生产车间	3 620
生产成本——辅助生产成本——供气	1 850
——辅助生产成本——供电	1 300
管理费用	2 950
贷：银行存款	9 720

(3) 登记供气车间和供电车间辅助生产成本明细账(见表 3-29、表 3-30)

表 3-29 辅助生产成本明细账(供气车间)

车间名称：供气车间

20××年		凭证号	摘要	材料	人工	折旧费	水电费	保险费	其他	合计	转出	余额
月	日											
8	31		期初(略)									
			材料	3 800						3 800		
			低值易耗品	600						600		
			人工费用		4 902					4 902		
			折旧费用			650				650		
			其他				1 000		850	1 850		
			分配辅助成本								13 005.6[①]	
			合　计	4 400	4 902	650	1 000		850	11 802		0

表 3-30 辅助生产成本明细账(供电车间)

车间名称：供电车间

20××年		凭证号	摘要	材料	人工	折旧费	水电费	保险费	其他	合计	转出	余额
月	日											
8	31	略	期初(略)									
			材料	6 600						6 600		
			低值易耗品	200						200		
			人工费用		5 928					5 928		
			折旧费用			1 000				1 000		
			其他				650		650	1 300		
			分配辅助成本								13 824.4[②]	
			合　计	6 800	5 928	1 000	650		650	15 028		0

　　温馨提示："辅助生产成本明细账"的登记分为两个阶段：①先登记辅助生产成本的发生额；②将辅助生产成本分配后再登记辅助生产成本分配转出额。"制造费用明细账"和"废品损失明细账"的登记与辅助生产成本明细账相同。上述①②计算过程详见辅助生产费用分配表(见表 3-31)。

表 3-31 辅助生产费用分配表(一次交互分配法)

20××年 8 月

项　目	交互分配				对外分配				金额 合计/元
	分配气费 /立方米		分配电费/度		分配气费		分配电费		
	数量	金额/元	数量	金额/元	数量	金额/元	数量	金额/元	
待分配费用		11 802		15 028	5 000	13 005.6	20 000	13 824.4	
劳务供应总量	5 901		25 000						
费用分配率		2		0.601 12	2.601 12		0.691 22		
受益对象:									
供气车间			5 000	3 005.6					3 005.6
供电车间	901	1 802							1 802
基本生产车间 ——牛奶核桃饼干							8 900	6 151.86	6 151.86
牛奶核桃饼干(废品 损失)							100	69.12	69.12
基本生产车间 ——奶油曲奇饼干							8 000	5 529.76	55 29.76
基本车间一般消耗					4 500	11 705.04	2 000	1 382.44	13 087.48
行政管理部门					500	1 300.56	1 000	691.22	1 991.78

根据辅助生产费用分配表编制如下会计分录。

(1) 交互分配

借:生产成本——辅助生产成本——供气　　　　3 005.6

　　　　　　　　　　　　　　——供电　　　　1 802.0

　　贷:生产成本—辅助生产成本——供气　　　　1 802.0

　　　　　　　　　　　　　　——供电　　　　3 005.6

(2) 对外分配

借:生产成本——基本生产成本——牛奶核桃饼干　　6 151.86

　　　　　　　　　　　　——奶油曲奇饼干　　5 529.76

　　废品损失——牛奶核桃饼干　　　　　　　　69.12

　　制造费用——基本生产车间　　　　　　　　13 087.48

　　管理费用　　　　　　　　　　　　　　　　1 991.78

　　贷:生产成本——辅助生产成本——供气　　　13 005.6[①] (11 802＋3 005.6-1 802)

　　　　　　　　　　　　　——供电　　　　13 824.4[②] (15 028＋1 802-3 005.6)

任务实施

1. 在全面理解掌握【知识与技能】的基础上，各小组同学独立完成【技能训练】相关内容。

2. 各小组成员遵循实事求是、认真负责的原则，按照【任务评价】进行组内互评打分。

任务评价

为了考核学生对【任务三】的理解程度，特制定了任务考核评价表(见表 3-32)，主要考核学生对辅助生产费用几种分配方法的掌握程度。

表 3-32　任务考核评价表

	辅助生产费用的归集和分配		
	内　　容	分　　值	得　　分
考评标准	直接分配法	20	
	一次交互分配法	20	
	顺序分配法	20	
	代数分配法	20	
	计划成本分配法	20	
合　　计		100	

注：考评满分为 100 分，60~70 分为及格；71~80 分为中等；81~90 分为良好；91 分以上为优秀。

技能训练

一、单项选择题

1. 辅助生产交互分配后的实际费用，应再在(　　)进行分配。

A. 各基本生产车间　　　　　　　　B. 各辅助生产车间以外的受益单位之间

C. 各受益的基本生产车间　　　　　D. 各辅助生产车间

2. 在各辅助生产车间相互提供劳务很少的情况下，适宜采用的辅助生产费用分配方法是(　　)。

A. 直接分配法　　　　　　　　　　B. 交互分配法

C. 计划成本分配法　　　　　　　　D. 代数分配法

3. 在辅助生产费用的各种分配方法中，分配结果最准确的是(　　)。

A. 交互分配法　　　　　　　　　　B. 直接分配法

C. 计划成本分配法　　　　　　　　D. 代数分配法

4. 直接分配法的特点是辅助生产费用(　　)。

A. 直接记入"生产成本——辅助生产成本"账户

B. 直接分配给所有受益的车间、部门

C. 直接分配给辅助生产内部各受益单位

D. 直接分配给辅助生产以外的各受益单位

5. 采用辅助生产费用分配的交互分配法，对外分配的费用总额是(　　)。

   A. 交互分配前的费用

   B. 交互分配前的费用加上交互分配转入的费用

   C. 交互分配前的费用减去交互分配转出的费用

   D. 交互分配前的费用加上交互分配转入的费用、减去交互分配转出的费用

6. 采用计划成本分配法分配辅助生产费用时，辅助生产车间实际发生的费用应该是(　　)。

   A. 该车间待分配费用减去分配转出的费用

   B. 该车间待分配费用加上分配转入的费用

   C. 该车间待分配费用加上分配转出的费用减去分配转入的费用

   D. 该车间待分配费用加上分配转入的费用减去分配转出的费用

7. 下列辅助成本明细账中，可能有期末余额的是(　　)。

   A. 自制材料、自制工具和模具生产成本明细账

   B. 供水、供电车间生产成本明细账

   C. 运输车间生产成本明细账

   D. 修理车间生产成本明细账

8. 辅助生产车间发生的制造费用(　　)。

   A. 必须通过"制造费用"总账账户核算

   B. 不必通过"制造费用"总账账户核算

   C. 根据具体情况可记入"制造费用"总账账户，也可直接记入"辅助生产成本"账户

   D. 首先记入"辅助生产成本"账户

9. 采用交互分配法分配辅助生产费用时，交互分配是指(　　)。

   A. 各受益单位之间进行分配

   B. 各受益的基本生产车间之间进行分配

   C. 辅助生产以外的各受益单位之间进行分配

   D. 各受益的辅助生产车间之间进行分配

10. 采用顺序分配法分配辅助生产费用时，分配顺序的排列是(　　)。

   A. 受益少的辅助生产车间排列在前，受益多的辅助生产车间排列在后

   B. 受益多的辅助生产车间排列在前，受益少的辅助生产车间排列在后

   C. 对外提供劳务多的辅助生产车间排列在前，反之排列在后

   D. 对外提供劳务少的辅助生产车间排列在前，反之排列在后

二、多项选择题

1. 辅助生产成本明细账户余额的特点是(　　)。

   A. 如果为自制材料和包装物、自制工具和模具等产品的生产成本明细账，结转完工入库产品成本后，期末借方余额为期末在产品成本

   B. 如果为生产产品的成本明细账，期末分配给受益对象后，应有贷方余额

C. 如果为供水、供电、供气、机修、运输等产品和劳务的生产成本明细账，期末分配给各受益对象以后，应无余额

D. 各种辅助生产成本明细账，一般应有期末借方余额

2. 辅助生产费用的分配方法有( )。

A. 直接分配法　B. 一次交互分配法　C. 代数分配法　　　D. 计划成本分配法

3. 在辅助生产费用分配方法中，考虑了辅助生产单位之间交互分配费用的方法有( )。

A. 直接分配法　B. 一次交互分配法　C. 代数分配法　　　D. 计划成本分配法

4. 采用计划分配率分配法分配辅助生产费用，其劳务成本差异的处理方法有( )。

A. 分配给所有受益部门负担　　　B. 列为当月管理费用

C. 转作本车间制造费用处理　　　D. 与下期费用合并再作分配

5. 辅助生产车间不设制造费用账户核算的原因是( )。

A. 辅助生产车间数量较少　　　B. 辅助生产车间不对外提供商品

C. 制造费用较少　　　　　　　D. 辅助生产车间规模较小

三、判断题

1. 辅助生产与基本生产的最大区别是生产产品的目的不同。　　　　　( )

2. 采用直接分配法分配辅助生产费用时，辅助生产车间之间相互提供产品或劳务也应计算其应负担的金额。

3. 采用计划成本分配法，辅助生产的成本差异一般可以全部计入"管理费用"。( )

4. 辅助生产车间制造费用可以不单独核算。　　　　　　　　　　　( )

5. 在企业只有一个辅助生产车间的情况下，才能采用辅助生产费用分配的直接分配法。

( )

四、计算分析题

1. 【目的】练习辅助生产费用的核算。

【资料】某企业设有供电和供水两个辅助生产车间，为全厂提供劳务。根据"辅助生产成本"明细账汇总的资料，供水车间本月发生费用为 9 600 元，供电车间本月发生费用为 48 000 元。本月各辅助生产车间提供的产品或劳务供应量如表 3-33 所示。

表 3-33　辅助生产车间(供水、供电车间)供应劳务数量情况表

受益对象	供水/立方米	供电/度
基本生产车间产品生产		80 000
基本车间一般消耗	70 000	35 000
供电车间	40 000	
供水车间		30 000
行政管理部门	3 500	2 000
独立销售机构	6 500	3 000
合　计	120 000	150 000

【要求】(1) 采用"直接分配法"分配辅助生产费用,编制辅助生产费用分配表,并编制有关会计分录。

(2) 采用"一次交互分配法"分配辅助生产费用,编制辅助生产费用分配表,并编制有关会计分录。

(3) 采用"顺序分配法"分配辅助生产费用,编制辅助生产费用分配表,并编制有关会计分录。

(4) 采用"计划成本分配法"分配辅助生产费用,编制辅助生产费用分配表,并编制有关会计分录。(计划单位成本为电费 0.4 元/度,水费 0.17 元/立方米)

(5) 采用"代数分配法"分配辅助生产费用,编制辅助生产费用分配表,并编制有关会计分录。以上计算均保留四位小数。

2. 【目的】练习辅助生产费用的核算。

【资料】某企业设有供电和供气两个辅助生产部门,本月发生费用如下:供电车间待分配电费 38 130 元,供气车间待分配供气费:46 880 元。本月供电 88 000 度,其中:供气车间耗用 6 000 度,基本生产车间产品生产耗用 62 000 度,基本车间照明 6 000 度,行政管理部门 14 000 度。本月供气 8 480 立方米,其中:供电车间耗用 480 立方米,基本生产车间一般消耗 6 000 立方米,行政管理部门 2 000 立方米。

【要求】分别采用所学习过的五种方法对辅助生产费用进行核算,并做出账务处理。(供电车间计划单价:0.45 元/度,供气车间计划单价 5.5 元/立方米,计算结果保留四位小数。)

◣ 实战模拟

【目的】练习辅助生产费用的核算。

【资料】南洋企业设有供水、供电、运输三个辅助生产部门,20××年×月有关辅助生产费用分配的资料见表 3-34。

表 3-34　辅助生产车间相关资料

辅助生产车间名称		供水车间	运输车间	供电车间
待分配费用		8 000 元	4 800 元	3 200 元
供应劳务数量		10 000 立方米	15 000 吨公里	5 000 度
耗用劳务数量	供水车间		1 000	300
	运输车间	600		400
	供电车间	1 400	800	
	甲产品	4 000	4 200	1 800
	乙产品	3 000	5 600	1 600
	基本生产车间	500	1 400	500
	行政管理部门	500	2 000	400
	合　计	10 000	15 000	5 000

该企业供水车间、运输车间和供电车间均未设置"制造费用"账户。

【要求】采用顺序分配法分配该企业辅助生产费用，同时编制辅助生产费用分配表和相应的会计分录。(列示计算过程，计算结果保留四位小数。)

任务四　制造费用的归集和分配

任务引入

通过对味美食品厂20××年8月份所发生的制造费用进行汇总整理，根据【任务一】的【任务引入】所涉及材料费用归集分配表、【任务二】的【任务引入】所涉及人工费用归集分配表和【任务三】的【任务引入】所涉及辅助生产成本归集分配表及相关账务处理，登记基本生产车间制造费用明细账(见表3-35)。

你能正确梳理各账簿之间的钩稽关系并进行登记吗？

如果大家能够顺利登记制造费用明细账，可以采用工时比例法对制造费用进行分配吗？工时总计20 100小时，其中牛奶核桃饼干12 000小时、奶油曲奇饼干8 000小时、牛奶核桃饼干(废品损失)100小时。请你动手试试吧！

表3-35　制造费用明细账

部门：基本生产车间

20××年		凭证号	摘　　要	材料费用	人工费用	折旧费	水电费	其　他	合　计
月	日								
8	31	略	期初(略)						
			材料费用						
			低值易耗品						
			人工费用						
			折旧费用						
			其他						
			辅助成本分配						
			分配结转						

任务分析

企业在生产产品的过程中，除了消耗原材料、燃料动力、人工费用以及接受辅助生产车间提供的产品或劳务外，还会发生其他有关费用。如车间管理人员的工资，厂房、机器、设备的折旧以及车间管理部门为管理产品生产而发生的其他管理费用等。对在组织产品生产过程中所发生的管理费用以及在产品生产过程中发生，而不能直接归属到所制造的产品成本中的各种生产费用称为制造费用。制造费用是为产品生产的顺利进行而发生的，因而，是产品成本构成的重要内容之一。如果企业只生产一种产品，则制造费用不需要分配，直接全额转入该种产品的"基本生产成本"账户。如果企业同时生产多种产品，则需要按照一定的标准进行分配结转。

制造费用的分配方法主要有生产工时比例法、生产工人工资比例法、机器工时比例法、年度计划分配率法。

知识与技能

一、制造费用的归集

制造费用(manufacturing cost)是指间接用于产品生产的各项费用，以及虽直接用于产品生产，但不便于直接计入产品成本，因而没有专设成本项目的费用。包括生产车间发生的机物料消耗、管理人员的工资、职工福利费、折旧费、办公费、水电费、季节性的停工损失等。

制造费用归集和分配应当通过"制造费用"账户进行。该账户应当根据有关付款凭证、转账凭证和前述各种成本分配表登记；此外，还应按不同的车间设立明细账，账内按照成本项目设立专栏，分别反映各车间各项制造费用的发生情况和分配转出情况。基本生产车间和辅助生产车间发生的直接用于生产，但没有专设成本项目的各种材料成本以及用于组织和管理生产活动的各种材料成本，一般应借记"制造费用"及其明细账(基本生产车间或辅助生产车间)的相关成本项目，贷记"原材料"等账户；基本生产车间和辅助生产车间管理人员的工资、福利费等职工薪酬，应记入"制造费用"账户和所属明细账的借方，同时，贷记"应付职工薪酬"账户。

二、制造费用的分配

通过制造费用的归集，企业在某一会计期间发生的制造费用都已归集到了制造费用总账及其明细账中。会计期末时，为了正确计算产品生产成本，必须将制造费用合理地分配到有关产品的成本中去。制造费用的分配方法很多，企业应结合自己的实际情况，选择合理的分配方法，一经确定，不应任意改变。常用的分配方法有生产工人工时比例法、生产工人工资比例法、机器工时比例法和年度计划分配率法等。

(一) 生产工人工时比例法

生产工人工时比例法又称为生产工时(production hours)比例法，是以各种产品耗用的生产工人工时(简称为生产工时)作为分配标准分配制造费用的方法。这种方法能将产品负担的制造费用与劳动生产率结合起来，使分配结果比较合理，在实际工作中应用较多。具体计算公式如下：

$$制造费用分配率 = \frac{待分配的制造费用总额}{各种产品的生产工时总和}$$

$$某种产品应负担的制造费用 = 该种产品的生产工时 \times 制造费用分配率$$

【例3-15】南方工厂基本生产车间20××年×月生产了甲、乙、丙三种产品，共发生制造费用120 000元。生产工人的实际生产工时共计50 000小时，其中甲产品实际耗用20 000小时，乙产品实际耗用12 000小时，丙产品实际耗用18 000小时。编制制造费用分配表，如表3-36所示。

表3-36　制造费用分配表

20××年×月

产品名称	生产工人工时	分配率	分配金额
甲产品	20 000		48 000
乙产品	12 000		28 800
丙产品	18 000		43 200
合　　计	50 000	2.4	120 000

根据上述制造费用分配表，企业编制如下会计分录：

借：生产成本——基本生产成本——甲产品　　48 000

　　　　　　　　　　　　——乙产品　　28 800

　　　　　　　　　　　　——丙产品　　43 200

　　贷：制造费用　　　　　　　　　　　120 000

采用这种方法分配制造费用，将劳动生产率的高低与产品负担的费用水平联系起来，分配结果比较合理。但日常应做好生产工时的记录工作，增加了日常的工作量，如果企业定额基础比较好，定额工时制定比较准确的话，也可以定额工时代替实际生产工时作为分配标准。

(二) 生产工人工资比例法

生产工人工资比例法是指以各种产品所耗用的生产工人实际工资的比例作为标准进行制造费用分配的方法。这种方法核算工作简便，但只能用于各种产品机械化水平大致相同的企业。如果各种产品的机械化程度不一致，就会造成机械化程度低的、不使用或很少使用机器的产品，其生产工人工资费用较高，就会多负担制造费用；而机械化程度高的产品，其人工成本较低，就会少负担制造费用。最终造成使用机器多的产品少负担折旧费等制造费用，使用机器少的产品多负担折旧费等制造费用，这显然是不合理的。其计算公式如下：

$$制造费用分配率 = \frac{待分配的制造费用总额}{车间各种产品生产工人实际工资总额}$$

某种产品应分配的制造费用 = 该种产品生产工人实际工资 × 制造费用分配率

【例3-16】南方工厂8月份第一基本生产车间发生的制造费用总额为32 000元，该车间同时生产A与B两种产品，假设A产品生产工人工资为12 000元，B产品生产工人工资为8 000元。则以生产工人工资为标准分配制造费用如下。

制造费用分配率 = 32 000 ÷ (12 000 + 8 000) = 1.60

A产品应负担制造费用 = 12 000 × 1.60 = 19 200(元)

B 产品应负担制造费用 = 8 000 × 1.60 = 12 800(元)

账务处理:

借: 生产成本——基本生产成本——A 产品　19 200

　　　　　　　　　　　　——B 产品　12 800

　　贷: 制造费用　　　　　　　　　　　32 000

(三) 机器工时比例法

机器工时比例法是指以各种产品所用的机器设备运转时间作为标准进行制造费用分配的方法。该方法适用于机械化程度较高的车间,因为在这种车间里,与机器设备使用有关的费用所占比重较大。采用该种方法,必须做好各种产品所耗用机器工时的原始记录工作,以保证制造费用分配的正确性。其计算公式如下:

$$制造费用分配率 = \frac{待分配制造费用总额}{车间各种产品所耗用机器工时总和}$$

$$某产品应负担制造费用 = 该产品耗用的机器工时 × 制造费用分配率$$

可见,该方法的计算程序、原理与生产工时比例法基本相同,只不过这里分配的基数采用机器工时数而不是生产工人的生产工时数,因此这里不再举例介绍。

(四) 年度计划分配率法

年度计划分配率法是指按年度开始前预先制订的年度计划分配率分配各月制造费用的方法。采用该方法,无论各月制造费用的实际发生额是多少,年内各月的制造费用都采用年度计划分配率分配。年度计划分配率是在全年制造费用的预算总额和全年产品计划产量的基础上确定的。计划成本应尽可能接近实际,否则,年度制造费用的计划数脱离实际太大,就会影响成本计算的准确性。如果在年度内发现全年的制造费用实际数和产量实际数与计划数发生较大差异时,应及时调整计划分配率。年度计划分配率分配法,核算工作比较简便,特别适用于季节性生产企业,可以使企业旺季与淡季的制造费用比较均衡地计入产品生产成本。操作步骤及基本公式如下。

第一步:计算年度计划分配率。

$$年度计划分配率 = \frac{年度制造费用预算总额}{各种产品年度计划产量定额工时之和}$$

第二步:每月按年度计划分配率算出分配额。

某月某种产品应负担的制造费用 = 该月该种产品实际产量的定额工时 × 年度计划分配率

第三步:年末调整“制造费用”余额。

采用该方法,制造费用明细账及总账账户,不仅可能有月末余额,而且既可能有借方余额,也可能有贷方余额。借方余额表示实际发生额超过计划分配额的费用;贷方余额表示实际发生额小于计划分配额的费用。如有年末余额,一般应在年末调整计入 12 月份的产品成本。实际发生额大于计划分配额，借记"生产成本——基本生产成本"账户，贷记"制造费用"账户；实际发生额小于计划分配额，则用红字冲减。

【例3-17】南方工厂基本生产车间全年制造费用预算总额400 000元，全年计划产量为甲产品8 000件，乙产品5 000件。甲产品工时定额为20小时，乙产品工时定额为8小时。

(1) 1月份账务处理

$$制造费用计划分配率 = \frac{400\,000}{(20 \times 8\,000 + 8 \times 5\,000)} = 2$$

若该厂1月份实际发生制造费用28 800元，生产甲产品600件，乙产品800件，则1月份按年度计划分配率分配制造费用如表3-37所示。

表3-37　制造费用分配表

项　　目	甲产品	乙产品	合　　计
实际产量	600	800	
直接人工工时定额/小时	20	8	
直接人工工时总额定额/小时	12 000	6 400	18 400
计划分配率/元·小时	2	2	
制造费用分配额	24 000	12 800	36 800

根据表3-37编制如下会计分录。

借：生产成本——基本生产成本——甲产品　　　　24 000
　　　　　　　　　　　　　　——乙产品　　　　12 800
　　贷：制造费用　　　　　　　　　　　　　　　　36 800

1月份分配结转制造费用共计36 800元，比实际归集的制造费用28 800多分配8 000元，平时不做调整，留待年末再调。

(2) 年末的处理

如果年末该厂实际共归集制造费用412 000元，已采用年度计划分配率法分配400 000元，其中甲产品分配250 000元，乙产品分配150 000元，属于少分配了12 000元，应进行追加调整如下：

追加调整分配率 = 12 000 ÷ 400 000 = 0.03
甲产品应调增生产成本 = 0.03 × 250 000 = 7 500(元)
乙产品应调增生产成本 = 0.03 × 150 000 = 4 500(元)

做会计分录如下：

借：生产成本——基本生产成本——甲产品　　　　7 500
　　　　　　　——基本生产成本——乙产品　　　　4 500
　　贷：制造费用　　　　　　　　　　　　　　　　12 000

若年末该厂实际共归集制造费用 392 000 元，已采用年度计划分配率法分配 400 000 元，其中甲产品分配 250 000 元，乙产品分配 150 000 元，则多分配了 8 000 元，应进行追加调整如下：

追加调整分配率 = −8 000 ÷ 400 000 = −0.02

甲产品应调整制造费用 = −0.02 × 250 000 = −5 000(元)

乙产品应调整制造费用 = −0.02 × 150 000 = −3 000(元)

以红字做冲减会计分录如下：

借：生产成本——基本生产成本——甲产品　　　　　(5 000)

　　　　　　——基本生产成本——乙产品　　　　　(3 000)

　　贷：制造费用　　　　　　　　　　　　　　　　　(8 000)

温馨提示： 采用计划分配率法分配制造费用与各月制造费用的实际发生额无关。每月实际发生额与计划分配额之间的差异当月不予处理，累计到年底一次性调整。也就是说采用这种方法，"制造费用"账户月末分配结转后仍可能有余额，各月的余额累计到年底后一次结转。如果年底出现借方余额，表示全年制造费用超支，应将超支部分转入 12 月份产品成本，借记"生产成本——基本生产成本"账户，贷记"制造费用"账户；如果年底出现贷方余额，表示全年制造费用节约，应将节约部分调减 12 月份产品成本，借记"制造费用"账户，贷记"生产成本——基本生产成本"账户。至此，"制造费用"账户无余额。

✎ 任务小结

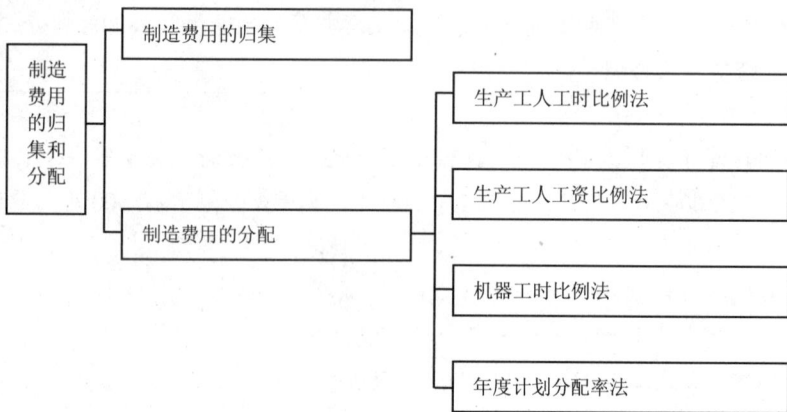

✎ 任务解析

通过学习，我们可以将【任务引入】所涉及的经济业务完成如下。

1. 登记基本生产车间制造费用明细账(见表 3-38)

表 3-38　制造费用明细账

部门：基本生产车间

20××年		凭证号	摘　　要	材料费用	人工费用	折旧费	水电费	其　　他	合　　计
月	日								
8	31	略	期初(略)						
			材料	3 000					3 000
			低值易耗品	900					900
			人工费用		1 368				1 368
			折旧费用			1 300			1 300
			其他				2 400	1 220	3 620
			辅助成本分配				1 382.44	11 705.04	13 087.48
			分配结转	(3 900)	(1 368)	(1 300)	(3 782.44)	(12 925.04)	(23 275.48)

2. 制造费用分配表(见表 3-39)

表 3-39　制造费用明细账

项　　目	牛奶核桃饼干	奶油曲奇饼干	牛奶核桃饼干(废品)	合　　计
直接人工工时	12 000	8 000	100	20 100
本月制造费用总额				23 275.48
制造费用分配率				1.158
制造费用分摊额	13 896	9 264	115.48	23 275.48

根据表 3-39 编制会计分录如下：

借：生产成本——基本生产成本——牛奶核桃饼干　　　13 896.00

　　　　　　　　　　　　——奶油曲奇饼干　　　　9 264.00

　　废品损失——牛奶核桃饼干　　　　　　　　　　115.48

　　贷：制造费用　　　　　　　　　　　　　　　　　23 275.48

◥ 任务实施

1. 在全面理解掌握【知识与技能】的基础上，各小组同学独立完成【技能训练】相关内容。

2. 各小组成员遵循实事求是、认真负责的原则，按照【任务评价】进行组内互评打分。

◥ 任务评价

为了考核学生对【任务四】的理解程度，特制定了任务考核评价表(见表 3-40)，主要考核学生对制造费用的归集和分配的掌握程度。

表3-40　任务考核评价表

制造费用的归集和分配

	内　容	分　值	得　分
考评标准	制造费用的归集	10	
	生产工人工时比例法	20	
	生产工人工资比例法	20	
	机器工时比例法	20	
	年度计划分配率分配法	30	
合　计		100	

注：考评满分为100分，60～70分为及格；71～80分为中等；81～90分为良好；91分以上为优秀。

技能训练

一、单项选择题

1. 按年度计划分配率分配制造费用的方法适用于(　　)。

    A. 制造费用数额较大的企业　　　　B. 季节性生产企业

    C. 基本生产车间规模较小的企业　　D. 制造费用数额较小的企业

2. 能够将劳动生产率和产品负担的费用水平联系起来，使分配结果比较合理的制造费用分配方法是(　　)。

    A. 生产工人工时比例法　　　　　　B. 按年度计划分配率法

    C. 生产工人工资比例法　　　　　　D. 机器工时比例法

3. 下列属于制造费用分配方法的是(　　)。

    A. 约当产量法　　　B. 定额比例法　　　C. 分步法　　　　　D. 生产工人工时比例法

4. 基本生产车间本期应负担的照明电费2 000元，应记入(　　)账户。

    A. 基本生产成本——燃料动力　　　B. 制造费用——水电费

    C. 辅助生产成本——水电费　　　　D. 管理费用——水电费

5. 用来核算企业为生产产品和提供劳务而发生的各项间接费用的账户是(　　)。

    A. 基本生产成本　　　B. 制造费用　　　C. 辅助生产成本　　　D. 管理费用

二、多项选择题

1. 发生下列费用时，可以直接借记"基本生产成本"的是(　　)。

    A. 车间照明用电费　　　　　　　　B. 构成产品实体的原材料费用

    C. 车间管理人员工资　　　　　　　D. 车间生产人员工资

    E. 车间办公费

2. 各生产车间分配制造费用时，下列账户可以借记的有(　　)。

    A. "生产成本——辅助生产成本"账户

    B. "累计折旧"账户

C. "生产成本——基本生产成本"账户

D. "废品损失"账户

3. 计提固定资产折旧，应借记的账户可能是(　　)。

A. 基本生产成本　　B. 制造费用　　　C. 辅助生产成本　　D. 累计折旧

4. 应计入产品成本的各种材料费用，按其用途进行分配，应记入的账户有(　　)。

A. 基本生产成本　　B. 制造费用　　　C. 财务费用　　　　D. 管理费用

5. 下列各项应记入"制造费用"账户的有(　　)。

A. 生产工人的工资　　　　　　　B. 车间劳动保护费

C. 厂部管理人员工资　　　　　　D. 生产车间固定资产折旧

三、判断题

1. 企业各车间的制造费用应于月末进行汇总，在整个企业各种产品之间统一分配。　(　　)

2. 机械化程度基本相近的产品应负担的制造费用，要按机器工时比例进行分配后计入。

(　　)

3. 基本生产车间发生的各项费用均应直接记入"基本生产成本"账户。　　　　(　　)

4. "制造费用"与"管理费用"不同，本期发生的"管理费用"直接影响本期损益，而本期发生的"制造费用"不一定影响本期损益。　　　　　　　　　　　　　　　(　　)

5. "制造费用"账户期末分配后无余额。　　　　　　　　　　　　　　　(　　)

四、计算分析题(计算结果保留四位小数)

1. 【目的】练习制造费用分配。

【资料】某季节性生产企业第一生产车间全年制造费用预算为87 528元，全年各种产品的计划产量为：A产品2 000件，B产品1 060件，单件产品的工时消耗定额为：A产品4小时，B产品8小时。12月初，制造费用账户余额为借方800元，12月份实际支出制造费用7 296元。12月份实际产量为：A产品200件，B产品120件。

【要求】(1) 计算制造费用年度计划分配率。

(2) 分配12月份制造费用，编制分录。

(3) 处理制造费用的年末余额，编制分录。

2. 【目的】练习按年度计划分配率分配法分配制造费用。

【资料】某工业企业只有一个车间，全年制造费用计划79 200元；全年各种产品的计划产量为：甲产品1 200件，乙产品960件；单件产品的工时定额为：甲产品8小时，乙产品5小时。11月份实际产量为：甲产品110件，乙产品100件；该月实际制造费用为6 100元；"制造费用"账户月初余额为借方1 300元。

【要求】(1) 计算制造费用年度计划分配率。

(2) 计算并结转11月应分配转出的制造费用。

(3) 计算并结转12月应分配转出的制造费用("制造费用"账户年末不保留余额)，12月份实际产量为：甲产品80件，乙产品90件；该月实际制造费用为6 076元。

3. 【目的】练习按年度计划分配率分配法分配制造费用。

【资料】某企业的第二生产车间全年计划制造费用总额为360 000元，各种产品全年定额工时为 400 000 小时。12 月份甲产品实际产量的定额工时为 26 000 小时，乙产品实际产量的定额工时为 11 000 小时。年末核算时，该车间全年共发生制造费用 378 000 元。1～11 月份按计划分配率分配的制造费用甲产品为 244 800 元，乙产品为 107 100 元。

【要求】按年度计划分配率分配法分配制造费用。

实战模拟

【目的】要素费用的核算。

【资料】某家电制造有限公司是一个以生产高档家电为主的制造企业，设有一个联合基本生产车间，近期主要生产甲、乙、丙三种产品；设有一个辅助生产车间——搬运车间，负责原材料和半成品在各个车间之间的运输业务。

产品生产工艺流程如下：

(1) 下料车间根据"生产任务通知单"领用 A 材料进行下料，然后加工制作，最后入产成品库。前一道工序生产完成的半成品直接转入下一道工序继续加工，不需要计算半成品成本。

(2) 辅助生产费用按辅助生产车间提供的劳务数量直接对外分配，辅助生产车间提供的劳务量的共同直接计入辅助生产成本。

(3) 基本生产车间的制造费用按生产工时比例进行分配。

该公司 20××年 4 月份经济业务汇总如下。

(1) 材料费用的归集和分配见表 3-41 至表 3-49。

表 3-41　××公司生产任务通知单

产品名称	单 位	产 量	备 注
甲产品	张	300	本月月初投产陆续完工
乙产品	张	1 000	
丙产品	把	5 000	

表 3-42　××公司材料消耗定额表

产品名称	A 消耗定额/m²	B 消耗定额/千克	C 消耗定额/千克	D 消耗定额/千克	E 消耗定额/千克
甲产品	0.5	1.2	0.5	7.0	10
乙产品	0.1	0.4	0.15	0.5	2.5
丙产品	0.05	0.1	0.05	0.2	0.2

表 3-43　××公司材料耗用汇总表

下料工序　　　　　　　　　　　　　　　20××年 4 月

材料 产品	A			定额消耗量/m²	分配率	分配金额	备 注
	数量/m²	单价/(元/m²)	金额/元				
甲产品							
乙产品							
丙产品							
合　　计	450	1 000	450 000				

表 3-44 ××公司材料耗用汇总表

加工工序　　　　　　　　　　　　　　　20××年4月

产品 \ 材料	B			定额消耗量/千克	分配率	分配金额	备注
	数量/千克	单价/(元/千克)	金额/元				
甲产品							
乙产品							
丙产品							
合　计	1 890	2	3 780				

表 3-45 ××公司材料耗用汇总表

加工工序　　　　　　　　　　　　　　　20××年4月

产品 \ 材料	C			定额消耗量/千克	分配率	分配金额/元	备注
	数量/千克	单价/(元/千克)	金额/元				
甲产品							
乙产品							
丙产品							
合　计	393	3.5	1 375				

表 3-46 ××公司材料耗用汇总表

加工工序　　　　　　　　　　　　　　　20××年4月

产品 \ 材料	D			定额消耗量	分配率	分配金额	备注
	数量/千克	单价/(元/千克)	金额/元				
甲产品							
乙产品							
丙产品							
合　计	3 600	7	25 200				

表 3-47 ××公司材料耗用汇总表

加工工序　　　　　　　　　　　　　　　20××年4月

产品 \ 材料	E			定额消耗量	分配率	分配金额	备注
	数量/千克	单价/(元/千克)	金额/元				
甲产品							
乙产品							
丙产品							
合　计	7 000	0.65	4 550				

表 3-48 ××公司材料耗用汇总表

部门：搬运车间　　　　　　　　　20××年4月　　　　　　　　单位：元

产品 \ 材料	柴　油			机　油			备注
	数量/千克	单价/(元/千克)	金额/元	数量/千克	单价/(元/千克)	金额/元	
搬运车间	5 600	6.5	37 300	20	2.6	52	备注:直接计入辅助成本
合　计							

表 3-49 ××公司材料耗用分配表

20××年 4 月   单位：元

应借账户		成本项目	材料费用
总账账户	明细账户		
合 计			

要求：根据所给资料制表，并编制会计分录。

(2) 动力费用归集和分配(见表 3-50、表 3-51)。

表 3-50 ××公司耗电报告单

20××年 4 月

项 目 部 门	耗电量/度	单价/(0.42 元/度)	金额/元
基本生产车间	116 970		49 127.4
辅助生产车间	400		168
行政管理部门	1 000		420
合 计	118 370		49 715.4

表 3-51 ××公司动力费用分配表

20××年 4 月   单位：元

应借账户		成本项目	金 额	
总账账户	明细账户			
				备注：动力费用直接计入
				辅助生产成本
合 计				

要求：根据所给资料制表，并编制会计分录。

(3) 人工费用的归集和分配(见表 3-52～表 3-54)。

表 3-52 ××公司工资汇总表

20××年 4 月

部 门	项 目	人数/人	工资总额/元	备 注
生产车间	生产工人	195	153 450	
	管理人员	20	24 000	
搬运车间	生产工人	10	10 925	
其他部门	销售人员	30	30 000	
	行政管理	40	52 000	
合 计		295	270 375	

表 3-53 ××公司工资、社保费用等分配表

20××年 4 月

应借账户		成本项目	工资总额			社保及其他费用(36%)
总账账户	明细账户		生产工时	分配率	分配金额	
	甲产品		16 430			
	乙产品		16 120			
	丙产品		18 600			
	小 计		51 150		153 450	

表 3-54 ××公司工资、社保费用等分配表

20××年 4 月

应借账户		成本项目	工资总额		合 计
总账账户	明细账户		工 资	社会保险及其他	
合 计					

要求：根据所给资料制表，并编制会计分录。

(4) 折旧费用的归集和分配(见表 3-55)。

表 3-55　××公司固定资产折旧计算分配表

20××年4月

单位：元

使用部门	固定资产项目	上月折旧	上月增加固定资产		上月减少固定资产		本月折旧额	分配费用
			原值	折旧额	原值	折旧额		
基本生产车间	厂房	45 000						
	机器设备	35 000	20 000	80				
	小计	80 000						
辅助生产车间	厂房	10 000						
	机器设备	10 000						
	小计	20 000						
行政管理部门	房屋	25 000						
	管理设备	2 000						
	运输设备	3 000			100 000	400		
	小计	30 000						
销售部门	房屋	20 000						
合　　计		150 000						

要求：根据所给资料制表，并编制会计分录。

(5) 其他费用的归集和分配(见表3-56、表3-57)。

表 3-56　××公司其他表费用支出汇总表

20××年4月

单位：元

部门 ＼ 费用种类	办公费	差旅费	劳保费	邮电费	保险费	合　　计
基本生产车间	350		2 700		15 000	18 050
辅助生产车间	150		150		3 750	4 050
行政管理部门	4 000	4 000		1 500	5 625	15 125
销售部门	500	2 000			1 875	4 375
合　　计	5 000	6 000	2 850	1 500	26 250	41 600

表 3-57　××公司其他费用分配表

20××年4月

单位：元

应借账户			金　　额
总账账户	明细账户	费用项目	
		小计	

(续表)

应借账户			金　额
总账账户	明细账户	费用项目	
		小计	
		小计	
		小计	
		小计	
合　　计			

要求：根据所给资料制表，并编制会计分录。

(6) 辅助生产费用的归集和分配。

根据本实训资料(1)～(5)所给业务，编制辅助生产费用分配表如表 3-58 所示。

表 3-58　××公司辅助生产费用分配表

20××年4月　　　　　　　　　　　　　　　　单位：元

项　　目	待分配辅助生产成本	提供劳务数量	分配率	耗用数量	分配金额
辅助生产车间		2 400 小时			
基本生产车间				1 920	
销售部门				480	
合　　计				2 400	

要求：根据所给资料制表，并编制会计分录。

(7) 制造费用的归集和分配(见表 3-59)。

表 3-59　××公司制造费用分配表
20××年 4 月　　　　　　　　　　　　　　　　　单位：元

应借账户		生产工时	分配率	分配金额
总账账户	明细账户			
		16 430		
		16 120		
		18 600		
合　　计		51 150		

要求：根据所给资料制表，并编制会计分录。

任务五　损失性费用的归集和分配

任务引入

味美食品厂第一基本生产车间 20××年 8 月生产牛奶核桃饼干和奶油曲奇饼干两种产品，牛奶核桃饼干月初在产品数量 200 千克，本月投产 1 500 千克，本月完工 1 400 千克，验收入库时发现可修复废品 10 千克，已修复入库。所发生的修复费用详见【任务一】～【任务四】各【任务引入】中所涉及的资料，请帮忙核算这部分生产损失，并进行相关账务处理吧！

任务分析

生产损失是指企业生产过程中由于计划调整、停电、待料、机器设备发生故障，以及由于生产技术和生产组织等问题而导致的各种损失。生产过程中发生的损失，不仅会使企业的经济效益下降，而且也是人力、财力、物力的极大浪费，严重时甚至会影响企业的正常生产。因此，正确核算生产损失，找出产生损失的原因，有利于明确经济责任，加强企业管理。

工业企业的生产损失按其产生的原因不同，可分为废品损失(waste loss)和停工损失(downtime loss)。

以下内容是完成损失性费用(loss expense)核算必须掌握的知识，下面我们就开始【知识与技能】的学习吧！

知识与技能

一、废品损失的归集和分配

(一) 废品损失的含义

废品是指因质量不符合规定的标准或技术条件、不能按原定用途使用，或需加工修复后才能使用的产成品、半成品、零部件等。废品按能否修复的技术上的可能性和经济上的合理性，分为可修复废品和不可修复废品。可修复废品是指在技术上可以修复，并且支付的修理费用在经济上合算的废品；不可修复废品是指在技术上不能修复，或者虽能修复，但支付的修复费用在经济上不合算的废品。

废品损失包括可修复废品的修复费用和不可修复废品的净损失，其中：

不可修复废品净损失 = 不可修复废品的生产成本 − 不可修复废品的残值 − 应收过失人赔偿

> **温馨提示：** 若产品入库时确系合格品，但由于保管不善、运输不当等原因使产品损坏变质而发生的损失，不包括在"废品损失"中，应列作管理费用；质量虽不符合规定标准，但经检验不需要返修而可以降价出售的产品，其降价损失作为销售损益体现，不列入"废品损失"；企业因实行"三包"而发生的三包损失，应列为销售费用，不应列入"废品损失"。

(二) "废品损失"账户的设置

为了全面反映企业一定时期内发生废品损失的情况，加强废品损失的控制，可设置"废品损失"账户进行废品损失的归集与分配。

"废品损失"账户借方归集可修复废品的修复费用和不可修复废品的实际生产成本；贷方登记废品残料回收的价值、应收过失人赔偿款以及计入当期产品成本的净损失。该账户月末一般无余额。

(三) 废品损失的核算形式

1. 不单独核算废品损失

有些简单生产的企业，在产品的生产过程中，不易发生废品，或即便发生废品，损失额也比较小，而且管理上不需要单独考核废品损失。这时为了简化核算程序，可以采用不单独核算废品损失的方法。

在不单独核算废品损失的企业中，可修复废品的修复费用，应直接记入生产成本的有关成本项目；不可修复废品只扣除产量，不结转成本；废品的残料价值和过失人赔款可直接冲减相应基本生产成本明细账中的"直接材料"和"直接人工"成本项目。

2. 单独核算废品损失

在大、中型的复杂生产企业中，产品生产易发生废品，而且管理上也要求单独考核废品损失及其相关成本项目的费用，这时可以采用单独核算废品损失的方法。

在单独核算废品损失的企业中，可以单独设置"废品损失"总账，也可以在"基本生产成本"总账下设"废品损失"二级账，账内按成本项目设专栏进行核算。在"基本生产成本"明细账的成本项目中，还应增设"废品损失"成本项目，以便单独体现废品损失的费用额。单独核算废品损失的企业，由于废品的种类不同，核算方法也不相同，下面分别加以介绍。

(1) 不可修复废品损失的归集与分配

为了归集和分配不可修复的废品损失，必须首先计算废品的成本。废品成本是指生产过程中截至报废时为止所耗费的一切费用，扣除废品的残值和应收赔款，算出废品净损失，计入该种产品的成本。由于不可修复废品的成本与合格品的成本是同时发生并归集在一起的，因此，需要采取一定的方法予以确定。一般有两种方法：一是按废品所耗实际成本计算；二是按废品所耗定额成本计算。

① 按废品实际成本计算

当不可修复废品发生在完工入库时，单位合格品与单位废品应负担相同的费用，因而可以按合格品与废品的产量作为分配标准进行分配。其计算公式为：

$$某项生产费用分配率 = \frac{该项生产费用}{合格品产量 + 废品产量}$$

$$废品应负担生产费用额 = 废品产量 \times 分配率$$

如果废品发生在生产过程中，原材料系一次性投入，则原材料等直接材料仍可按产量作为分配标准，直接人工和制造费用则应按生产工时作为分配标准。其计算公式为：

$$直接材料费用分配率 = \frac{直接材料费用总额}{合格品产量 + 废品产量}$$

$$废品应负担材料费用额 = 废品产量 \times 直接材料费用分配率$$

$$直接人工(制造费用)分配率 = \frac{直接人工(制造费用)总额}{合格品生产工时 + 废品生产工时}$$

$$废品应负担直接人工(制造费用) = 废品生产工时 \times 该成本项目分配率$$

【例3-18】某车间本月完工甲产品400件，经检验合格品为390件，生产过程中发现不可修复废品10件。合格品与废品共耗用生产工时12 000小时，其中废品耗用300小时。本月甲产品全部生产费用为：直接材料31 880元，直接人工12 120元，制造费用7 200元，废品残料回收价值120元，过失人赔偿60元。原材料系一次性投入。根据以上资料编制"废品损失计算表"(见表3-60)。

表3-60 废品损失计算表

项　　目	数量/件	直接材料	生产工时/小时	直接人工	制造费用	合　　计
费用总额	400	31 880	12 000	12 120	7 200	51 200
分配率		79.7		1.01	0.6	
废品成本	10	797	300	303	180	1 280
减：残值		120				120
赔款				60		60
废品损失		677		243	180	1 100

根据表3-60及有关凭证，编制会计分录如下。

结转不可修复废品成本：

借：废品损失——甲产品　　　　　　　　　　　1 280

　　贷：基本生产成本——甲产品(直接材料)　　　　　797

　　　　　　　　　——甲产品(直接人工)　　　　　303

　　　　　　　　　——甲产品(制造费用)　　　　　180

回收废品残料价值：

借：原材料　　　　　　　　　　　　　　　　　120

　　贷：废品损失——甲产品　　　　　　　　　　　120

应收过失人赔款：

借：其他应收款——×××　　　　　　　　　　　60

　　贷：废品损失——甲产品　　　　　　　　　　　60

将废品净损失转入合格品成本：

借：基本生产成本——甲产品(废品损失)　　　　　1 100

　　贷：废品损失——甲产品　　　　　　　　　　　1 100

根据会计分录登记有关明细账，分别见表 3-61、表 3-62。

表 3-61　基本生产成本明细账

产品名称：甲产品 　　　　　　　　　　　　　　　　　　　　　　　　　　　　　产量：390 件

摘　　要	直接材料	直接人工	制造费用	废品损失	合　　计
生产费用合计	31 880	12 120	7 200		51 200
结转废品生产成本	(797)	(303)	(180)		(1 280)
转入不可修复废品净损失				1 100	1 100
产品总成本	31 083	11 817	7020	1 100	51 020
产品单位成本	79.70	30.30	18	2.82	130.82

表 3-62　废品损失明细账

产品名称：甲产品 　　　　　　　　　　　　　　　　　　　　　　　　　　　　　产量：10 件

摘　　要	直接材料	直接人工	制造费用	合　　计
不可修复废品成本	797	303	180	1 280
残料交库	(120)			(120)
过失人赔款		(60)		(60)
合计	677	243	180	1 100
结转废品净损失	(677)	(243)	(180)	(1100)

注：假设基本生产车间本期没有可修复废品。

不可修复废品损失按实际成本计算，其结果较为准确，但工作量较大，并且只能在月末生产费用算出后才能进行，不利于及时控制废品损失。

② 按废品定额成本计算

在消耗定额和费用定额比较健全的企业，也可以按废品所耗定额费用计算不可修复废品的生产成本。即按废品的实际数量和各项消耗定额、费用定额计算不可修复废品的生产成本，实际成本与定额成本的差异额全部由合格品负担。具体计算公式如下：

$$废品定额成本 = \Sigma 废品数量 \times 各成本项目费用定额$$

$$废品净损失 = 废品定额成本 - 收回残料价值 - 应收赔偿之和$$

【例3-19】某车间本月生产丙产品，验收入库时发现不可修复废品6件，每件丙产品的费用定额为：直接材料200元，直接人工40元，制造费用30元，回收废品残值200元，按定额成本计算废品成本和废品损失。根据上述资料编制"废品损失计算表"（见表3-63）。

表3-63 废品损失计算表

产品名称：丙产品　　　　　　　20××年×月　　　　　　　单位：元

项　目	直接材料	直接人工	制造费用	合　计
费用定额	200	40	30	270
废品定额成本	1 200	240	180	1 620
减：回收残值	200			200
废品损失	1 000	240	180	1 420

采用费用定额计算废品成本方法简便，计算及时，有利于控制废品损失，故应用较为广泛。

(2) 可修复废品损失的归集与分配

可修复废品的损失是指废品在修复过程中发生的所有修复费用，包括修复过程中耗用的材料、发生的人工费用和制造费用。

修复费用的归集根据直接材料、直接人工和制造费用分配表的分配结果，记入"废品损失"账户的借方。修复费用中需要责任人赔偿的部分，应冲抵废品损失，从贷方转入"其他应收款"账户的借方。账户的借方余额，为可修复废品的净损失，与本月不可修复废品的净损失合计后，转入"基本生产成本"账户的废品损失项目。

【例3-20】某企业本月生产乙产品800件，生产过程中发现了10件可修复废品。在修复过程中，耗用原材料400元，人工费用300元，制造费用280元。应由责任人赔偿70元。 根据上述资料编制会计分录如下。

(1) 发生修复费用

借：废品损失——乙产品　　　　　　　980

　　贷：原材料　　　　　　　400

　　　　应付职工薪酬　　　　　　　300

　　　　制造费用　　　　　　　280

(2) 应收过失人赔款

借：其他应收款——×××　　　　　　　70

　　贷：废品损失——乙产品　　　　　　　70

(3) 结转废品净损失

借：基本生产成本——乙产品(废品损失)　　　　　　　910

　　贷：废品损失——乙产品　　　　　　　910

二、停工损失的归集和分配

(一) 停工损失的含义

停工损失是指企业的生产车间或生产班组在停工期间发生的各项费用。它包括停工期间支付的职工工资及其福利费、所耗用的燃料和动力费以及应负担的制造费用。

造成生产单位停工的原因很多，如停电、待料、机械故障、非常灾害、计划减产等。其中停工待料、电力中断、机械故障等造成的停工，应计入产品成本；由非常灾害造成的停工，应计入营业外支出；对于季节性停产、修理期间停产的停工损失，应计入制造费用；不满一个工作日的停工，可以不计算停工损失。

(二) 停工损失的核算

1. 单独核算停工损失

为了核算停工损失，应当设置"停工损失"总分类账户，或者在"基本生产成本"总分类账户下设置"停工损失"明细账，进行停工损失的核算。并且应当在"基本生产成本"明细账中增设"停工损失"成本项目。

"停工损失"账户借方登记生产单位发生的各项停工损失；贷方登记应索赔的停工损失和分配结转的停工损失。分配结转停工损失以后，该账户应无余额。

【例3-21】某厂第一车间由于设备大修停工6天，停工期间应支付工人工资6 840元，应负担制造费用1 000元。第二车间由于外部供电线路原因停工2天，停工期间应支付工人工资4 560元，应负担制造费用600元。根据以上资料，编制会计分录如下。

```
借：停工损失——第一车间          7 840
          ——第二车间          5 160
  贷：应付职工薪酬——工资               11 400
      制造费用——第一车间                1 000
            ——第二车间                  600
```

【例3-22】上例中，第一车间设备大修为正常停工，停工损失7 840元应计入成本中；第二车间停工为非正常停工，应计入营业外支出。假设经交涉，电业局同意赔偿由于停工给企业造成的损失3 000元。根据资料编制会计分录如下。

```
借：制造费用——第一车间          7 8400
    其他应收款——电业局          3 000
    营业外支出——停工损失        2 160
  贷：停工损失——第一车间               7 840
          ——第二车间               5 160
```

2. 不单独核算停工损失

在停工损失较少的企业，为简化核算，也可不单独核算停工损失。不单独核算停工损失的企业，不设置"停工损失"账户。停工期间发生的属于停工损失的各种费用，直接记入"其他应收款""营业外支出"等账户。

【例3-23】沿用【例3-22】资料，不单独核算停工损失的会计处理如下。

```
借：其他应收款——电业局              3 000
    生产成本——一车间(甲产品)       7 840
    营业外支出                       2 160
  贷：应付职工薪酬——工资                    11 400
      制造费用——第一车间                     1 000
             ——第二车间                       600
```

任务小结

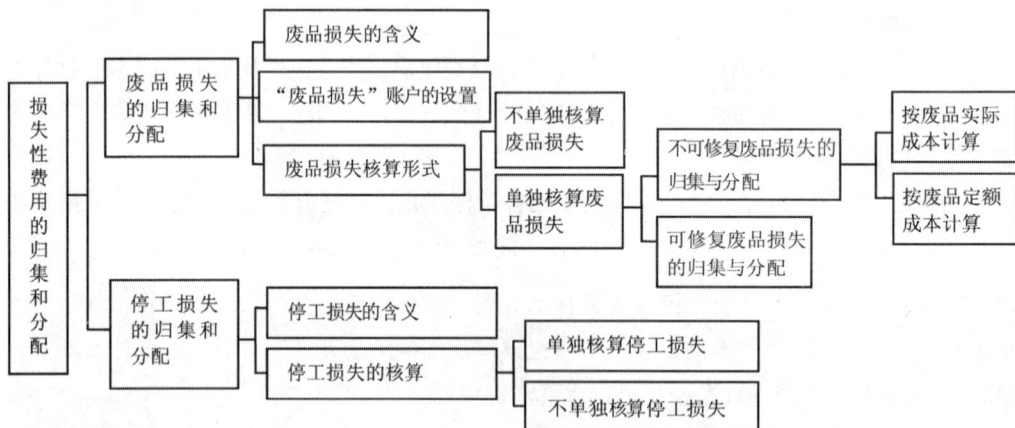

任务解析

通过【知识与技能】的学习，我们可以完成【任务引入】中有关味美食品厂损失性费用的核算。

根据前述各【任务引入】所涉及的资料完成牛奶核桃饼干废品损失明细账(见表3-64)。

表3-64　废品损失明细账

产品名称：牛奶核桃饼干

20××年		凭证号	摘　要	直接材料	燃料动力	直接人工	制造费用	合　计
月	日							
8	31	略	可修复废品修复费用	400	69.12	171	115.48	755.6
			转出废品净损失	(400)	(69.12)	(171)	(115.48)	(755.6)

根据表3-64编制如下会计分录。

```
借：生产成本——基本生产成本——牛奶核桃饼干      755.6
  贷：废品损失——牛奶核桃饼干                          755.6
```

任务实施

1. 在全面理解掌握【知识与技能】的基础上,各小组同学独立完成【技能训练】相关内容。

2. 各小组成员遵循实事求是、认真负责的原则,按照【任务评价】进行组内互评打分。

任务评价

为了考核学生对【任务五】的理解程度,特制定了任务考核评价表(见表 3-65),主要考核学生对损失性费用的归集和分配的掌握程度。

表 3-65 任务考核评价表

	损失性费用的归集和分配		
	内　　　容	分　　　值	得　　　分
考评标准	废品损失的含义	10	
	"废品损失"账户的设置	20	
	废品损失核算形式	40	
	停工损失的核算	30	
合　　　计		100	

注:考评满分为 100 分,60~70 分为及格;71~80 分为中等;81~90 分为良好;91 分以上为优秀。

技能训练

一、单项选择题

1. 可修复废品的废品损失是指( )。
   A. 返修前发生的原材料费用
   B. 返修前发生的制造费用
   C. 返修后发生的修理费用
   D. 返修前发生的生产费用加上返修后发生的修理费用

2. 在下列各项目中,不属于停工损失的是( )。
   A. 停工期间的工资费用
   B. 电力中断造成的停工损失
   C. 机器设备出现故障的停工损失
   D. 节假日停工发生的费用

3. 实行"三包"的企业,在产品出售后发现的废品所发生的一切损失,应作为( )处理。
   A. 营业外支出
   B. 废品损失
   C. 销售费用
   D. 管理费用

4. 经过质量检验部门鉴定无须返修,可以降价出售的不合格产品损失,应( )。
   A. 作为废品损失处理
   B. 作为管理费用处理
   C. 在计算销售损益时体现
   D. 作为销售费用处理

5. 某种产品发生不可修复废品时，如果废料不予回收，将会使该种产品的(　　)。

    A. 总成本降低，单位成本增加   B. 总成本不变，单位成本增加

    C. 总成本增加，单位成本增加   D. 总成本与单位成本均不变

二、多项选择题

1. 可修复废品必须同时具备的条件包括(　　)。

    A. 经过修复可以使用   B. 经过修复仍不能使用

    C. 所花费的修复费用在经济上合算   D. 可以修复，但在经济上不合算

2. 下列项目中，不属于废品损失项目的有(　　)。

    A. 产成品入库后，因保管不善而毁损变质的损失

    B. 质检鉴定无须返修，可降价出售的不合格品成本

    C. 可修复废品的材料费用

    D. 实行"三包"的产品出售后发生的废品损失

3. "停工损失"账户贷方所归集的停工损失，可根据不同情况，从该账户的贷方转入(　　)账户。

    A. 应收账款   B. 其他应收款   C. 营业外支出   D. 待处理财产损溢

4. 不可修复废品的生产成本，可以按(　　)计算。

    A. 废品所耗实际费用计算   B. 废品售价计算

    C. 废品所耗定额费用计算   D. 废品可回收残值计算

5. 计算不可修复废品的净损失时，应考虑的因素有(　　)。

    A. 不可修复废品的生产成本   B. 不可修复废品的修复费用

    C. 过失人赔偿   D. 收回残料价值

三、判断题

1. "废品损失"账户期末一般无余额。(　　)

2. 废品损失包括可修复废品的修复费用和不可修复废品的净损失。(　　)

3. 经过修理可以使用的废品不一定是可修复废品。(　　)

4. 企业不能将所有环节所发现的废品都并入废品损失核算。(　　)

5. 不单独核算废品损失的企业，产品实际成本中也包含废品损失。(　　)

四、计算分析题

1. 【目的】废品损失的核算。

【资料】某生产车间生产甲产品，本月投产 200 件，完工验收时发现不可修复产品 4 件；合格品生产工时 7 840 小时，废品工时 160 小时，合计 8 000 小时。甲产品成本明细账所记合格品和废品的全部生产费用为：原材料 10 800 元，燃料及动力 9 720 元，工资及福利费 11 340 元，制造费用 6 480 元。原材料是生产开始时一次投入。废品残料入库作价 70 元。废品净损失由当月同种产品成本负担。

【要求】根据以上资料，采用不可修复废品按实际成本法核算本月废品净损失，并进行相关账务处理。

2. 【目的】废品损失(可修复废品)的核算。

【资料】某厂加工车间本月所产乙产品中，有可修复废品 40 件。根据 20××年 3 月"耗用材料汇总表"提供的资料，本月修复乙产品领用材料 4 000 元；根据本月"直接人工费用分配表"和"制造费用分配表"提供的资料，本月修复废品实际耗用工时 1 000 小时，小时工资(薪酬)分配率为 13.50 元，小时制造费用分配率为 3 元。按规定，本月发生的 40 件可修复废品应由过失人赔偿 600 元。

【要求】(1) 编制可修复废品修复费用的会计分录；

(2) 计算本月废品净损失。

实战模拟

【目的】废品损失(不可修复废品)的核算。

【资料】假设某企业生产的丙产品生产过程中发现不可修复废品 4 件，按所耗定额费用计算废品的生产成本。每件直接材料费用定额为 50 元，4 件废品的定额工时为 150 小时，每小时的费用定额为：直接工资 2 元，制造费用 1.50 元。该月同种产品的可修复废品的修复费用为：直接材料 100 元，直接人工 125 元，制造费用 150 元。废品残料入库计价 20 元。

【要求】(1) 要求根据上述资料，编制不可修复废品报废损失计算表(见表 3-66)；

(2) 计算全部废品的净损失；

(3) 编制相关的会计分录。

表 3-66 不可修复废品损失计算表

20××年×月   单位：元

项　　目	直接材料	定额工时	直接工资	制造费用	合　　计
单件、小时费用定额					
废品定额成本					
减：残值					
废品损失					

任务六　生产费用在完工产品与期末在产品之间的分配

任务引入

之前，我们已将味美食品厂 20××年 8 月份所发生的各项生产费用进行了核算，根据前述【任务一】至【任务五】【任务引入】中各项费用明细账所归集和分配的费用，采用约当产量比例法将生产费用在完工品与期末在产品之间进行分配。牛奶核桃饼干月初在产品200千克，本月投产1 500千克，本月完工1 400千克，月末在产品300千克。在产品完工程度80%，原材料在生产开始时一次投入。牛奶核桃饼干月初在产品成本为7 760元，其中直接材料4 400元，直接人工1 600元，制造费用1 760元。奶油曲奇饼干无月初在产品，本月投产1 000千克，全部完工。

让我们一起完成味美食品厂产品成本的核算吧！

✎ 任务分析

通过前面各项工作任务可知，生产过程中发生的各项产品生产费用经过在各成本计算对象之间的归集和分配后，应计入本月产品成本的生产费用都已归集到"生产成本——基本生产成本"账户及其所属明细账中。各产品基本生产成本明细账所归集的生产费用构成各该产品成本，包括完工产品成本和期末在产品成本。如果本月生产的某种产品已全部完工，则归集到该产品生产成本明细账的生产费用均为该种完工产品成本；如果本月生产的某种产品全部未完工，则归集到该产品生产成本明细账的生产费用均为在产品成本；如果本月生产的某种产品有一部分完工，另一部分未完工，则应采用适当的方法，将归集到该产品生产成本明细账的生产费用在完工产品与未完工产品之间进行分配，计算出该种产品的完工产品成本和在产品成本。

本【任务引入】中所要计算的牛奶核桃饼干成本，期末既有完工产品又有在产品，因此就需要采用适当的方法将所归集的生产费用在本期完工产品与期末在产品之间进行分配。

以下内容是完成产品成本核算所必须掌握的知识，下面就让我们开始【知识与技能】的学习吧！

✎ 知识与技能

一、在产品与完工产品的关系

(一) 在产品的含义

在产品(in product)是指企业已经投入生产，但尚未最后完工，不能作为商品销售的产品。在产品有广义和狭义之分。广义的在产品是就整个企业来说的，是指产品生产从投料开始到最终制成产成品交付验收入库前的一切产品，包括正在加工中的在制品，已经完成一个或几个生产步骤但还需要继续加工的半成品，尚未验收入库的产成品，正在返修和等待返修的废品等。对外销售的自制半成品属于商品产品，不包括在在产品之内，不可修复废品也不包括在在产品之内。狭义的在产品是就某一生产单位或某一生产步骤来说的，仅指本生产单位或本生产步骤正在加工中的那部分在产品。本章讨论的在产品指的是狭义的在产品。

(二) 完工产品的含义

在产品完成生产过程，验收合格入库以后，就称为完工产品(finished product)。工业企业的本期完工产品，一般只指最终完工的产成品。由于期末在产品有广义在产品和狭义在产品之分，在将生产费用在本期完工产品和期末在产品之间进行分配时，已经完成本步骤生产过程，交给下一步骤继续加工或交给半成品仓库的半成品，也称为本生产单位(生产步骤)的完工产品。

(三) 期末在产品与本期完工产品的关系

期末在产品与本期完工产品的关系，是指期末在产品与本期完工产品在承担费用(划分产品成本)方面的关系。企业通常需要按月计算产品成本，期末在产品与本期完工产品一般也就是指月末在产品与本月完工产品。

通过前面所述的费用要素、辅助生产费用、制造费用、废品损失和停工损失等一系列的归集和分配过程，企业本月发生的各项生产费用已经全部汇集到了"生产成本——基本生产成本"账户及所属各产品成本明细账中。该账户的本期发生额，就是本期发生的应计入产品成本的全部费用，而且每一种产品的明细账中都相应归集了应计入该种产品成本的全部费用。对于每一种产品而言，需要计算其生产成本，我们应将本期发生的生产费用加上账户中的期初余额，并将本期发生费用和期初费用之和在本期完工产品和期末在产品之间进行分配，从而计算出本期产成品的成本。对于某种产品，如果期末没有在产品，全部产品均已完工，则该产品"生产成本——基本生产成本"明细账户中归集的全部生产费用都是完工产品成本，除以完工产品数量，就得到产成品单位成本；如果期末全部产品均未完工，都是在产品，则该产品"生产成本——基本生产成本"明细账户中归集的全部生产费用都是在产品成本。这两种情况下，生产的产品月末要么全部完工，要么全部未完工，因而不涉及月末生产费用在完工产品和在产品之间进行归集与分配的问题，但这是比较特殊的情况，实际上，企业更容易碰到的情况是：期末既有完工产品，又有在产品，这就需要将该种产品"生产成本——基本生产成本"账户中归集到的生产费用，即该产品本月发生的生产费用加上月初在产品的生产费用，采用适当的方法，在本月完工产品和期末在产品之间进行分配，分别计算出完工产品成本和月末在产品成本。这是成本核算中的一个重要环节，只有通过这一程序，才能计算出各种产品的成本和单位成本，达到成本核算的最终目的。

月初在产品费用、本月费用、本月完工产品成本和月末在产品成本之间的关系，可用公式表示如下：

$$月初在产品成本 + 本月生产费用 = 生产费用合计$$
$$= 本月完工产品成本 + 月末在产品成本$$

根据上述公式，本月完工产品成本的计算公式可以表述为：

$$本月完工产品成本 = 本月生产费用 + 月初在产品成本 - 月末在产品成本$$

在公式前两项已知的情况下，在完工产品和月末在产品之间分配费用的方法通常有两类：一类是先确定月末在产品费用，再计算完工产品费用；另一类是将前两项之和在后两项之间按照一定的分配比例进行分配，同时算出完工产品费用和月末在产品费用。无论采用哪一类分配方法，都必须正确组织在产品数量核算，取得在产品收入、发出和结存的数量资料。在产品的数量核算资料应同时具备账面核算资料和实际盘点资料，因此，企业一方面要做好在产品收入、发出和结存的日常核算工作，另一方面要做好在产品的定期清查工作。

二、在产品数量的日常核算

工业企业在产品品种规格多，又处于不断流动之中，在产品数量的日常核算是一个比较复杂的问题。从加强实物管理的角度出发，企业必须设置有关凭证账簿，来反映在产品的收入、转出(发出)和结存情况。在产品数量的核算通常有两种方式：一是通过账面核算资料确定，二是通过月末实地盘点确定。采用账面核算资料确定在产品数量，企业需要设置"在产品收发结存账簿"来进行在产品收发结存的日常核算，这种账簿也称为"在产品台账"。该账应当分生产单位(分厂、车间)，并按产品的品种和在产品的名称来设置，以反映各生产单位各在产品的收入、发出、结存情况。在产品台账还可以结合企业生产工艺特点和内部管理的需要，进一步按照加工工序(生产步骤)来组织在产品数量核算。在产品台账的一般格式如表 3-67 所示。

表 3-67　在产品台账

零部件名称、编号：5751　　　　　　车间名称：加工　　　　　　　　　　　　单位：件

月	日	摘　要	收　入		转　出			结　存	
			凭证号	数量	凭证号	合格品	废品	完工	未完工
8	1	上月结存							30
8	8	上步转入	8 101	100					130
8	14	完工转出			8 201	80	5	15	30
…	…	…	…	…	…	…	…	…	…
8	31	合　计		800		720	10	30	70

在产品台账根据有关领料凭证、在产品内部转移凭证、产品检验凭证和产品入库单等原始凭证逐笔登记。生产单位的核算人员应对"在产品台账"的登记情况进行审核和汇总。"在产品台账"的设置，使企业可以从账面上随时掌握在产品动态；在账面结存数与实际结存数核对以后，又可以为计算月末在产品成本提供资料。由于在产品品种多、数量大，当每月组织在产品数量的盘点核对有困难时，可以直接根据"在产品台账"提供的月末在产品结存数量来计算月末在产品成本。

三、在产品清查的核算

在产品的管理与固定资产及其他存货一样，应该定期或不定期地进行清查盘点，以做到在产品账实相符，保护在产品实物的安全完整。在产品清查一般在月末结账前进行，并采用实地盘点法，盘点结果根据实际盘点数和账面资料编制在产品盘存表，列明在产品的账面数、实有数、盘盈盘亏数，以及盘亏的原因和处理意见等，对于报废和毁损的在产品还要登记残值。企业会计人员应对在产品盘存表进行认真审核，并报经有关部门审批后，对清查的结果进行相应的会计处理。

在产品发生盘盈时，按计划成本或定额成本借记"生产成本——基本生产成本"，增加在产品的账面价值，贷记"待处理财产损溢"；按规定核销时，借记"待处理财产损溢"，贷记

"管理费用"。

在产品发生盘亏和毁损时，贷记"生产成本——基本生产成本"账户，冲减在产品的账面价值，同时借记"待处理财产损溢"。毁损在产品的残值，借记"原材料""银行存款"等账户，贷记"待处理财产损溢"。按规定核销时，应由过失单位或过失人员赔偿的部分，借记"其他应收款"；由于自然灾害造成的非常损失并收到保险公司赔款的部分，借记"银行存款"或"其他应收款"账户；扣除赔款后的非常损失的净损失借记"营业外支出"，其余无法收回的损失借记"管理费用"。

> **温馨提示**：如果在产品发生非正常损失，其应负担的增值税进项税额也应转出，借记"待处理财产损溢"账户，贷记"应交税金——应交增值税(进项税额转出)"账户。

对于库存半成品和辅助生产的在产品的数量和清查的核算，与基本生产类似，只是它们的清查结果分别在"自制半成品"和"生产成本——辅助生产成本"账户中核算。

四、在产品成本的计算方法

完工产品和月末在产品之间分配费用，是成本计算工作中一个重要而复杂的问题。在产品结构复杂、加工工序较多的情况下更是这样。企业应该根据在产品数量的多少、各月在产品数量变化的大小、各项费用比重的大小，以及定额管理基础的好坏等具体条件，并考虑管理上的要求，选择合理而简便的分配方法。分配方法一经确定，不得随意变更。

实际工作中完工产品和在产品之间分配费用常用的方法有：不计算在产品成本法、在产品按固定数额计价法、在产品按所耗原材料费用计价法、约当产量比例法、在产品按完工产品成本计算法、在产品按定额成本计价法和定额比例法。

(一) 不计算在产品成本法

某些企业所生产的产品，月末虽然有在产品，但由于数量较少，价值较低，且各月变动不大，当月发生的生产费用全部由本月完工产品成本负担，对本月完工产品成本影响很小。因此，根据成本核算的重要性原则，为了简化成本计算工作，可以不计算在产品成本。例如，自来水厂、采掘企业等，由于在产品数量很少，价值又较低，月末在产品就可以不计算成本。

采用这种方法，本月完工产品的总成本等于当月该种产品发生的(应负担的)全部生产费用，并且账面上没有期末在产品成本。用计算公式表示为：

$$本月完工产品成本＝本月发生生产费用$$

【例3-24】南方工厂大量生产206产品，因为206产品生产周期较短，月末在产品数量很少，采用不计算在产品成本法。本月206产品成本计算单登记的生产费用总额为400 000元，其中，直接材料210 000元，直接人工100 000元，制造费用90 000元。本月完工入库206产品400件。根据本月发生的生产费用资料，206产品本月完工产品实际总成本和单位成本的计算见表3-68。

表3-68　南方工厂产品成本计算单

产品：206产品　产量：400件　　　　　20××年×月　　　　　　　单位：元

摘　　要	直接材料	直接人工	制造费用	合　　计
本月生产费用	210 000	100 000	90 000	400 000
本月完工产品总成本	210 000	100 000	90 000	400 000
本月完工产品单位成本	525	250	225	1 000

根据表3-68成本计算结果，编制结转本月完工入库产品成本的会计分录如下：

借：库存商品——206产品　　　　　　　　　　400 000

　　贷：生产成本——基本生产成本——206产品　　　400 000

(二) 在产品按固定成本计价法

在产品按固定成本计价法，是指对各月月末在产品成本按年初在产品成本进行计价的方法。采用这种方法，1—11月各月月末在产品成本按年初在产品成本固定不变，某种产品当月发生的生产费用，就是该种产品本月完工产品的总成本。但是在年末，不论年末在产品数量变动与否，都应对年末在产品进行实地盘点，并以实际盘存数量为基础，重新计算确定年末在产品成本和12月份的完工产品总成本。

这种方法适用于那些月末在产品数量较大，但各月月末在产品数量比较稳定的产品。如冶炼企业的炉内溶液、化工企业输送带和管道内的在产品等，数量都比较稳定，可以采用这种固定在产品成本的方法。年度内1—11月份的月末在产品成本是固定的，简化了产品成本计算工作；12月份的在产品成本是通过实地盘点后重新计算的，从全年来看，完工产品的实际总成本的计算也是正确的。同时，12月份计算的月末在产品成本，又可以作为下一年度1—11月份固定的月末在产品成本。

温馨提示：采用在产品按固定成本计价法，1—11月份完工产品成本的计算公式与不计算在产品成本法是相同的，即都是"本月完工产品成本=本月发生生产费用"。但是，采用在产品按固定成本计价法，产品生产成本明细账有月末余额(1—11月的月末余额与年初余额一致)；而采用不计算在产品成本法，产品生产成本明细账没有月末余额。

【例3-25】南方工厂生产的甲产品月末在产品数量比较稳定，采用在产品按固定成本计价法。该产品年初在产品成本为60 000元，其中，直接材料38 000元，直接人工12 000元，制造费用10 000元。6月份发生生产费用1 200 000元，其中，直接材料556 000元，直接人工350 000元，制造费用294 000元。本月完工入库甲产品10 000千克。根据月初在产品成本和本月发生的生产费用资料，甲产品本月完工产品实际总成本和单位成本的计算见表3-69。

表3-69 南方工厂产品成本计算单

产品: 甲产品 产量: 10 000 千克　　　　　20××年6月　　　　　　　　　　单位: 元

摘 要	直接材料	直接人工	制造费用	合 计
月初在产品成本	38 000	12 000	10 000	60 000
本月生产费用	556 000	350 000	294 000	1 200 000
生产费用合计	594 000	362 000	304 000	1 260 000
本月完工产品总成本	556 000	350 000	294 000	1 200 000
本月完工产品单位成本	55.6	35	29.4	120
月末在产品成本	38 000	12 000	10 000	60 000

根据表3-69成本计算结果, 编制结转完工入库产品成本的会计分录如下。

借: 库存商品——甲产品　　　　　　　　　　　1 200 000
　　贷: 生产成本——基本生产成本——甲产品　　　　　1 200 000

(三) 在产品按所耗原材料费用计算法

采用这种方法, 月末在产品只按所耗的原材料费用计算确认, 而耗用的人工工资和制造费用等全部由完工产品成本负担。这种方法适用于各月末在产品数量较大, 各月在产品数量变化也较大, 同时原材料费用在产品成本中所占比重较大的产品, 例如造纸、酿酒等行业的产品, 直接材料费用占产品成本总额的70%以上。在这样的情况下, 各月末在产品数量较大且变化也较大, 再采用前两种方法已不合适, 需要对月末在产品成本进行具体计算, 又由于产品成本中原材料的比重较大, 工资和制造费用的比重较小, 算不算工资和制造费用对计算在产品成本和完工产品成本影响不大。因此, 为了简化成本核算, 对在产品只计算耗用的原材料费用作为在产品成本, 而对工资和制造费用等其他费用忽略不计。这样, 某种产品本月的全部生产费用, 减月末在产品原材料费用, 就是本月完工产品的成本。其具体计算公式如下:

$$单位产品原材料成本 = \frac{原材料费用总额}{完工产品数量 + 月末在产品数量}$$

$$月末在产品材料成本 = 月末在产品数量 \times 单位产品原材料成本$$

$$本月完工产品成本 = 月初在产品材料成本 + 本月发生生产费用 - 月末在产品材料成本$$

上述计算公式是假定原材料费用是在生产开始时一次投入的, 如原材料是按生产进度投入的, 则公式中的"月末在产品数量"应换成月末在产品约当产量进行计算。

【例3-26】南方工厂生产的乙产品直接材料费用在产品成本总额中所占比重较大, 在产品只计算材料成本。乙产品月初在产品总成本(在产品直接材料费用)为25 250元; 本月发生生产费用96 350元, 其中, 直接材料74 750元, 直接人工14 400元, 制造费用7 200元; 乙产品本月完工9 000千克, 月末在产品1 000千克, 月末在产品的原材料费用已全部投入, 直接材料费用可以按完工产品和月末在产品的数量比例分配。乙产品的有关成本计算过程如下。

(1) 月末在产品的原材料费用

$$直接材料费用分配率 = \frac{25\,250 + 74\,750}{9\,000 + 1\,000} = 10\ (元/千克)$$

月末在产品材料成本(月末在产品总成本) $= 1\,000 \times 10 = 10\,000$(元)

(2) 本月完工产品成本

本月完工产品直接材料成本 $= 9\,000 \times 10 = 90\,000$(元)

或 $\qquad\qquad\qquad = 25\,250 + 74\,750 - 10\,000 = 90\,000$(元)

本月完工产品总成本 $= 90\,000 + 14\,400 + 7\,200 = 111\,600$(元)

或 $\qquad\qquad\qquad = 25\,250 + 96\,350 - 10\,000 = 111\,600$(元)

上述计算结果在乙产品成本计算单中的登记见表 3-70。

表 3-70　南方工厂产品成本计算单

产品:乙产品　　　产量:9 000 千克　　　　20××年×月　　　　　　　　　　　　单位:元

摘　　要	直接材料	直接人工	制造费用	合　　计
月初在产品成本	25 250			25 250
本月生产费用	74 750	14 400	7 200	96 350
生产费用合计	100 000	14 400	7 200	121 600
本月完工产品总成本	90 000	14 400	7 200	111 600
本月完工产品单位成本	10.00	1.60	0.80	12.40
月末在产品成本	10 000			10 000

(3) 编制会计分录

根据表 3-70 成本计算结果,编制结转本月完工入库产品成本的会计分录如下。

借: 库存商品——乙产品　　　　　　　　　　111 600

　　贷: 生产成本——基本生产成本——乙产品　　　　111 600

(四) 约当产量比例法

约当产量,也称为在产品约当量。它是将企业(车间)月末在产品的实际数量,按照其完工程度折合为完工产品的数量。

约当产量比例法,是指按照本月完工产品的数量和月末在产品的约当量分配生产费用,以确定本月完工产品和月末在产品实际成本的方法。

这种方法适用于各月末在产品数量较大,各月末在产品数量变化也较大,产品成本中原材料费用和人工及制造费用所占比重相差不大的产品。在这种情况下,月末在产品成本不能忽略不计,不能按固定数额确定,也不能只计算原材料费用,必须具体全面地按成本项目计算在产品的成本。具体计算公式如下:

$$某项费用分配率 = \frac{月初在产品成本 + 本月生产费用}{完工产品产量 + 月末在产品约当产量}$$

$$完工产品应分配该项费用 = 完工产品产量 \times 该项费用分配率$$

月末在产品应分配该项费用＝月末在产品约当产量×该项费用分配率

月末在产品应分配该项费用＝该项费用总额－完工产品分配的该项费用

采用约当产量比例法分配生产费用，关键是要正确计算月末在产品的约当产量。如前述，在产品约当产量是按在产品完工程度将在产品数量折合成相当于完工产品的数量，其具体计算公式如下：

在产品约当产量＝在产品实际数量×在产品完工程度(投料程度)

在生产过程中，随着生产的进行和产品的形成，用于产品生产的各项费用也逐渐增加。产品所耗用的原材料费用的多少与产品的投料方式和投料程度成比例关系，而产品所耗用的人工费用和制造费用的多少则与产品的加工程度成比例关系。因此，要分成本项目计算在产品的约当产量，直接材料费用分配率所依据的在产品的约当产量，应按在产品的投料程度来确定；直接人工费用、制造费用的分配率所依据的约当产量，应按在产品的完工程度来确定。下面按成本项目说明在产品完工程度和投料程度的确认方法。

1. 用以分配直接材料费用的在产品投料程度和约当产量的计算

在产品的投料程度是指在产品已投材料占完工产品应投材料的百分比。在生产过程中，原材料的投料方式通常有四种：生产初期一次投料、生产中陆续投料、分工序一次投料和分工序陆续投料。下面就这四种情况分别测算在产品约当产量。

(1) 生产初期一次投料。原材料在生产开始时一次投入，在产品和完工产品所耗材料数量相同，因而在产品的投料程度为 100%，它并不会因为产品加工程度的提高而发生变化，在产品的约当产量即在产品的数量。

(2) 生产中陆续投料。原材料随生产过程陆续投入，并且投料程度与生产工时投入的进度完全一致或基本一致。此时，分配原材料费用所依据的在产品约当产量可以按在产品的完工程度折算。

(3) 分工序一次投料。原材料按生产工序分次投入，并在每道工序开始时一次投入，则应根据各工序的材料消耗定额来计算投料程度，经过的工序以及当前工序的耗用量默认已全部投入。其计算公式为：

$$某工序投料程度＝\frac{前面各工序原材料消耗定额之和＋本工序原材料消耗定额}{完工产品原材料消耗定额}$$

$$某工序在产品约当产量＝该工序在产品实际数量×该工序投料程度$$

(4) 分工序陆续投料。原材料按生产工序分次投入，并在每道工序中陆续投入，则应根据各工序的材料消耗定额来计算投料程度，经过的工序耗用量默认已投入，当前工序消耗量按50%估算。其计算公式为：

$$某工序投料程度＝\frac{前面各工序原材料消耗定额之和＋本工序原材料消耗定额×50\%}{完工产品材料消耗定额}$$

$$某工序在产品约当产量＝该工序在产品实际数量×该工序投料程度$$

【例 3-27】某种产品需经过三道工序制成，原材料在生产初期一次投入。产品的原材料消耗定额为 1 000 千克，其中：第一道工序原材料消耗定额为 320 千克，第二道工序原材料消耗定额为 480 千克，第三道工序原材料消耗定额为 200 千克。月末在产品数量为第一道工序 100 件，第二道工序 300 件，第三道工序 200 件。当月完工产品为 636 件。月初在产品的原材料费用为 2 400 元，本月发生的原材料费用为 30 000 元。计算分配月末在产品和完工产品的原材料费用。

由于原材料在生产开始时一次投入，在产品和完工产品所耗材料数量相同，因而在产品的投料程度为 100%，各工序在产品的约当产量就等于在产品的实际数量，在分配原材料费用时，直接按完工产品和在产品数量比例进行分配。

$$原材料费用分配率 = \frac{2\,400 + 30\,000}{636 + 600} = 26.21$$

$$完工产品原材料费用 = 636 \times 26.21 = 16\,669.56(元)$$

$$月末在产品原材料费用 = 2\,400 + 30\,000 - 16\,669.56 = 15\,730.44(元)$$

【例 3-28】依【例 3-27】，假设原材料在生产中陆续投料，则月末在产品和完工产品的原材料费用分配如下。

采用这种投料方式，原材料随生产过程陆续投入，并且投料程度与生产工时投入的进度完全一致或基本一致。如果分布在各工序的在产品数量和单位产品在各工序的加工量都比较均衡时，后面各工序在产品多加工的程度可以抵补前面各工序少加工的程度，即在产品的加工百分比可按 50% 计算。

$$在产品约当产量 = 各工序在产品数量 \times 50\%$$
$$= (100 + 300 + 200) \times 50\% = 300(件)$$

$$原材料费用分配率 = \frac{2\,400 + 30\,000}{636 + 300} = 34.62$$

$$完工产品原材料费用 = 636 \times 34.62 = 22\,018.32(元)$$

$$月末在产品原材料费用 = 2\,400 + 30\,000 - 22\,018.32 = 10\,381.68(元)$$

【例 3-29】依【例 3-27】假设原材料分工序一次投料。则月末在产品和完工产品的原材料费用分配如下：

由于原材料按生产工序分次投入，并在每道工序开始时一次投入，则应根据各工序的材料消耗定额来计算投料程度。

$$第一工序的投料程度 = \frac{320}{1000} \times 100\% = 32\%$$

$$第一工序在产品约当产量 = 100 \times 32\% = 32(件)$$

$$第二工序的投料程度 = \frac{320 + 480}{1\,000} \times 100\% = 80\%$$

$$第二工序在产品约当产量 = 300 \times 80\% = 240(件)$$

$$第三工序的投料程度=\frac{320+480+200}{1\,000}\times100\%=100\%$$

第三工序在产品约当产量$=200\times100\%=200$(件)

月末在产品约当产量$=32+240+200=472$(件)

$$原材料费用分配率=\frac{2\,400+30\,000}{636+472}=29.24$$

完工产品原材料费用$=636\times29.24=18\,596.64$(元)

月末在产品原材料费用$=2\,400+30\,000-18\,596.64=13\,803.36$(元)

【例3-30】仍以【例3-27】资料为例,但原材料分工序陆续投料,则月末在产品和完工产品的原材料费用分配如下:

$$第一工序的投料程度=\frac{320\times50\%}{1\,000}=16\%$$

第一工序在产品约当产量$=100\times16\%=16$(件)

$$第二工序的投料程度=\frac{320+480\times50\%}{1\,000}=56\%$$

第二工序在产品约当产量$=300\times56\%=168$(件)

$$第三工序的投料程度=\frac{320+480+200\times50\%}{1\,000}=90\%$$

第三工序在产品约当产量$=200\times90\%=180$(件)

月末在产品约当产量$=16+168+180=364$(件)

$$原材料费和分配率=\frac{2\,400+30\,000}{636+364}=32.4$$

完工产品原材料费用$=636\times32.4=20\,606.4$(元)

月末在产品原材料费用$=364\times32.4=11\,793.6$(元)

或　月末在产品原材料费用$=2\,400+30\,000-20\,606.4=11\,793.6$(元)

2. 用以分配原材料费用以外的其他费用的在产品约当产量的计算

对于原材料费用以外的其他费用,如人工工资、制造费用等,在分配时在产品约当产量通常按在产品的完工程度进行计算,因为这些费用的发生与完工程度关系密切,它们随生产进程而逐渐投入耗费,产品的完工程度越高,在产品应负担的此类费用也应越多。测定在产品完工程度的方法一般有两种。

(1) 不分工序确定在产品完工程度

若各工序在产品数量和单位产品在各工序的加工量相差不多,则前后各工序加工程度可互相抵补,全部在产品完工程度可按照50%确定。

【例3-31】南方工厂生产甲产品需经过三道工序制成，单位产品的工时定额为50工时，其中：第一道工序工时定额为25工时，第二道工序工时定额为10工时，第三道工序工时定额为15工时。月末在产品数量为第一道工序100件，第二道工序300件，第三道工序200件。当月完工产品为625件，月初在产品的工资和福利费为6 400元，制造费用为3 000元，本月发生的工资和福利费为23 600元，制造费用为15 000元。计算分配月末在产品和完工产品的工资及福利费和制造费用。

在产品约当产量为 100×50%+300×50%+200×50%=300(件) 或 (100+300+200)×50%=300(件)，最终以625件和300件的比例在完工产品和在产品之间分配费用。

(2) 分工序确定在产品完工程度

若各工序在产品数量及加工程度相差悬殊，则应分工序计算在产品完工程度。

$$某工序在产品完工率=\frac{前面各工序累计工时定额+本工序工时定额×50\%}{完工产品工时定额}$$

$$某工序在产品的约当产量=该工序在产品数量×该工序在产品完工率$$

公式中本工序工时定额乘以50%，是因为该工序中各件在产品的完工程度不同，为简化计算，在本工序一律按完工率50%计算。而在产品从上一道工序转入下一道工序，前面的工序是已经完成了的，因此前面工序的完工程度按100%计算。

【例3-32】仍沿用**【例3-31】**的资料，计算分配月末在产品和完工产品的工资及福利费和制造费用如下：

$$第一工序的完工程度=\frac{25×50\%}{50}×100\%=25\%$$

$$第一工序在产品约当产量=100×25\%=25(件)$$

$$第二工序的完工程度=\frac{25+10×50\%}{50}×100\%=60\%$$

$$第二工序在产品约当产量=300×60\%=180(件)$$

$$第三工序的完工程度=\frac{25+10+15×50\%}{50}×100\%=85\%$$

$$第三工序在产品约当产量=200×85\%=170(件)$$

$$月末在产品约当产量=25+180+170=375(件)$$

$$工资及福利费分配率=\frac{6\,400+23\,600}{625+375}=30$$

$$完工产品工资和福利费=625×30=18\,750(元)$$

$$月末在产品工资和福利费=375×30=11\,250(元)$$

或 $$月末在产品工资和福利费=6\,400+23\,600-18\,750=11\,250(元)$$

$$制造费用分配率=\frac{3\,000+15\,000}{625+375}=18$$

$$完工产品制造费用=625×18=11\,250(元)$$

$$月末在产品制造费用=375×18=6\,750(元)$$

或　　月末在产品制造费用 = 3 000 + 15 000 - 11 250 = 6 750(元)

假设本例中，该产品原材料是生产开始时一次投入的，月初在产品数量为 125 件，月初在产品原材料费用为 13 000 元，本月投产 1 100 件，发生原材料费用 116 850 元。原材料费用直接按完工产品和在产品数量比例进行分配，则原材料费用分配计算如下：

$$原材料费用分配率 = \frac{13\,000 + 116\,850}{625 + 600} = 106$$

完工产品原材料费用 = 625 × 106 = 66 250(元)

月末在产品原材料费用 = 600 × 106 = 63 600(元)

或

月末在产品原材料费用 = 13 000 + 116 850 - 66 250 = 63 600(元)

根据上述资料，编制甲产品的成本计算单如表 3-71 所示。

表 3-71　产品成本计算单 (约当产量比例法)

产品名称：甲产品

摘　　要	成本项目			
	直接材料	直接人工	制造费用	合　　计
月初在产品成本/元	13 000	6 400	3 000	22 400
本月生产费用/元	116 850	23 600	15 000	155 450
生产费用合计/元	129 850	30 000	18 000	177 850
完工产品数量/件	625	625	625	
月末在产品约当产量/件	600	375	375	
生产量合计/件	1 225	1 000	1 000	
费用分配率(单位成本)	106	30	18	154
完工产品成本/元	66 250	18 750	11 250	96 250
单位成本/元	106	30	18	154
月末在产品成本/元	63 600	11 250	6 750	81 600

编制结转完工入库产品成本的会计分录如下。

借：库存商品——甲产品　　　　　　　　　　　　　96 250
　　贷：生产成本——基本生产成本——甲产品　　　　96 250

(五) 在产品按完工产品成本计算法

在产品按完工产品成本计价法，是将月末在产品视同已经完工的产品，按照月末在产品数量与本月完工产品数量的比例来分配生产费用，以确定月末在产品成本和本月完工产品成本的方法。

在产品按完工产品成本计价简化了成本计算工作，但只适用于月末在产品已接近完工，或已经加工完成，但尚未包装或尚未验收入库的产品；否则，会影响本月完工产品成本计算的正确性。

【例3-33】 南方工厂生产丁产品，本月完工入库2 000件；月末在产品300件，有100件已经接近完工，有200件已经完工但尚未验收入库。月末在产品300件均按完工产品计算成本。丁产品生产费用发生情况和有关计算分配结果见表3-72。

表3-72 南方工厂产品生产成本明细账

产品：丁产品　　　产量：2 000件　　　20××年×月　　　　　　　金额单位：元

摘　要	成本项目			
	直接材料	直接人工	制造费用	合　计
月初在产品成本	70 000	28 000	34 000	132 000
本月生产费用	426 600	178 190	195 100	799 890
生产费用合计	496 600	206 190	229 100	931 890
完工产品数量/件	2 000	2 000	2 000	2 000
月末在产品数量/件	300	300	300	300
生产量合计	2 300	2 300	2 300	2 300
费用分配率(单位成本)	215.91	89.65	99.61	405.17
完工产品成本	431 820	179 300	199 220	810 340
月末在产品成本	64 780	26 890	29 880	121 550

根据上述成本计算结果，编制结转本月完工入库丁产品成本的会计分录如下。

借：库存商品——丁产品　　　　　　　　　　　　810 340

　　贷：生产成本——基本生产成本——丁产品　　　　810 340

(六) 在产品按定额成本计价法

在产品按定额成本计价法，是指月末在产品按照预先制定的定额成本计算，实际生产费用脱离定额的差异全部由本月完工产品成本负担。采用这种方法，按月末在产品数量和在产品单位定额成本计算月末在产品的成本，然后从本月该种产品的全部生产费用(月初在产品成本加上本月发生的生产费用)中减去月末在产品生产成本，余额为本月完工产品生产成本。其具体计算公式如下：

在产品直接材料定额成本=在产品数量×直接材料单位定额成本

在产品直接人工或制造费用定额成本=在产品定额工时×直接人工或制造费用单位工时定额成本

这种方法简化了生产费用在完工产品与月末在产品之间的分配，将在产品实际成本中脱离其定额成本的差异全部计入了当期完工产品成本。因此，适用于定额管理基础比较好，各项消耗定额或费用定额比较准确、稳定，而且各月在产品数量变化不大的产品。在这种情况下，在产品定额成本比较准确，实际成本与之差异不大，不计算月末在产品成本差异而将其全部计入完工产品成本，对成本计算的影响也不是很大。

【例3-34】南方工厂生产甲产品，20××年×月末在产品200件，完工产品800件，原材料于生产开始时一次投入，在产品原材料单位定额20元，定额工时2 200小时，人工费用单位工时定额1.8元，制造费用单位工时定额0.9元。本月月初在产品成本27 000元，其中直接材料12 000元，直接人工8 000元，制造费用7 000元；本月发生的生产费用87 720元，其中直接材料42 720元，直接人工28 000元，制造费用17 000元。根据上述资料，计算甲产品本月完工产品和月末在产品成本。

月末在产品成本(定额成本)：

直接材料 = 200 × 20 = 4 000(元)

直接人工 = 2 200 × 1.8 = 3 960(元)

制造费用 = 2 200 × 0.9 = 1 980(元)

本月完工产品成本：

直接材料 = 12 000 + 42 720 − 4 000 = 50 720(元)

直接人工 = 8 000 + 28 000 − 3 960 = 32 040(元)

制造费用 = 7 000 + 17 000 − 1 980 = 22 020(元)

根据上述计算结果，编制产品成本计算单如表3-73所示。

表3-73　产品成本计算单

产品名称：甲　　　　　　　20××年×月　　　　　　　金额单位：元

项　目	直接材料	直接人工	制造费用	合　计
月初在产品成本	12 000	8 000	7 000	27 000
本月发生生产费用	42 720	28 000	17 000	87 720
生产费用合计	54 720	36 000	24 000	114 720
完工产品数量/件	800	800	800	800
月末在产品数量/件	200	200	200	200
直接材料单位定额成本	20			
月末在产品定额工时/小时		2 200	2 200	
单位工时定额成本		1.8	0.9	
完工产品总成本	50 720	32 040	22 020	104 780
完工产品单位成本	63.4	40.05	27.53	130.98
月末在产品成本	4 000	3 960	1 980	9 940

根据表3-73产品成本计算单，编制结转本月完工入库产品成本的会计分录如下。

借：库存商品　　　　　　　　　　　　　　　104 780

　　贷：生产成本——基本生产成本——直接材料　　50 720

　　　　　　　　　　　　　　　——直接人工　　32 040

　　　　　　　　　　　　　　　——制造费用　　22 020

(七) 定额比例法

定额比例法是产品的生产费用按照完工产品和月末在产品的定额消耗量或定额费用的比

例分配计算完工产品成本和月末在产品成本的方法。在计算中，是分成本项目计算的，其中，原材料费用按照原材料定额消耗量或原材料定额费用比例分配，直接人工和制造费用等其他费用可以按各自的定额费用比例分配，也可以按定额工时的比例分配。

这种方法适用于定额管理基础较好，各项消耗定额或费用定额比较准确、稳定，各月末在产品数量变动较大的产品。这种情况下，虽然定额资料比较准确，月初在产品与月末在产品费用脱离定额的差异都不会很大，但在各月末在产品数量变动较大的情况下，这两个差异之间的差额会较大，如果仍采用在产品按定额成本计价法，这一差额将会全额计入完工产品成本，从而影响完工产品成本计算的准确性。定额比例法具体计算公式如下：

原材料费用分配率=

$$\frac{月初在产品原材料费用+本月发生的原材料费用}{完工产品原材料定额消耗量(费用)+月末在产品原材料定额消耗量(费用)}$$

完工产品应分配的原材料费用＝完工产品原材料定额消耗量(费用)×原材料费用分配率

月末在产品应分配的原材料费用＝月末在产品原材料定额消耗量(费用)×原材料费用分配率

或　月末在产品应分配的原材料费用＝月初在产品原材料费用＋本月发生的原材料费用－完工产品分配的原材料费用

$$其他费用分配率=\frac{月初在产品其他费用+本月发生的其他费用}{完工产品定额工时+月末在产品定额工时}$$

完工产品应分配的其他费用＝完工产品定额工时×其他费用分配率

月末在产品应分配的其他费用＝月末在产品定额工时×其他费用分配率

或

月末在产品应分配的其他费用=月初在产品其他费用+本月发生的其他费用－完工产品分配的其他费用

温馨提示：

① 这里的其他费用是指除原材料费用以外的直接人工费用、燃料和动力费用、制造费用等其他成本项目。

② 上述公式中提及的完工产品或月末在产品原材料定额消耗量(费用)、定额工时是根据完工产品或月末在产品的实际数量乘以单位完工产品或在产品原材料消耗量(费用)定额、工时定额计算得到的，而不是指单位完工产品或在产品原材料消耗量(费用)定额、工时定额。

【例3-35】 南方工厂生产的主要产品丙产品是定型产品，有比较健全的定额资料和定额管理制度。丙产品单位产品原材料消耗定额为220元，工时消耗定额为30小时。丙产品本月完工2 000件。月末盘点停留在各工序的在产品为300件，其中，第一道工序在产品为80件，单位在产品原材料消耗定额为132元，工时消耗定额为6小时；第二道工序在产品为120件，单

位在产品原材料消耗定额为 198 元, 工时消耗定额为 16.5 小时; 第三道工序在产品为 100 件, 单位在产品原材料消耗定额为 220 元, 工时消耗定额为 25.5 小时。根据“产品成本计算单(产品生产成本明细账)”的资料, 丙产品月初在产品成本为 131 997 元, 其中, 直接材料为 69 720 元, 直接人工为 27 675 元, 制造费用为 34 602 元; 本月发生生产费用为 799 890 元, 其中, 直接材料为 426 600 元, 直接人工为 178 190 元, 制造费用为 195 100 元。根据上述资料, 丙产品本月完工产品和月末在产品的总定额可以计算如下:

(1) 本月完工产品总定额

原材料消耗总定额 $= 220 \times 2\,000 = 440\,000$(元)

工时消耗总定额 $= 30 \times 2\,000 = 60\,000$(小时)

(2) 月末在产品总定额

原材料消耗总定额 $= 80 \times 132 + 120 \times 198 + 100 \times 220 = 56\,320$(元)

工时消耗总定额 $= 80 \times 6 + 120 \times 16.5 + 100 \times 25.5 = 5\,010$(小时)

(3) 计算费用分配率

采用定额比例法, 既可以按原材料定额消耗量、工时定额消耗量分配费用, 又可以按各成本项目的定额成本分配费用。因此, 费用分配率的计算公式可以有多种, 但基本计算公式为:

$$某成本项目费用分配率 = \frac{该成本项目生产费用合计数}{本月完工产品总定额 + 月末在产品总定额}$$

根据资料, 南方工厂丙产品各成本项目的费用分配率可以计算如下:

$$直接材料 = \frac{69\,720 + 426\,600}{440\,000 + 56\,320} = 1$$

$$直接人工 = \frac{27\,675 + 178\,190}{60\,000 + 5\,010} = 3.166\,7$$

$$制造费用 = \frac{34\,602 + 195\,100}{60\,000 + 5\,010} = 3.533\,3$$

直接材料项目费用分配率分母为定额成本, 分子为实际成本, 计算结果表示实际材料费用占定额材料费用的百分比。本例计算结果为 1(100%), 说明丙产品实际材料费用正好符合定额。直接人工和制造费用项目的费用分配率都是按定额工时消耗总量计算的, 它表明丙产品每一定额工时实际分配的直接人工费用为 3.166 7 元, 制造费用为 3.533 3 元。

(4) 计算月末在产品成本和本月完工产品成本

费用分配率是按成本项目计算的, 月末在产品和本月完工产品成本也应按成本项目分别计算:

月末 300 件在产品成本:

直接材料项目 $= 56\,320 \times 1 = 56\,320$(元)

直接人工项目 $= 5\,010 \times 3.166\,7 = 15\,865$(元)

制造费用项目 $= 5\,010 \times 3.533\,3 = 17\,702$(元)

月末在产品总成本 = 56 320 + 15 865 + 17 702 = 89 887(元)

本月完工 2 000 件产品成本:

直接材料项目 = 440 000 × 1 = 440 000(元)

　　　　　　 = 69 720 + 426 600 - 56 320 = 440 000(元)

直接人工项目 = 60 000 × 3.1667 = 190 000(元)

　　　　　　 = 27 675 + 178 190 - 15 865 = 190 000(元)

制造费用项目 = 60 000 × 3.5333 = 212 000(元)

　　　　　　 = 34 602 + 195 100 - 17 702 = 212 000(元)

本月完工产品总成本 = 440 000 + 190 000 + 212 000 = 842 000(元)

本月完工产品单位成本 = 842 000 ÷ 2 000 = 421(元)

上述成本计算过程在丙产品"产品成本计算单"中的登记见表 3-74。

表 3-74　南方工厂产品成本计算单

摘　要	成本项目			
	直接材料	直接人工	制造费用	合　计
月初在产品成本	69 720	27 675	34 602	131 997
本月生产费用	426 600	178 190	195 100	799 890
生产费用合计	496 320	205 865	229 702	931 887
本月完工产品总定额	440 000	60 000	60 000	
月末在产品总定额	56 320	5 010	5 010	
定额合计	496 320	65 010	65 010	
费用分配率	1	3.166 7	3.533 3	
完工产品总成本	440 000	190 000	212 000	842 000
完工产品单位成本	220	95	106	421
月末在产品成本	56 320	15 865	17 702	89 887

(5) 编制入库产品成本

根据表 3-74 成本计算单,编制结转本月完工入库产品成本的会计分录如下。

借: 库存商品——丙产品　　　　　　　　　　842 000

　贷: 生产成本——基本生产成本——丙产品　　　　842 000

任务小结

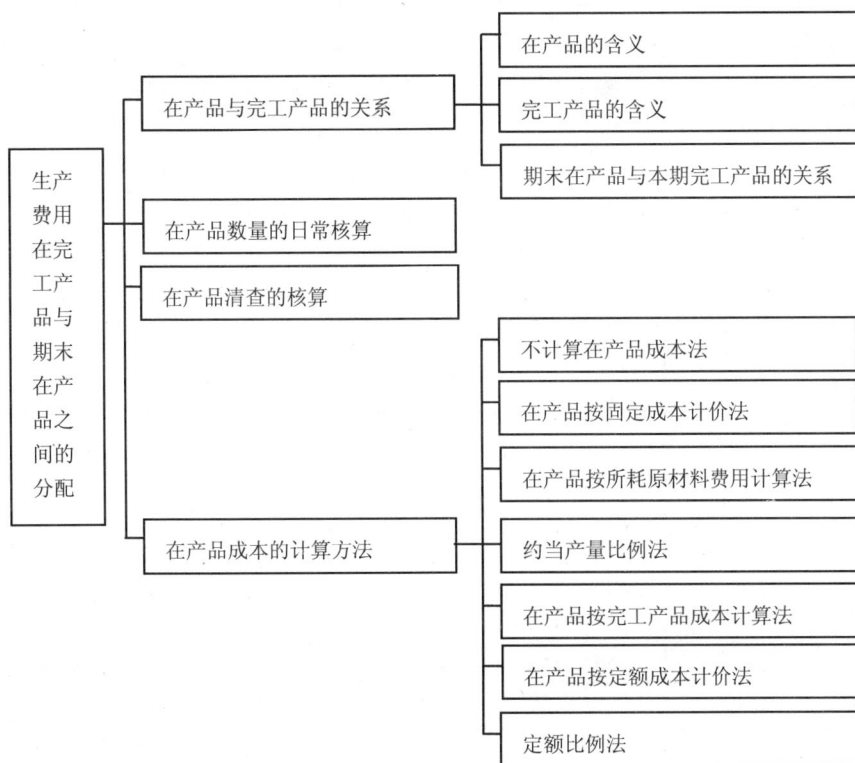

任务解析

通过上面【知识与技能】的学习，我们可以完成【任务引入】中的工作任务，编制甲、乙产品成本计算单如表 3-75 及表 3-76 所示。

表 3-75 产品成本计算单

产品名称：甲 　　　　　　　　　　　　20××年 8 月　　　　　　　　　　　　单位：元

摘　　要	直接材料	直接人工	制造费用	废品损失	合　　计
月初在产品成本	4 400	1 600	1 760		7 760
材料费用分配汇总表	43 000				43 000
人工费用分配汇总表		12 312			12 312
辅助生产费用分配表	6 151.86				6 151.86
制造费用分配表			13 896		13 896
废品损失明细账				755.6	755.6
本月发生生产费用合计	49 151.86	12 312	13 896	755.6	76 115.46
生产费用总计	53 551.86	13 912	15 656	755.6	83 875.46
完工产品数量/件	1 400	1 400	1 400	1 400	
月末在产品约当量/件	300	240	240	0	

(续表)

摘　要	直接材料	直接人工	制造费用	废品损失	合　计
生产量合计/件	1 700	1 640	1 640	1400	
费用分配率	31.5	8.48	9.55	0.54	
完工产品总成本	44 100	11 872	13 370	755.6	70 097.6
完工产品单位成本	31.5	8.48	9.55	0.54	50.07
月末在产品成本	9 451.86	2 040	2 286	0	13 777.86

表 3-76　产品成本计算单

产品名称：乙　　　　　　　　　　　20××年8月　　　　　　　　　　　单位：元

摘　要	直接材料	直接人工	制造费用	合　计
材料费用分配汇总表	25 000			25 000
人工费用分配汇总表		8 208		8 208
辅助生产费用分配表	5 529.76			5 529.76
制造费用分配表			9 264	9 264
生产费用合计	30 529.76	8 208	9 264	48 001.76
完工产品数量/件	1 000	1 000	1 000	1 000
完工产品总成本	30 529.76	8 208	9 264	48 001.76
完工产品单位成本	30.53	8.21	9.26	48

根据甲、乙产品成本计算单，编制如下会计分录。

借：库存商品——甲产品　　　　　　　　　70 097.60
　　　　　　　——乙产品　　　　　　　　　48 001.76
　　贷：生产成本——基本生产成本——甲产品　70 097.60
　　　　　　　　　　　　　　　——乙产品　48 001.76

任务实施

1. 在全面理解掌握【知识与技能】的基础上，各小组同学独立完成【技能训练】相关内容。

2. 各小组成员遵循实事求是、认真负责的原则，按照【任务评价】进行组内互评打分。

任务评价

为了考核学生对【任务六】的理解程度，特制定了任务考核评价表(见表 3-77)，主要考核学生对生产费用在完工产品与期末在产品之间的分配方法的掌握程度。

表 3-77 任务考核评价表

生产费用在完工产品与期末在产品之间的分配

	内　　容	分　　值	得　　分
考评标准	不计算在产品成本法	10	
	在产品按固定成本计算法	10	
	在产品按所耗原材料费用计算法	10	
	约当产量比例法	20	
	在产品按完工产品成本计算法	10	
	在产品按定额成本计算法	20	
	定额比例法	20	
合　　计		100	

注：考评满分为 100 分，60～70 分为及格；71～80 分为中等；81～90 分为良好；91 分以上为优秀。

技能训练

一、单项选择题

1. 某产品经过 3 道工序连续加工制成，3 道工序的工时定额分别为 5 小时、3 小时和 2 小时，各工序在产品的完工程度均为 50%，则该种产品在第二道工序在产品的完工率为(　　)。

　　A. 80%　　　　　　B. 40%　　　　　　C. 65%　　　　　　D. 90%

2. 在各工序在产品数量和单位产品在各工序的加工程度相差不大的情况下，全部在产品的完工程度均可按(　　)计算。

　　A. 25%　　　　　　B. 50%　　　　　　C. 75%　　　　　　D. 100%

3. 下列方法中不属于完工产品与月末在产品之间分配费用的方法是(　　)。

　　A. 约当产量比例法　　　　　　B. 不计算在产品成本法

　　C. 年度计划分配率分配法　　　D. 定额比例法

4. 产品所耗原材料费用在生产开始时一次投料，其完工产品与月末在产品的原材料费用，应按完工产品和月末在产品的下列比例分配计算(　　)。

　　A. 所耗原材料数量　　　　　　B. 在产品约当产量

　　C. 在产品数量之半　　　　　　D. 完工产品与在产品数量

5. 如果原材料随着生产进度分次投入，在每道工序中则是一开始就投入。假设有两道工序，第一工序投入 120 千克，第二工序投入 80 千克，则第二工序投料率是(　　)。

　　A. 30%　　　　　　B. 15%　　　　　　C. 80%　　　　　　D. 100%

二、多项选择题

1. 采用约当产量比例法，必须正确计算在产品的约当产量，而在产品约当产量正确与否，取决于在产品完工程度的测定，测定在产品完工程度(完工率)的方法有(　　)。

　　A. 定额工时

　　B. 按 50%平均计算各工序完工率(完工程度)

C. 分工序分别计算完工率(完工程度)

D. 按定额比例法计算

2. 选择生产费用在完工产品与在产品之间分配的方法时,应考虑的因素有(   )。

   A. 在产品数量的多少

   B. 各月在产品数量变化的大小

   C. 各项费用比重的大小

   D. 定额管理基础的好坏

3. 在某种产品月初、月末在产品数量不同的情况下,某月份计算产品成本时,能够使本月发生的费用等于本月完工产品成本的方法是(   )。

   A. 不计算在产品成本的方法

   B. 在产品成本按年初在产品成本计算的方法

   C. 约当产量法

   D. 定额成本法

4. 完工产品与在产品之间分配费用,采用在产品按固定成本计价法,适用于(   )的产品。

   A. 各月末在产品数量很大

   B. 各月末在产品数量较小

   C. 各月末在产品数量变化较大

   D. 各月末在产品数量虽大,但各月之间变化不大

5. 广义的在产品包括(   )。

   A. 正在车间加工中的产品

   B. 完工入库的自制半成品

   C. 已完工但尚未验收入库的产成品

   D. 已完工且验收入库的产成品

三、判断题

1. 由于完工程度不同,完工产品与月末在产品的各项加工费用不能直接按其生产数量比例计算分配,而应按约当产量比例计算分配。 (   )

2. 采用在产品按定额成本计价法时,月末在产品的定额成本与实际成本的差异,全部由完工产品成本负担。 (   )

3. 各月末在产品数量变化不大的产品,可以不计算月末在产品成本。 (   )

4. 定额比例法与定额成本计价法的适用条件是一致的。 (   )

5. 全部产品都需要经过生产费用在完工产品与月末在产品之间分配,才能计算出完工产品的成本。 (   )

四、计算分析题(计算结果保留两位小数)

1. 【目的】练习在产品按所耗原材料费用计价法。

【资料】某企业乙产品的原材料在生产开始时一次投料,产品成本中原材料费用所占比重很大,月末在产品按所耗原材料费用计价。5月份月初在产品费用2 800元。5月份生产费用:原材料费用12 200元,燃料和动力费用4 000元,工资和福利费2 800元,制造费用800元。本月完工产品400件,月末在产品200件。

【要求】分配计算乙产品完工产品成本和月末在产品成本。

2. 【目的】练习在产品完工率(投料率)的计算。

【资料】某产品经两道工序制成,各工序原材料消耗定额为:第1工序260千克,第2工序140千克。

【要求】(1) 计算各工序完工率(原材料在各该工序生产开始时一次投料的完工率，即投料率)；

(2) 计算各工序完工率(原材料在各该工序生产开始后陆续投料的完工率，即投料率)。

3. 【目的】练习约当产量比例法。

【资料】某企业生产甲产品由三道工序制成，原材料在生产开始时一次投入。单位产品工时定额为 40 小时，第 1 工序工时定额为 8 小时，第 2 工序工时定额为 16 小时，第 3 工序工时定额为 16 小时，各道工序在产品加工程度均按 50%计算。本月甲产品完工 200 件，各工序在产品数量：第 1 工序 20 件，第 2 工序 40 件，第 3 工序 60 件。月初在产品及本月生产费用累计为：原材料费用 16 000 元；工资及福利费 7 980 元，制造费用 8 512 元。

【要求】(1) 分工序计算完工率；

(2) 分工序计算在产品约当产量；

(3) 计算费用分配率；

(4) 计算完工产品费用和月末在产品费用；

(5) 编制完工产品入库的会计分录。

4. 【目的】练习约当产量比例法。

【资料】某企业基本生产车间生产甲产品，经三道工序加工完成，原材料在生产开始后陆续投入，其投入程度与产品加工进度不一致。该产品 20××年 9 月初在产品成本为 572 380 元，其中直接材料 388 900 元，直接人工 78 630 元，制造费用 104 850 元；本月发生生产费用 1 182 620 元，其中直接材料 907 460 元，直接人工 117 930 元，制造费用 157 230 元。各工序材料消耗定额和工时定额及在产品数量如表 3-78 所示。

表 3-78　各工序基本情况汇总

工序	本工序原材料消耗定额/千克	本工序工时定额/小时	本工序月末在产品数量/件
1	200	100	200
2	160	60	200
3	140	40	100
合计	500	200	500

本月完工产品 230 件，各工序在产品完工程度均为 50%。

【要求】(1) 编制在产品约当产量计算表(按各成本项目分别计算)，如表 3-79、表 3-80 所示。

(2) 编制甲产品成本计算单(约当产量法)，如表 3-81 所示。

表 3-79　在产品直接材料约当产量计算表

产品：　　　　　　　　　　　　　　　　年　月

工序	本工序材料消耗定额	本工序累计材料消耗定额	本工序在产品投料率	在产品数量/件	在产品约当产量/件
1					
2					
3					
合计					

表 3-80　在产品直接人工和制造费用约当产量计算表

产品：　　　　　　　　　　　　　　　年　　月

工序	本工序工时定额	在产品在本工序的完工程度	本工序累计工时定额	本工序在产品完工率	在产品数量/件	在产品约当产量/件
1						
2						
3						
合计						

表 3-81　产品成本计算单

产品：　　　　　　　　　　　　　年　　月　　　　　　　　　　　单位：元

摘　　要	直接材料	直接人工	制造费用	合　　计
月初在产品成本				
本月发生生产费用				
生产费用合计				
完工产品数量/件				
月末在产品约当产量/件				
生产量合计/件				
费用分配率				
完工产品总成本				
完工产品单位成本				
月末在产品成本				

5. 【目的】练习约当产量比例法。

【资料】华德公司生产的 A 产品，本月完工 360 台，月末在产品 80 台，完工程度为 50%，原材料在生产开始时一次投入，A 产品的月初在产品成本和本月发生的生产费用之和如表 3-82 所示，假定本月份发生的废品损失全部由完工产品负担。

表 3-82　A 产品成本资料

单位：元

产品名称	成本项目	金　　额
A 产品	直接材料	13 200
	直接人工	2 000
	制造费用	7 400
	废品损失	900
合　　计		23 500

【要求】采用约当产量法按成本项目计算本月完工产品和月末在产品成本。

6. 【目的】练习月末在产品按定额成本计算。

【资料】某企业生产乙产品，由 A、B 两种零件各一件制成。单件零件的原材料费用定额为：A 零件 6 元，B 零件 7 元。原材料在零件投产时一次投料，该产品各工序工时定额和月末在产品数量见表 3-83。

表 3-83　乙产品在产品数量表

零件名称	所在工序号	本工序工时定额	在产品数量(件)
A	1	2	150
	2	2	100
	3	1	200
	小　计	5	450
B	1	1	400
	2	4	250
	小　计	5	650

　　每道工序在产品的累计工时定额，按上一道工序累计工时定额加本工序工时定额的 50%计算。每小时费用定额：工资及福利费 1.50 元，制造费用 2 元。单件乙产品原材料费用定额为13 元，工时定额 10 小时。完工乙产品 500 件。该产品月初和本月生产费用见表 3-84。

表 3-84　乙产品生产费用表

项　　目	原材料	工资及福利费	制造费用	合　　计
月初在产品 (定额成本)	5 180	2 680	3 440	11 300
本月生产费用	14 188	6 980	9 340	30 508

　　【要求】(1) 计算月末在产品原材料费用定额、各工序累计工时定额和月末在产品定额工时；

　　(2) 计算月末在产品的定额工资费用和制造费用；

　　(3) 计算分配月末在产品定额成本和完工产品的制造成本，登记乙产品成本明细账。

　　7. 【目的】练习定额比例法。

　　【资料】某企业生产乙产品。6 月初在产品费用为：直接材料 1 400 元，直接人工 600 元，制造费用 2 000 元。本月发生费用为：直接材料 8 200 元，直接人工 3 000 元，制造费用 1 000元。完工产品 400 件，单件直接材料费用定额 20 元，单件工时定额 1.25 小时。月末在产品 100件，单件原材料费用定额 20 元，工时定额 1 小时。

　　【要求】采用定额比例法分配计算完工产品与月末在产品成本。

实战模拟

　　【目的】练习在产品按定额成本计价法和定额比例法。

　　【资料】某企业生产丙产品，经过两道工序连续加工制成，本月完工 150 件，原材料在生产开始时一次投入。单件产品原材料费用定额为 20 元，工时定额 10 小时。每小时费用定额为：工资及福利费 5 元，制造费用 2 元。第一和第二道工序的工时定额分别为 6 小时、4 小时；月末在产品数量分别为 100 件、50 件。各道工序在产品的加工程度均按 50%计算。丙产品月初和本月的生产费用总额为 150 100 元，其中原材料 95 000 元，工资及福利费 28 500 元，制造费用 26 600 元。

　　【要求】分别采用在产品按定额成本计价法和定额比例法计算完工产品与月末在产品成本(计算结果保留四位小数)。

第二部分
产品成本核算方法

○ 项目四 产品成本核算的品种法

○ 项目五 产品成本核算的分批法

○ 项目六 产品成本核算的分步法

○ 项目七 产品成本核算的分类法

○ 项目八 产品成本核算的定额法

项目四　产品成本核算的品种法

能力目标

1. 能够根据企业特点和管理要求选择成本计算方法。
2. 能够运用品种法进行产品成本的计算和账务处理。
3. 能够正确进行完工产品成本的结转工作。

知识目标

1. 了解品种法的概念和适用范围。
2. 熟悉品种法的特点和核算程序。
3. 掌握品种法的应用，能正确编制产品成本计算单和各种费用分配表，正确计算各种产品总成本和单位成本。

素质目标

1. 遵守法律、法规和国家统一的会计制度，进行成本核算。
2. 具备团队精神，互相帮助完成学习任务。
3. 具有良好的职业态度，无旷课、认真完成任务，无抄袭。
4. 具有敬业精神，工作有始有终，能正确面对困难和曲折。

项目引入

童乐糖果厂是大量大批单步骤生产的小型企业。设有一个基本生产车间和供电、供气两个辅助生产车间，大量生产奶糖和果味糖两种产品。根据生产特点和管理要求，企业采用品种法计算产品成本。

童乐糖果厂以生产的奶糖和果味糖两种主要产品为成本核算对象。由于只有一个基本生产车间，因而"生产成本"总分类账户下无须设置基本生产成本和辅助生产成本二级账，而是直接按奶糖和果味糖两种产品设置产品成本明细账,按供电车间、供气车间设置辅助生产费用明细账。"制造费用"总分类账户只按基本生产车间设一个明细账,辅助生产车间发生的制造费用不通过"制造费用"账户核算,而是直接记入"生产成本"下的相应账户,发生的其他直接费用(产品生产用电费和气费)归入"直接材料"项目中统一核算。

该厂20××年10月份有关的成本计算资料如下。

1. 月初在产品成本

奶糖月初在产品成本为40 008元,其中,直接材料20 400元,直接人工为12 320元,制造费用为7 288元,果味糖没有月初在产品。

2. 本月生产数量

基本生产车间奶糖本月实际生产工时为40 500小时,本月完工800千克,在生产过程中发现可修复废品2千克,实际耗用工时180小时。月末在产品400千克,在产品原材料已全部投入,加工程度为50%。果味糖本月实际生产工时为27 000小时,本月完工500千克,月末没有在产品。

供电车间本月供电306 000度,其中,供气车间消耗30 000度,基本生产车间产品生产消耗200 000度,基本生产车间一般消耗10 000度,行政管理部门消耗66 000度。

供气车间本月供应蒸汽14 500立方米,其中,供电车间消耗1 000立方米,基本生产车间一般消耗10 000立方米,行政管理部门消耗3 500立方米。

3. 本月发生生产费用

(1) 本月"发出材料汇总表"见表4-1。

表4-1　发出材料汇总表

20××年10月

单位:元

领料用途	直接领用原料	共同耗用原料	燃料	耗料合计
产品生产直接耗用	300 000	60 000		360 000
其中:奶糖	200 000			
果味糖	100 000			
基本生产车间一般消耗			4 000	4 000
供电车间消耗			62 000	62 000
供气车间消耗			10 000	10 000
行政管理部门消耗			6 000	6 000
废品损失(奶糖)	3 000			3 000
合　　计	303 000	60 000	82 000	445 000

(2) 本月"应付工资、福利费、工会经费、教育经费和社会保险汇总表"见表4-2。

表4-2　工资及计提福利费汇总表

20××年10月　　　　　　　　　　　　　　单位：元

人员类别	应付工资	福利费	工会经费	职工教育经费	社会保险费	合　计
产品生产工人	270 000	2 700	5 400	4 050	25 650	307 800
供电车间人员	10 000	100	200	150	950	11 400
供气车间人员	12 000	120	240	180	1 140	13 680
基本生产车间管理人员	8 000	80	160	120	760	9 120
行政管理人员	30 000	300	600	450	2 850	34 200
废品损失(奶糖)	200	2	4	3	19	228
合　计	330 200	3 302	6 604	4 953	31 369	376 428

(3) 本月应提折旧费51 000元，其中，基本生产车间30 000元，供电车间7 000元，供气车间6 000元，行政管理部门8 000元。

(4) 本月以现金支付的费用为10 000元，其中，基本生产车间差旅费2 000元，办公费3 400元；供电车间办公费600元，供气车间办公费800元，行政管理部门办公费600元，差旅费2 600元。

(5) 本月以银行存款支付的费用为72 000元，其中：基本生产车间水费2 000元，办公费1 000元；供电车间外购电力和水费40 000元；供气车间水费20 000元，办公费2 000元；行政管理部门办公费2 800元，差旅费4 000元，招待费200元。

(6) 辅助生产费用的分配采用计划成本法。辅助生产车间计划单位成本每度电为0.4元，水蒸气每立方米为4.6元，成本差异计入"管理费用"。产品生产用电费按生产工时比例进行分配。采用生产工时分配法分配制造费用并编制基本生产车间制造费用分配表；采用约当产量比例法计算本月完工品和月末在产品成本；编制结转奶糖、果味糖完工产品成本的会计分录。

项目分析

本项目要求我们运用产品成本核算的品种法计算甲、乙两种产品的实际总成本和单位成本。根据前面所学习的知识，我们知道品种法适用于大量、大批、单步骤生产企业或者大量、大批、多步骤生产，但管理上不要求分步计算成本的企业。具体核算时以产品品种为成本计算对象，归集和分配生产费用，最终计算出各种产品的实际总成本和单位成本。

以下内容是完成本项目所必须掌握的知识，让我们开始【知识与技能】的学习吧！

知识与技能

任务一 认识品种法

一、品种法的含义

品种法(variety method)是指以产品品种为成本计算对象，归集和分配生产费用，计算出各种产品的实际总成本和单位成本的一种方法。

二、品种法的特点

1. 以产品品种为成本计算对象开设成本计算单或设置生产成本明细账

在运用品种法进行成本计算的企业，如果该企业仅生产一种产品，只需以该种产品作为成本计算对象，开设一张成本计算单，并按成本项目开设专栏，生产过程中发生的各项费用都是直接费用，可直接计入产品成本计算单中的相关成本项目中。如果企业生产几种产品，则需按产品品种分别作为成本计算对象，开设若干张成本计算单。生产过程中直接为某一产品品种所发生的费用，直接记入该种产品成本计算单中的相关成本项目；几种产品共同发生的费用在采用一定的方法分配后再计入各种产品成本计算单中的相关成本项目。

2. 成本计算定期按月进行，与生产周期不一致

也就是说，成本计算期为一个月，每月月末计算产品成本，这使得成本计算期与会计报告期相一致，与生产周期不一致。因为在大批量生产的企业，由于生产是连续不断进行的，不可能在产品完工时立即进行成本计算，只能定期计算产品成本。

3. 月末，生产费用一般需在完工产品和月末在产品之间进行分配

由于成本计算按月进行，月末往往存在较多的在产品，需要计算其成本。应将各成本计算单中归集的生产费用合计数在完工产品和月末在产品之间进行分配，分别计算出完工产品和月末在产品成本。

三、品种法的适用范围

如前所述，品种法适用于大量、大批、单步骤生产企业或者大量、大批、多步骤生产，但管理上不要求分步计算成本的企业。具体如下：

(1) 大批、大量的单步骤生产企业，如采煤、化工等大量地、重复地生产一种或很少几种产品的企业；

(2) 大批、大量的多步骤生产，自制半成品不出售，而且管理上也不要求分步骤计算产品成本的企业，如糖果、饼干、小型水泥厂、造纸厂和砖瓦厂等；

(3) 为基本生产车间提供工具、模具及劳务的一些辅助生产车间，如供水、供电、模具等辅助生产车间。

任务二 品种法具体应用

一、品种法核算程序

按照产品的品种计算成本，是成本管理对各种成本计算方法最一般的要求，因此成本核算的一般程序也就是品种法的成本核算程序。项目二已经介绍了产品成本核算的一般程序：对企业的各项费用和支出进行审核和控制→将产品生产费用和期间费用归属于恰当的期间→将产品生产费用在各种产品之间进行归集和分配→将产品生产费用在完工产品和期末在产品之间进行分配。将上述一般程序用会计语言表达就表现为以下七个步骤(项目三中任务一至任务六所论述的内容)：

(1) 按照产品品种开设产品成本计算单或生产成本明细账；

(2) 编制各要素费用分配表；

(3) 编制记账凭证并登记相关明细账；

(4) 分配辅助生产费用；

(5) 分配基本生产车间制造费用；

(6) 结转废品损失；

(7) 计算完工产品成本。

二、品种法具体应用

(一) 按照产品品种开设产品成本计算单或生产成本明细账

根据企业生产特点和成本管理要求，童乐糖果厂主要设置"生产成本——奶糖"和"生产成本——果味糖"两个产品成本明细账，用来归集两种主要产品成本；"生产成本——供电车间"及"生产成本——供气车间"两个明细账用来核算辅助生产车间成本。设置"制造费用——基本生产车间"明细账，用来核算基本生产车间发生的制造费用。辅助生产车间发生的制造费用直接通过"生产成本——供电车间""生产成本——供气车间"核算。

(二) 编制各要素费用分配表并做出记账凭证

1. 直接材料费

根据本月"发出材料汇总表"可知，生产奶糖、果味糖共同消耗原材料60 000元，按直接材料费用比例分配如下：

直接材料费分配率 = 60 000/(200 000 + 100 000) = 0.2，具体分配结果见表4-3。

表 4-3 　直接材料费用分配表

20×× 年 10 月 　　　　　　　　　　　　　　　　　　　　　　　　　　　单位：元

产　　品	直接材料	分配率	分配共同材料	耗料合计
奶糖	200 000		40 000	240 000
果味糖	100 000		20 000	120 000
合　　计	300 000	0.2	60 000	360 000

相关账务处理如下：(记账凭证 1#)

借：生产成本——奶糖　　　　　　　　　　240 000

　　　　　　——果味糖　　　　　　　　　120 000

　　　　　　——供电车间　　　　　　　　 62 000

　　　　　　——供气车间　　　　　　　　 10 000

　　制造费用——基本生产车间　　　　　　　4 000

　　管理费用　　　　　　　　　　　　　　　6 000

　　废品损失——奶糖　　　　　　　　　　　3 000

　　贷：原材料　　　　　　　　　　　　　445 000

2. 直接人工费用

根据本月"应付工资、福利费、工会经费、教育经费和社会保险汇总表"可知，本月产品生产工人工资合计 307 800 元，应分配计入奶糖、果味糖产品成本。

工资费用分配率=307 800/67 500=4.56，分配结果见表 4-4。

表 4-4 　直接人工费用分配表

20××年 10 月 　　　　　　　　　　　　　　　　　　　　　　　　　　　单位：元

产　　品	生产工时	工资、福利及其他费用分配	
		分配率	分配金额
奶糖	40 500		184 680
果味糖	27 000		123 120
合　　计	67 500	4.56	307 800

相关账务处理如下：(记账凭证 2#)

借：生产成本——奶糖　　　　　　　　　　184 680

　　　　　　——果味糖　　　　　　　　　123 120

　　　　　　——供电车间　　　　　　　　 11 400

　　　　　　——供气车间　　　　　　　　 13 680

　　制造费用——基本生产车间　　　　　　　9 120

　　管理费用　　　　　　　　　　　　　　 34 200

　　废品损失——奶糖　　　　　　　　　　　　 228

> 贷：应付职工薪酬——工资　　　　　　　330 200
> 　　　　　　　　——福利费　　　　　　　3 302
> 　　　　　　　　——工会经费　　　　　　6 604
> 　　　　　　　　——职工教育经费　　　　4 953
> 　　　　　　　　——社会保险费　　　　　31 369

3. 计提折旧费相关账务处理如下：(记账凭证 3#)

　借：生产成本——供电车间　　　　　　　　7 000
　　　　　　　　——供气车间　　　　　　　　6 000
　　　制造费用——基本生产车间　　　　　　30 000
　　　管理费用　　　　　　　　　　　　　　8 000
　　贷：累计折旧　　　　　　　　　　　　　51 000

4. 现金支付费用相关账务处理如下：(记账凭证 4#)

　借：生产成本——供电车间　　　　　　　　600
　　　　　　　　——供气车间　　　　　　　　800
　　　制造费用——基本生产车间　　　　　　5 400
　　　管理费用　　　　　　　　　　　　　　3 200
　　贷：库存现金　　　　　　　　　　　　　10 000

5. 银行存款支付费用相关账务处理如下：(记账凭证 5#)

　借：生产成本——供电车间　　　　　　　　40 000
　　　　　　　　——供气车间　　　　　　　　22 000
　　　制造费用——基本生产车间　　　　　　3 000
　　　管理费用　　　　　　　　　　　　　　7 000
　　贷：银行存款　　　　　　　　　　　　　72 000

(三) 登记相关的明细账

将上述记账凭证(1#～5#)分别登记在相关的明细账中，见表4-5、表4-6、表4-9、表4-11、表4-12和表4-13。

(四) 分配辅助生产费用

本期发生的全部辅助生产费用已经按车间分别记入"辅助生产成本明细账"见表 4-5 及表 4-6。月末，根据采用计划成本法将供电车间和供汽车间发生的全部辅助生产费用分配给各受益单位，编制辅助生产成本分配表(见表 4-7)。

表 4-5　辅助生产成本明细账(供电车间)

生产单位：供电车间　　　　　　　　　　　　　　　　　　　　　　　　　　　　　　单位：元

摘　　要	费用项目			合　　计
	直接人工	燃料和外购动力	其他费用	
分配材料(1#)		62 000		62 000
分配人工费(2#)	11 400			11 400

(续表)

摘　　要	费用项目			合　　计
	直接人工	燃料和外购动力	其他费用	
本月折旧(3#)			7 000	7 000
购办公用品(4#)			600	600
付水电费(5#)		40 000		40 000
分配气费(6#)			4 600	4 600
本月发生额	11 400	102 000	12 200	125 600
分配结转(6#)	(11 400)	(102 000)	(12 200)	(125 600)

表 4-6　辅助生产成本明细账(供气车间)

生产单位：供气车间　　　　　　　　　　　　　　　　　　　　　　　　　　　　单位：元

摘　　要	费用项目			合　　计
	直接人工	燃料和外购动力	其他费用	
分配材料(1#)		10 000		10 000
分配人工费(2#)	13 680			13 680
本月折旧(3#)			6 000	6 000
购办公用品(4#)			800	800
付水费(5#)		20 000		20 000
购办公用品(5#)			2 000	2 000
分配电费(6#)		12 000		12 000
本月发生额	13 680	42 000	8 800	64 480
分配结转(6#)	(13 680)	(42 000)	(8 800)	(64 480)

温馨提示：　"辅助生产成本明细账"的登记分为两个阶段：先登记辅助生产成本的发生额；将辅助生产成本分配后再登记辅助生产成本分配转出额。

表 4-7　辅助生产成本分配表(计划成本分配法)

20××年 10 月

项　　目	供电车间		供气车间	
	劳务量/度	金额/元	劳务量/立方米	金额/元
待分配费用		121 000		52 480
劳务供应量	306 000		14 500	
计划单位成本		0.4		4.6
受益单位				
供电车间			1 000	4 600
供气车间	30 000	12 000		
产品生产车间	200 000	80 000		
基本生产车间一般消耗	10 000	4 000	10 000	46 000
管理部门消耗	66 000	26 400	3 500	16 100
按计划成本分配合计	306 000	122 400	14 500	66 700
辅助生产车间实际成本		125 600		64 480
辅助生产车间成本差异		3 200		-2 220

由表 4-7 可知，产品生产车间耗电 80 000 元，应按生产工时比例法分配计入奶糖、果味糖产品成本，具体分配见表 4-8。

表 4-8　产品生产用电分配表
20××年 10 月

产　　品	生产工时/小时	分配率	分配金额
奶糖	40 500		48 000
果味糖	27 000		32 000
合　　计	67 500	1.1852	80 000

根据上述计算结果，相关账务处理如下：(记账凭证 6#)：

借：生产成本——奶糖　　　　　　　　48 000
　　　　　　——果味糖　　　　　　　32 000
　　　　　　——供电车间　　　　　　4 600
　　　　　　——供气车间　　　　　　12 000
　　制造费用——基本生产车间　　　　50 000
　　管理费用　　　　　　　　　　　　43 480
　　贷：生产成本——供电车间　　　　　　125 600
　　　　　　　　——供汽车间　　　　　　64 480

(五) 分配基本生产车间制造费用

根据制造费用明细账(见表 4-9)所归集的制造费用总额，编制制造费用分配表(见表 4-10)，并进行相关账务处理。

表 4-9　制造费用明细账

生产单位：基本生产车间　　　　　　　　　　　　　　　　　　　　　　　　单位：元

摘　　要	费用明细项目						合　　计
	原材料	工资及福利费	折旧费	办公费	水电费	差旅费	
车间耗用材料(1#)	4 000						4 000
工资及福利费(2#)		9 120					9 120
计提折旧费(3#)			30 000				30 000
差旅费(4#)						2 000	2 000
购买办公用品(4#)				3 400			3 400
付水电费(5#)					2 000		2 000
购买办公用品(5#)				1 000			1 000
分配辅助费用(6#)					50 000		50 000
本月发生额	4 000	9 120	30 000	4 400	52 000	2 000	101 520
月末分配结转(7#)	(4 000)	(9 120)	(30 000)	(4 400)	(52 000)	2 000	(101 520)

表4-10 制造费用分配表

20×× 年10月

产 品	生产工时/小时	分配率	分配金额
奶糖	40 500		60 750
果味糖	27 000		40 500
修复废品	180		270
合 计	67 680	1.5	101 520

相关账务处理如下：(记账凭证 7#)

借：生产成本——奶糖   60 750

         ——果味糖   40 500

    废品损失——奶糖   270

  贷：制造费用——基本生产车间   101 520

(六) 结转废品损失

根据上述相关账务处理，登记废品损失明细表账(见表 4-11)，并编制相关的会计分录。

表4-11 废品损失明细账

摘 要	直接材料	直接人工	制造费用	合 计
材料费用(1#)	3 000			3 000
人工费用(2#)		228		228
制造费用(7#)			270	270
转出废品净损失(8#)	(3 000)	(228)	(270)	(3 498)

相关账务处理如下：(记账凭证 8#)

借：生产成本——奶糖   3 498

  贷：废品损失——奶糖   3 498

(七) 计算并结转本月完工产品成本

根据奶糖、果味糖成本计算单所归集的费用，在完工产品与在产品之间进行分配，在产品成本采用约当产量法计算。根据奶糖、果味糖成本计算单所归集的费用，在完工产品与在产品之间进行分配，在产品成本采用约当产量法计算。具体计算过程如下。

(1) 奶糖约当产量

直接材料项目：$400 \times 100\% = 400$(千克)

直接人工、制造费用项目：$400 \times 50\% = 200$(千克)

(2) 费用分配率

直接材料：$308\ 400/(800 + 400) = 257$

直接人工：$197\ 000/(800 + 200) = 197$

制造费用：$68\ 038/(800 + 200) = 68.038$

废品损失：$3\ 498/800 = 4.372\ 5$

(3) 完工产品成本

直接材料：$257 \times 800 = 205\,600$(元)

直接人工：$197 \times 800 = 157\,600$(元)

制造费用：$68.038 \times 800 = 54\,430.4$(元)

废品损失：$800 \times 4.372\,5 = 3\,498$(元)

完工产品总成本：$205\,600 + 157\,600 + 54\,430.4 + 3\,498 = 421\,128.4$(元)

完工产品单位成本：$421\,128.4/800 = 526.410\,5$(元)

(4) 月末在产品成本

直接材料：$257 \times 400 = 102\,800$(元)

直接人工：$197 \times 200 = 39\,400$(元)

制造费用：$68.038 \times 200 = 13\,607.6$(元)

在产品总成本：$102\,800 + 39\,400 + 13\,607.6 = 155\,807.6$(元)

根据上述计算过程，登记奶糖、果味糖成本计算单，如表 4-12、表 4-13 所示。

表 4-12　产品成本计算单

产品：奶糖　　完工产量：800 千克　　　20××年 10 月　　　　　　　　　　单位：元

摘　　要	直接材料	直接人工	制造费用	废品损失	合　　计
月初在产品成本	20 400	12 320	7 288		40 008
材料费用(1#)	288 000				288 000
人工费用(2#)		184 680			184 680
制造费用(7#)			60 750		60 750
废品损失(8#)				3 498	3 498
生产费用合计	308 400	197 000	68 038	3 498	576 936
完工产品产量/千克	800	800	800	800	
在产品约当量/千克	400	200	200		
生产总量/千克	1 200	1 000	1 000	800	
分配率(单位成本)	257	197	68.038	4.372 5	526.410 5
本月完工产品总成本(9#)	205 600	157 600	54 430.4	3 498	421 128.4
月末在产品成本	102 800	39 400	13 607.6		155 807.6

表 4-13　产品成本计算单

产品：果味糖　　完工产量：500 千克　　　20××年 10 月　　　　　　　　　　单位：元

摘　　要	直接材料	直接人工	制造费用	合　　计
月初在产品成本	0	0	0	0
材料费用(1#)	152 000			152 000
人工费用(2#)		123 120		123 120
制造费用(7#)			40 500	40 500
生产费用合计	152 000	123 120	40 500	315 620

(续表)

摘　　要	直接材料	直接人工	制造费用	合　　计
完工产品产量/千克	500	500	500	
在产品约当量/千克				
生产总量/千克	500	500	500	
分配率(单位成本)	304	246.24	81	631.24
本月完工产品总成本(9#)	152 000	123 120	40 500	315 620
月末在产品成本	0	0	0	0

根据奶糖、果味糖两种产品成本计算单,汇总得到童乐糖果厂完工产品成本汇总表,如表 4-14 所示。

表 4-14　童乐糖果厂完工产品成本汇总表

成本项目	奶　糖		果味糖	
	总成本	单位成本	总成本	单位成本
直接材料	205 600	257	152 000	304
直接人工	157 600	197	123 120	246.24
制造费用	54 430.40	68.038	40 500	81
废品损失	3 498	4.372 5		
合　　计	421 128.40	526.410 5	315 620	631.24

根据表 4-14,编制结转本月完工入库产品成本的会计分录如下:(记账凭证 9#)

借：库存商品——奶糖　　　　　　　　421 128.4

　　　　　　——果味糖　　　　　　　315 620.0

　　贷：生产成本——奶糖　　　　　　　421 128.4

　　　　　　　——果味糖　　　　　　　315 620.0

项目小结

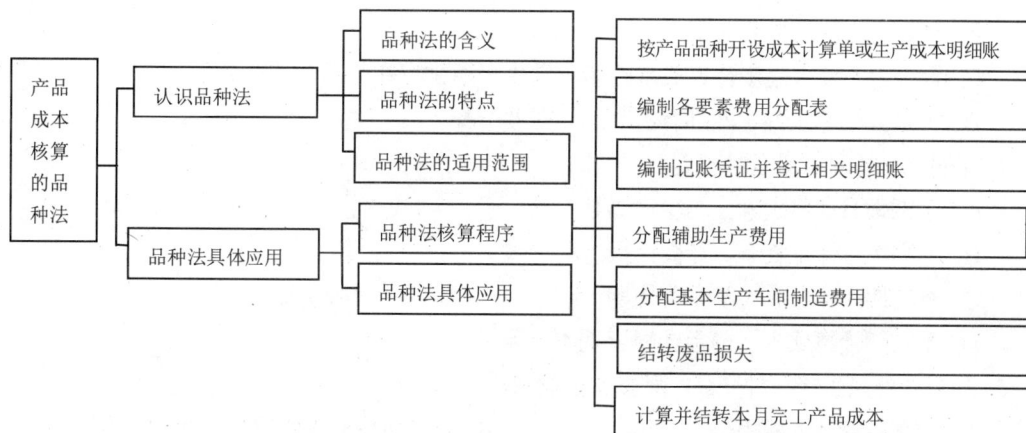

任务实施

1. 在全面理解掌握【知识与技能】的基础上，各小组同学独立完成【技能训练】相关内容。

2. 各小组成员遵循实事求是、认真负责的原则，按照【任务评价】进行组内互评打分。

任务评价

为了考核学生对【任务一】【任务二】的理解程度，特制定了任务考核评价表(见表 4-15)，主要考核学生对产品成本核算品种法的掌握程度。

表4-15　任务考核评价表

产品成本核算品种法			
	内　　容	分　　值	得　　分
考评标准	认识品种法	20	
	品种法具体应用	80	
合　　计		100	

注：考评满分为 100 分，60～70 分为及格；71～80 分为中等；81～90 分为良好；91 分以上为优秀。

技能训练

一、单项选择题

1. 采用品种法，生产成本明细账(产品成本计算单)应当按照(　　)分别开设。

　　A. 生产单位　　　　　B. 产品品种　　　　　C. 生产步骤　　　　　D. 产品类别

2. 在各种成本计算方法中，品种法成本计算程序(　　)。

　　A. 最具有特殊性　　　　　　　　　B. 最具有代表性

　　C. 最不完善　　　　　　　　　　　D. 与其他方法的成本计算程序完全不同

3. 品种法在本期完工产品和期末在产品之间分配生产费用的特点是(　　)。

　　A. 没有在产品，不需要分配

　　B. 通常有在产品需要分配

　　C. 管理上不要求分步计算成本的多步骤生产通常有在产品，需要分配

　　D. 大量大批单步骤生产都有在产品，需要分配

4. 品种法成本计算期的特点是(　　)。

　　A. 定期按月计算成本，与生产周期一致

　　B. 定期按月计算成本，与会计报告期一致

　　C. 不定期计算成本，与生产周期一致

　　D. 不定期计算成本，与会计报告期不一致

5. 如果企业只生产一种产品，则发生的费用(　　)。

　　A. 全部直接计入费用　　　　　　　　　B. 需要将生产费用进行分配后计入

C. 全部间接计入费用　　　　　　　　D. 部分是直接计入费用,部分是间接计入费用

二、多项选择题

1. ( )等方法属于成本计算的基本方法。

　A. 品种法　　　　B. 分批法　　　　C. 分类法　　　　D. 分步法

2. 品种法的适用范围有( )。

　A. 大量大批单步骤生产

　B. 管理上不要求分步计算成本的大量大批生产

　C. 大量大批多步骤生产

　D. 单件小批生产

3. 品种法是成本计算最基本的方法,这是因为( )。

　A. 各种方法最终要计算出各产品品种的成本

　B. 品种法成本计算程序是成本计算的一般程序

　C. 品种法定期按月计算成本

　D. 品种法不需要进行费用分配

4. 下列企业中,适于采用品种法计算其成本的有( )。

　A. 采掘企业　　　B. 汽车制造企业　　　C. 供水、供电企业　　D. 小型水泥厂

5. 品种法的特点是( )。

　A. 以产品品种作为成本核算对象

　B. 定期按月计算产品成本

　C. 如果有在产品,需要在完工产品和期末在产品之间分配生产费用

　D. 需要采用一定方法,在各生产步骤之间分配生产费用

三、判断题

1. 品种法成本计算期为定期按月,与产品生产周期不一致。　　　　　　　　　( )

2. 从生产组织形式看,品种法主要适用于大量大批生产。　　　　　　　　　( )

3. 多步骤生产不能采用品种法。　　　　　　　　　　　　　　　　　　　( )

4. 企业的供水、供电等辅助生产单位,可以采用品种法计算成本。　　　　　( )

5. 从成本核算对象和成本计算程序来看,在各种成本计算方法中,品种法是最基本的方法。

　　　　　　　　　　　　　　　　　　　　　　　　　　　　　　　　( )

四、计算分析题

1.【目的】练习产品成本核算的品种法。

【资料】某企业设一个基本生产车间和一个辅助生产车间(运输车间)。基本生产车间生产甲、乙两种产品,采用品种法计算产品成本。辅助生产车间的制造费用不通过“制造费用”账户核算。

6月份生产车间发生的经济业务如下:

(1) 基本生产车间领用材料 40 000 元,其中,直接用于甲产品生产的 A 材料 10 800 元,直接用于乙产品生产的 B 材料 18 000 元,甲、乙产品共同耗用的 C 材料 10 000 元(按甲、乙产

品的定额消耗量比例进行分配，甲产品的定额消耗量为 440 千克，乙产品的定额消耗量为 560 千克)，车间一般消耗 1 200 元；辅助生产车间领用材料 2 300 元，共计 42 300 元。

(2) 结算本月应付职工工资，其中，基本生产车间的工人工资 16 000 元(按甲、乙产品耗用的生产工时比例分配，甲产品生产工时为 300 小时，乙产品生产工时为 500 小时)，车间管理人员工资 2 500 元，辅助生产车间职工工资 1 500 元，共计 20 000 元。

(3) 按照工资额的 14%计提职工福利费。

(4) 计提固定资产折旧费。基本生产车间月初在用固定资产原值 100 000 元，辅助生产车间月初在用固定资产原值 40 000 元；月折旧率为 1%。

(5) 基本生产车间和辅助生产车间发生的其他支出分别为 1 200 元和 620 元，均通过银行办理转账结算。

(6) 辅助生产车间(运输车间)提供劳务 2 515 公里，其中为基本生产车间提供劳务 2 000 公里，为管理部门提供劳务 515 公里。

(7) 基本生产车间的制造费用按生产工时比例在甲、乙产品之间进行分配。

(8) 甲产品各月在产品数量变化不大，生产费用在完工产品与在产品之间的分配，采用在产品按固定成本计价法。乙产品原材料在生产开始时一次投入，原材料费用按完工产品数量和月末在产品数量的比例进行分配，工资及福利费和制造费用采用约当产量比例法进行分配。乙产品本月完工产品 100 件，月末在产品 50 件，完工率为 50%。甲产品月初在产品成本为 9 500 元，其中，原材料费用 4 000 元，工资及福利费 1 200 元，制造费用 4 300 元；乙产品月初在产品成本为 14 500 元，其中，原材料费用 6 000 元，工资及福利费 3 500 元，制造费用 5 000 元。

【要求】(1) 编制各项要素费用分配的会计分录；

(2) 编制辅助生产费用分配的会计分录；

(3) 编制结转基本生产车间制造费用的会计分录；

(4) 计算甲、乙产品成本；

(5) 编制结转入库产成品成本的会计分录。(计算结果保留四位小数)

2. 【目的】练习产品成本核算的品种法。

【资料】某工业企业生产 A、B 产品，属于大量大批单步骤生产，采用品种法计算产品成本。20××年 11 月的有关生产费用支出资料如下。

(1) 根据 11 月份材料凭证汇总的材料费用如下：A 产品原材料费用 8 000 元，B 产品原材料费用 40 000 元，基本生产车间：机物料消耗 8 300 元；供电车间：一般消耗 1 000 元；供水车间：一般消耗 700 元；企业管理部门：一般消耗 4 000 元。

(2) 11 月份的工资费用为：第一生产车间：生产工人工资 58 000 元(A、B 两种产品之间按产品的实际工时比例分配，本月实际工时为：A 产品 6 000 小时，B 产品 4 000 小时)，管理人员工资 1 500 元；供电车间：生产工人工资 1 150 元；供水车间：生产工人工资 2 800 元；企业管理部门：管理人员工资 5 000 元。职工福利费按工资的 14%提取。

(3) 11 月份固定资产折旧费为：基本生产车间 7 800 元，供电车间 720 元，供水车间 960 元，企业管理部门 3 000 元。

(4) 根据 11 月份有关凭证记录，其他有关支出(均由银行存款支付)如下。基本生产车间：

办公费 7 200 元，水费 6 300 元，其他费用 5 200 元；供电车间：外购动力费 40 000 元，办公费 600 元；供水车间：办公费 450 元；企业管理部门：办公费 4 600 元，差旅费 3 500 元，其他费 5 500 元。

(5) 本期成本会计制度规定，辅助生产费用按计划成本分配，具有关计划单位成本为：电每度 0.24 元，水每吨 8 元，辅助生产成本差异全部记入"管理费用"。供电车间供电 175 000 度，其中供水车间动力用电 14 500 度；基本生产动力用电 148 500 度，照明用电 4 500 度；企业管理部门用电 7 500 度。基本生产车间耗用的动力费用按产品的实际工时比例在 A、B 产品之间进行分配。供水车间进行经常性供水 920 吨，其中供电车间耗用 30 吨；基本生产车间耗用 800 吨；企业管理部门耗用 90 吨。

(6) 制造费用按产品的实际工时比例，在 A、B 产品之间进行分配。

(7) 该厂 A 产品采用定额比例法分配计算完工产品成本和月末在产品成本，原材料费用按定额原材料费用比例分配，其他各项费用均按照定额工时比例分配。A 产品 11 月初在产品的定额资料为：定额原材料费用 4 500 元，定额工时 3 050 小时，其实际费用原材料 5 000 元，动力 8 160 元，工资及福利费 18 000 元，制造费用 12 500 元。

A 产品 11 月份投入的定额原材料费用为 8 500 元，定额工时为 5 600 小时。A 产品 11 月份完工 180 件，单件原材料费用定额为 50 元，单件工时定额为 41 小时。B 产品各月末在产品成本按年初数固定计算。其年初在产品成本为：原材料 7 600 元，动力 2 200 元，工资及福利费 4 500 元，制造费用 3 300 元，B 产品 11 月份完工 100 件。

【要求】(1) 根据上述资料填写下面有关费用分配汇总表(辅助生产费用明细表等，如表 4-16～表 4-20 所示)；

(2) 编制有关会计分录，并据以登记总账；

(3) 根据各种生产费用汇总和分配表及其他有关资料，登记各种生产成本明细账和产品成本计算单，计算产品成本(计算结果保留四位小数)。

表 4-16　人工费用分配表
20××年 11 月

应借账户	应贷账户	生产工时/小时	分配率	应付工资/元	应付福利费/元	合　计
基本生产成本	A 产品					
	B 产品					
	小计					
辅助生产成本	供电车间					
	供水车间					
制造费用						
管理费用						
合　计						

表 4-17 辅助生产成本分配表(计划费用分配法)

20××年 11 月

项　目	供电车间		供水车间	
	劳务量/度	金额/元	劳务量/吨	金额/元
待分配费用				
劳务供应量				
计划单位成本				
受益单位				
供电车间				
供水车间				
产品生产车间				
基本生产车间一般消耗				
管理部门消耗				
按计划成本分配合计				
辅助生产车间实际成本				
辅助生产车间成本差异				

表 4-18 A 产品成本计算表

完工数量 180 件　　　　　　　20××年 11 月　　　　　　　单位：元

成本项目	期初在产品成本	本期生产费用	生产费用合计	期末在产品成本	产成品成本	
					总成本	单位成本
原材料						
燃料和动力						
工资及福利费						
制造费用						
合　计						

表 4-19 B 产品成本计算表

完工数量 100 件　　　　　　　20××年 11 月　　　　　　　单位：元

成本项目	期初在产品成本	本期生产费用	生产费用合计	期末在产品成本	产成品成本	
					总成本	单位成本
原材料						
燃料和动力						
工资及福利费						
制造费用						
合　计						

表 4-20 产成品成本汇总表

20××年 11 月　　　　　　　单位：元

产　品	原材料	燃料和动力	工资及福利费	制造费用	合　计
A 产品					
B 产品					
合　计					

实战模拟

【目的】练习产品成本核算的品种法。

【资料】某工厂设有第一、第二两个基本生产车间及供电和锅炉两个辅助生产车间;生产甲、乙、丙三种产品,第一车间生产甲、乙产品;第二车间生产丙产品。管理上要求采用品种法计算产品成本。20××年9月份计算甲、乙、丙三种产品成本的相关资料如表4-21至表4-25所示。

1. 领用材料汇总表

表4-21 领用材料汇总表

单位:元

领用部门 \ 材料种类		A	B	C	D	E
第一基本生产车间	甲产品	400 000		40 000		
	乙产品		200 000			
	一般消耗				23 000	
	甲废品	4 000				
第二基本生产车间	丙产品				100 000	200 000
	一般消耗				30 000	
	丙废品					6 000
辅助生产车间	供电车间				24 000	
	锅炉车间				20 000	
行政管理部门					34 000	

说明:(1) 按计划成本核算原材料,本月材料差异率为-2%。

(2) 甲、乙产品共同消耗的材料按定额消耗量比例分配。甲产品本月投产2 240件,单位产品C材料消耗定额为100千克,乙产品本月投产880件,单位产品C材料消耗定额为200千克。

2. 工资结算汇总表及生产工时记录表

表4-22 工资结算汇总表

单位:元

部　　门	生产工人工资	管理人员工资
第一基本生产车间	240 000	12 000
第二基本生产车间	196 000	12 000
供电车间	15 500	2 800
锅炉车间	19 000	2 000
行政管理部门		10 000

说明:(1) 分别按工资总额的10.5%、2%、1.5%计提职工福利费、工会经费和职工教育经费(社会保险和住房公积金略)。

(2) 基本生产车间生产工人的工资及计提的职工福利费、工会经费和职工教育经费按生产工时分配。

表 4-23　生产工时记录表

单位：小时

部 门	甲产品	乙产品	丙产品	修复甲产品	修复丙废品
第一基本生产车间	240 000	156 000		4 000	
第二基本生产车间			275 000		5 000

3. 其他费用汇总表

表 4-24　其他费用汇总表

单位：元

部 门	折旧费	水电费(外单位提供)	低值易耗品摊销	其他费用
第一基本生产车间	15 000	9 000	3 600	13 740
第二基本生产车间	18 000	9 800	4 000	8 700
供电车间	15 000	8 790	2 508	22 470
锅炉车间	6 000	2 000	3 500	24 400
行政管理部门	11 000	4 200	2 000	92 860

说明：水电费和其他费用已用银行存款支付。

4. 辅助生产车间提供的劳务量汇总表

表 4-25　辅助生产车间提供的劳务量汇总表

供应部门 受益单位	供电车间/(千瓦/时)	锅炉车间/m³
供电车间		930
锅炉车间	2 100	
第一基本生产车间(均为间接费用)	60 000	4 000
第二基本生产车间(均为间接费用)	40 000	5 000
行政管理部门	3 500	1 000
合　　计	105 600	10 930

说明：辅助生产费用采用直接分配法分配。

5. 制造费用按生产工时分配

6. 废品损失情况

本月产品完工入库时发现不可修复甲废品 12 件，其中 4 件由责任人的过失造成，令其赔偿 1 000 元，回收残料估价 997.2 元；不可修复丙废品 2 件，回收残料估价 1 200 元。不可修复废品的成本按定额成本计算，具体如表 4-26 所示。

表 4-26　不可修复废品的单件定额成本资料

单位：元

名 称	直接材料	直接人工	制造费用	合 计
甲产品	350	120	70	540
丙产品	850	600	600	2 050

说明：废品净损失全部由产成品成本负担。

7. 本月产量情况

甲产品本月完工 2 210 件，月末在产品 80 件。月初在产品成本为 27 858 元，其中材料 20 500 元，人工 3 500 元，制造费用 3 858 元。材料在生产开始时一次投入，产品完工程度为 80%。乙产品无月初在产品，本月投产 880 件全部完工。丙产品无月初在产品，本月投入的 350 件全部完工。甲产品采用约当产量法计算完工品和在产品成本。

【要求】计算各种产品的完工产品成本和月末在产品成本(写出全部计算过程，计算结果保留四位小数)。

项目五　产品成本核算的分批法

能力目标

1. 能够对各项费用进行正确的归集。
2. 能够将归集的各项费用进行合理的分配。
3. 能够结合企业具体情况，准确运用一般分批法和简化分批法。

知识目标

1. 了解分批法的含义和适用范围。
2. 熟悉一般分批法和简化分批法的计算原理、适用条件和特点。
3. 掌握一般分批法和简化分批法的主要区别。

素质目标

1. 遵守法律、法规和国家统一的会计制度，进行成本核算。
2. 具备团队精神，互相帮助完成学习任务。
3. 具有良好的职业态度，不旷课，认真完成任务，无抄袭。
4. 具有敬业精神，工作有始有终，能正确面对困难和曲折。

项目引入

志高服装厂设有一个基本生产车间，按生产任务通知单(工作令号)分批组织生产，属于小批生产组织类型的企业。该公司根据自身的生产特点和管理要求，采用一般分批法计算投产各批产品的生产成本。

志高服装厂20××年1月1日投产的男式衬衫200件，批号为101#，在1月份全部完工；1月10日投产女式衬衫100件，批号为102#，当月完工50件；1月15日投产儿童衬衫50件，批号为103#，尚未完工。

1. 本月发生的各项费用

(1) 本月材料耗用的情况：101#产品耗用原材料的计划成本 100 000 元；102#产品耗用原

材料的计划成本 80 000 元；103#产品耗用原材料的计划成本 60 000 元；生产车间一般耗用原材料的计划成本 3 000 元。(原材料采用计划成本计价，经过计算得出，企业的材料成本差异率为+5%。)

(2) 结算本月生产部门的职工工资 26 000 元，其中生产工人工资 21 000 元；车间管理人员工资 5 000 元。(该企业的职工福利费按工资总额的 14%计提；五险一金、工会经费、教育经费等其他职工薪酬此略。)

(3) 本月生产车间耗用外购的水电费 2 000 元，以银行存款付讫。

(4) 按规定的折旧方法计提本月生产车间负担的固定资产折旧费 4 000 元。

(5) 本月发生的由生产车间负担的其他费用 450 元，以现金付讫。

2. 其他有关资料

(1) 生产工人工资按耗用工时比例分配，其中：101#产品工时为 15 000 小时；102#产品工时为 10 000 小时；103#产品工时为 5 000 小时。

(2) 制造费用也按耗用的工时比例进行分配。

(3) 102#产品完工 50 件按定额成本转出，102#产品的定额单位成本为：直接材料 900 元，直接人工 100 元，制造费用 70 元。

请根据上述资料计算各批产品成本。

项目分析

分批法(batch method)亦称订单法，它是以产品批别(或订单)作为成本计算对象，归集生产费用，计算产品成本的一种方法。主要适用于单件小批生产的企业，也可用于一般制造企业中的新产品试制或试验的生产，设备修理作业以及辅助生产的工具模具制造等。本项目中根据企业基本情况的介绍，我们了解到该企业属单件小批量生产类型，适用于产品成本核算的分批法。

以下内容是帮助我们进行具体核算所需掌握的知识，让我们开始【知识与技能】的学习吧！

知识与技能

任务一 认识分批法

一、分批法的含义

产品成本计算的分批法是按照产品批别作为成本计算对象，按批别设置生产成本明细账或成本计算单归集生产费用、计算产品成本的一种方法，也是成本计算的基本方法之一。

作为一种基本的成本计算方法，分批法具有自身的特点和计算程序，其中应注意对于间接计入费用的分配。因为对间接计入费用的分配方法不同，才形成了不同的分批法。本书介绍两种具体的做法：一种是一般分批法；另一种是简化分批法。简化分批法要作为本项目的重点内容加以掌握。

二、分批法的特点

1. 以产品的批别作为成本计算对象，开设基本生产成本明细账或成本计算单

分批法的成本计算对象是产品的批别或订单。由于在单件、小批生产类型的企业中，生产大多是根据购货单位的订单组织的，因此，分批法有时也称为订单法。但严格说来，按批别组织生产，并不一定就是按订单组织生产，还要结合企业自身的生产负荷能力，来合理组织安排产品生产的批量与批次。也就是说，产品的批别和客户的订单并不完全相同，它们之间的关系有以下几种情况。

(1) 如果一张订单中要求生产好几种产品，为了便于考核分析各种产品的成本计划执行情况，加强生产管理，就要将该订单按照产品的品种划分成几个批别来组织生产。

(2) 如果一张订单中只要求生产一种产品，但数量极大，超过企业的生产负荷能力，或者购货单位要求分批交货的，也可将该订单分为几个批别来组织生产。

(3) 如果一张订单中只要求生产一种产品，但该产品属于价值高、生产周期长的大型复杂产品(如万吨轮船)，也可将该订单按产品的零部件分为几个批别组织生产。

(4) 如果在同一时期接到的几张订单要求生产的都是同一种产品，但订货量较少，为了更经济合理地组织生产，也可将这几张订单合为一批组织生产。

2. 以产品的生产周期作为成本计算期，与会计报告期不一致

采用分批法计算产品成本的企业，虽然各批产品的成本计算单仍按月归集生产费用，但是只有在该批产品全部完工时才能计算其实际成本。由于各批产品的生产复杂程度不同，质量、数量要求也不同，生产周期就各不相同。有的批次当月投产，当月完工；有的批次要经过数月甚至数年才能完工。可见完工产品的成本计算因各批次的生产周期而异，是不定期的。所以，分批法的成本计算期与产品的生产周期一致，与会计报告期不一致。

3. 生产费用一般不需要在完工产品和在产品之间分配

在单件或小批生产、购货单位要求一次交货的情况下，每批产品要求同时完工。这样该批产品完工前的成本明细账上所归集的生产费用，即为在产品成本；完工后的基本生产成本明细账上所归集的生产费用，即为完工产品成本。在通常情况下，生产费用不需要在完工产品和在产品之间进行分配。

温馨提示：在产品批量较大、购货单位要求分次交货时，就会出现批内的产品跨月陆续完工的情况。此时，一部分先完工的产品需要先发售给订货人，而另外一部分产品尚未完工。在月末计算成本时，就有必要在完工产品与在产品之间分配费用，以便计算完工产品成本与月末在产品成本。部分完工产品成本可按以下几种方法处理：

(1) 以计划成本或定额成本计算。根据计划或定额成本计算完工产品的生产成本，从成本计算单转出。

(2) 以估计成本确定。估计成本是根据近期生产同类产品的实际成本，考虑到产品结构、生产条件等变化因素，并结合本批产品的实际生产情况，加以适当调整作为实际成本，从成本计算单转出。

(3) 按约当产量计算。对尚未完工产品，其直接材料成本按照已投料数量和还需要投料的估计数计算，直接工资和制造费用等成本项目须按照完工程度折算成约当产量分配。

不论采用上述哪种方法计算分批完工产品的成本，都带有估计性质。因此，当该订单产品全部完工时，还应重新计算全部产品的实际成本和单位成本。

三、分批法的适用范围

产品成本计算的分批法一般适用于单件、小批生产类型的企业，主要包括：

(1) 单件、小批生产的重型机械、船舶、精密工具、仪器等制造企业。

(2) 不断更新产品种类的时装厂等制造企业。

(3) 专门进行修理业务的工厂。

(4) 新产品试制、机器设备的修理作业以及辅助生产的工具、器具、模具的制造等。

四、间接计入费用的分配方法与分批法的分类

(一) 间接计入费用的分配方法

间接计入费用，是指制造费用和按计时工资制计算的工资及提取的福利费等人工费用。间接计入费用在各批次之间的分配方法主要有当月分配法和累计分配法两种。

1. 当月分配法

采用当月分配法分配间接计入费用时，不论投产的各批次的产品本月是否完工，都要按当月分配率计算分配本月的间接计入费用，这样各月末间接计入费用明细账都没有余额。

该法适用于生产周期较短，当月投产当月完工的产品。

2. 累计分配法

在投产批次较多而且未完工的批次也较多的情况下，如果仍按当月分配法计算分配间接计入费用，月末的核算工作量就会比较大。如果只要求成本计算相对准确即可，那么可以采用累计分配法。该方法的特点是只对当月完工批次的产品按累计分配率计算分配间接计入费用，对当月未完工批次的产品则只按月登记发生的工时，不分配间接计入费用，这

样，各月末间接计入费用明细账就会有余额。该方法适用于生产周期较长，不能当月投产当月完工的产品。

(二) 分批法的分类

产品成本计算的分批法，因其采用的间接计入费用的分配方法不同，因此分为一般分批法和简化分批法两种。

1. 一般分批法

一般分批法是指采用当月分配率来分配间接计入费用的分批法。采用一般分批法，要求分批计算在产品成本。因此，也称为分批计算在产品成本的分批法。

2. 简化分批法

简化分批法是指采用累计分配率来分配间接计入费用的分批法。采用简化分批法，不需要分批计算在产品成本，因此，也称为不分批计算在产品成本的分批法，是一般分批法的简化形式。

任务二　一般分批法应用

一、一般分批法的计算程序

1. 按产品的批别设置基本生产成本明细账或成本计算单

分批法是以产品的批别作为成本计算对象，应当按产品的批别设置基本生产成本明细账，用以归集和分配生产费用。同时，设有辅助生产车间的企业，也要开设辅助生产成本明细账，账内按成本项目设置专栏；此外，还要按车间设置制造费用明细账以及根据需要设置待摊费用、预提费用等明细账。

2. 按产品批别归集和分配各项生产费用

根据各生产费用的原始凭证或原始凭证汇总表和其他有关资料。编制各种要素费用分配表，分配备要素费用并登账。对于直接计入费用，应按产品批别列示并直接计入各个批别的产品生产成本明细账；对于间接计入费用，应按生产地点归集，并按适当的方法分配计入各个批别的产品生产成本明细账。

3. 分配辅助生产费用

设有辅助生产车间的企业，月末应将归集的辅助生产费用分配给各受益单位，包括分配给产品的生产成本和基本生产车间负担的制造费用等。

4. 分配基本车间的制造费用

基本生产车间的制造费用，应该由该生产单位的各批产品成本负担，月末应将归集的基本生产车间的制造费用分配给各批受益对象。

5. 计算并结转完工产品成本

月末根据完工批别产品的完工通知单，将计入已完工的该批产品的成本明细账所归集的生产费用，按成本项目加以汇总，计算出该批完工产品的总成本和单位成本，并转账。如果出现批内产品跨月陆续完工并已销售或提货的情况，就应采用适当的方法将生产费用在完工产品和月末在产品之间进行分配，计算出该批已完工产品的总成本和单位成本。

上述分批法的成本计算程序，除了产品生产成本明细账的设置和完工产品成本的计算与品种法有所不同之外，其他程序与品种法是完全一致的。

二、一般分批法的具体应用

根据上述一般分批法的核算程序和本项目的【项目引入】中所述企业产品生产资料，可按如下步骤进行成本核算。

(一) 按产品的批别设置基本生产成本明细账或成本计算单

在成本计算的分批法下，成本计算单应按产品的批别或订单分别设置。

(二) 按产品批别归集和分配本月发生的各项生产费用

1. 编制原材料费用分配表

根据资料，编制原材料费用分配表(见表5-1)。

表5-1　原材料费用分配表
20××年1月　　　　　　　　　　　　　　　　　　　　　单位：元

应借账户		成本或费用项目	计划成本	材料差异额 (+5%)	材料实际成本
基本生产成本	101#产品	直接材料	100 000	5 000	105 000
	102#产品	直接材料	80 000	4 000	84 000
	103#产品	直接材料	60 000	3 000	63 000
小　计			240 000	12 000	252 000
制造费用	机物料消耗	材料费	3 000	150	3 150
合　计			243 000	12 150	255 150

根据原材料分配表，编制会计分录如下(1#)。

```
借：基本生产成本——101#产品            100 000
               ——102#产品             80 000
               ——103#产品             60 000
    制造费用——基本生产车间              3 000
    贷：原材料                                  243 000
借：基本生产成本——101#产品              5 000
               ——102#产品              4 000
               ——103#产品              3 000
    制造费用——基本生产车间                150
    贷：材料成本差异                             12 150
```

2. 编制工资及职工福利费分配表

编制工资及职工福利费分配表，见表 5-2。

表 5-2 工资及职工福利费分配表

20××年 1 月

应借账户		工　资					职工福利费(14%)	其他职工薪酬	合　计
		生产工人			其他人员	合　计			
		工　时	分配率	金额					
基本生产成本	101#	15 000		10 500		10 500	1 470	略	11 970
	102#	10 000		7 000		7 000	980		7 980
	103#	5 000		3 500		3 500	490		3 990
	小　计	30 000	0.7	21 000		21 000	2 940		23 940
制造费用					5 000	5000	700		5 700
合　计				21 000	5 000	26 000	3 640		29 640

根据工资及职工福利费分配表，编制会计分录如下(2#)。

```
借：基本生产成本——101#产品          10 500
             ——102#产品           7 000
             ——103#产品           3 500
    制造费用——基本生产车间          5 000
    贷：应付职工薪酬——应付工资           26 000
借：基本生产成本——101#产品           1 470
             ——102#产品            980
             ——103#产品            490
    制造费用——基本生产车间           700
    贷：应付职工薪酬——应付福利费          3 640
```

3. 折旧费、水电费及其他费用的核算

(1) 支付本月水电费(3#)

```
借：制造费用——基本生产车间          2 000
    贷：银行存款                   2 000
```

(2) 提取固定资产折旧(4#)

```
借：制造费用——基本生产车间          4 000
    贷：累计折旧                   4 000
```

(3) 本月发生的其他费用(5#)

```
借：制造费用——基本生产车间          450
    贷：库存现金                   450
```

（三）归集和分配基本生产车间的制造费用

归集和分配基本生产车间的制造费用，见表 5-3 和表 5-4。

表 5-3　制造费用明细账

20××年		摘　　要	材料费	人工费	福利费	水电费	折旧费	其他	合　　计
月	日								
1	31	消耗材料(1#)	3 000						3 000
1	31	结转成本差异(1#)	150						150
1	31	结算工资(2#)		5 000					5 000
1	31	计提职工福利费(2#)			700				700
1	31	支付水电费(3#)				2 000			2 000
1	31	计提折旧(4#)					4 000		4 000
1	31	其他费用(5#)						450	450
1	31	本月合计	3 150	5 000	700	2 000	4 000	450	15 300
1	31	分配转出(6#)	(3 150)	(5 000)	(700)	(2 000)	(4 000)	(450)	(15 300)

表 5-4　制造费用分配表

应借账户		成本项目	实际工时／小时	分配率	分配金额／元
基本生产成本	101#	制造费用	15 000		7 650
	102#	制造费用	10 000		5 100
	103#	制造费用	5 000		2 550
合　　计			30 000	0.51	15 300

根据制造费用分配表，编制会计分录如下(6#)。

借：基本生产成本——101#产品　　　　7 650

　　　　　　　　——102#产品　　　　5 100

　　　　　　　　——103#产品　　　　2 550

　　贷：制造费用——基本生产车间　　　　15 300

（四）计算并结转完工产品成本

计算并结转完工产品成本，见表 5-5～表 5-7。

表 5-5　基本生产成本明细账

批号：101#　　　　　　　　　　　　　　　　　　　　开工日期：1月1日

产品名称：男式衬衫　　　批量：200 件　　完工：200 件　　完工日期：1月31日

20××年		凭　证		摘　　要	直接材料	直接人工	制造费用	合　　计
月	日	种类	号数					
1	31		略	材料分配汇总表	105 000			105 000
1	31			工资及福利分配表		11 970		11 970
1	31			制造费用分配表			7 650	7 650
1	31			合计	105 000	11 970	7 650	124 620
1	31			结转完工产品成本	(105 000)	(11 970)	(7 650)	(124 620)
1	31			单位成本	525	59.85	38.25	623.10

表 5-6　基本生产成本明细账

批号：102#　　　　　　　　　　　　　　　　　　　　　　　　　　　开工日期：1 月 10 日

产品名称：女式衬衫　　　　　批量：100 件　　　　完工：50 件　　　　完工日期：

20××年		凭　证		摘　要	直接材料	直接人工	制造费用	合　计
月	日	种类	号数					
1	31		略	材料分配汇总表	84 000			84 000
1	31			工资及福利分配表		7 980		7 980
1	31			制造费用分配表			5 100	5 100
1	31			合　计	84 000	7 980	5 100	97 080
1	31			结转完工产品成本	(45 000)	(5 000)	(3 500)	(53 500)
1	31			单位成本	900	100	70	1070

说明：完工产品成本采用定额成本法计算，其中：直接材料：50×900=45 000(元)；直接人工：50×100=5 000(元)；制造费用：50×70=3 500(元)。

表 5-7　基本生产成本明细账

批号：103#　　　　　　　　　　　　　　　　　　　　　　　　　　　开工日期：1 月 15 日

产品名称：儿童衬衫　　　　　批量：50 件　　　完工：　　　　　　　完工日期：

20××年		凭　证		摘　要	直接材料	直接人工	制造费用	合　计
月	日	种类	号数					
1	31		略	材料分配汇总表	63 000			63 000
1	31			工资及福利分配表		3 990		3 990
1	31			制造费用分配表			2 550	2 550
1	31			合　计	63 000	3 990	2 550	69 540

根据成本计算单，编制结转完工产品成本的会计分录如下。

借：库存商品——男式衬衫　　　　　124 620
　　　　　　　——女式衬衫　　　　　 53 500
　　贷：基本生产成本——101#　　　　124 620
　　　　　　　　　　　——102#　　　　 53 500

任务三　简化分批法应用

一、简化分批法的含义

在单件、小批生产的企业中，有时在同一时期内投产产品的批数较多，而完工产品的批数又较少，如果仍然采用一般的分批法来处理，那么间接计入费用在各批产品之间的分配工作就会很繁重。这时，可以考虑采用简化的分批法，将间接计入费用在各批产品之间的分配工作与生产费用在完工产品与月末在产品之间的分配工作结合起来，以简化费用的分配和登记工作。

所谓简化的分批法，又称为间接(计入)费用累计分批法、不分批计算在产品成本的分批法。采用这种方法，对每月发生的间接费用，不是按月在各批产品之间进行分配，而是将其先累计在基本生产成本二级账上，到各批产品完工时，按照完工产品累计工时的比例再进行分配，即采用累计分配率来分配间接计入费用。

简化的分批法下，为了按月提供企业或车间的全部产品的累计生产费用和累计工时(实际工时或已完成的定额工时)资料，必须设立产品成本二级账。

二、简化分批法的特点

简化分批法与一般分批法相比较，具有以下特点。

(一) 设立基本生产成本二级账

在按照产品批别设立产品成本计算单的同时，必须设立基本生产成本二级账，对不同批别产品发生的生产费用、生产工时登记入账。基本生产成本二级账有助于提供企业全部产品的累计生产费用和生产工时(实际生产工时或定额生产工时)资料。

(二) 不分批计算在产品成本

月末，将完工产品应负担的间接费用转入各完工批次的产品成本计算单后，基本生产成本二级账反映全部批次月末在产品成本。各未完工批次的产品成本计算单上只反映累计直接计入费用和累计工时，不反映各该批次的在产品成本。对于未完工的在产品则不分配间接计入费用，即不分批计算在产品成本。

(三) 采用累计间接计入费用分配率来计算分配费用

在各批产品完工之前，产品生产成本明细账内只按月登记直接计入费用(如直接材料)和生产工时。每月发生的各项间接计入费用(包括直接人工、制造费用等)，不是按月在各批产品之间进行分配，而是先通过基本生产成本二级账进行归集，按成本项目累计起来，仅在有产品完工的月份，按照完工产品累计生产工时的比例，在各批完工产品直接进行分配，对未完工的在产品则不分配间接计入费用。

对各批完工产品分配间接计入费用，一般按完工产品累计生产工时比例分配。计算公式如下：

$$间接计入费用累计分配率 = \frac{全部产品累计间接计入费用}{全部产品累计工时}$$

$$某批完工产品应负担的间接计入费用 = 该批完工产品累计工时 \times 间接计入费用累计分配率$$

三、简化分批法的适用范围

简化分批法一般适用于同一月份投产的产品批数很多，且期末完工产品的批数又较少的企业。如果月末完工产品的批数较多而未完工的批数较少，则不宜采用。另外，该法虽然可以简化成本的核算工作，但是在各月的间接计入费用水平相差悬殊的情况下不宜采用，否则会影响到各月成本计算的正确性。

四、简化分批法的计算程序

简化分批法计算成本的基本程序如下:

(1) 根据生产任务通知单(或批别)设立基本生产成本明细账,同时还要设置基本生产成本二级账,根据材料费用分配表和生产工时记录等将各批别耗用的材料费用和耗用工时记入各生产成本明细账和基本生产成本二级账。

(2) 根据其他费用要素分配表,将人工费用和制造费用记入基本生产成本二级账。

(3) 月末,将基本生产成本二级账的直接材料费用及生产工时与基本生产成本明细账中的直接材料费用及生产工时进行核对。

(4) 月末,如有完工产品,计算累计间接计入费用分配率,并据此分配间接计入费用,登记基本生产成本明细账。

五、简化分批法具体应用

(一) 企业基本情况

志高服装厂下属第二分厂属于小批生产类型,该分厂的产品批别多,生产周期长,每月末经常有大量未完工的产品批数。为简化核算工作,采用简化分批法计算成本。

(二) 成本计算的有关资料

第二分厂20××年10月各批产品生产成本的有关资料如下。

(1) 10月份生产批次

3021批次真丝长袖女衬衫:批量为20件,9月3日投产,10月26日完工。

3022批次真丝短袖女衬衫:批量为50件,9月6日投产,尚未完工。

3023批次真丝睡衣:批量为25件,9月10日投产,尚未完工。

3024批次真丝裙子:批量为30件,9月15日投产,尚未完工。

(2) 月初在产品成本

10月初在产品成本为122 500元,其中直接材料63 000元(3021批次40 000元,3022批次20 000元,3023批次3 000元),职工薪酬33 000元,制造费用26 500元。月初在产品累计生产工时为10 000小时,其中3021批次3 200小时,3022批次2 800小时,3023批次4 000小时。

(3) 本月发生生产费用

本月发生直接材料费18 000元,全部为3024批次真丝裙子产品所耗用,本月发生生产工人职工薪酬12 000元,制造费用3 500元,实际生产工时为5 000小时,其中3021批次1 000小时,3022批次2 000小时,3023批次1 200小时,3024批次800小时。

(三) 计算过程

(1) 设立并登记基本生产成本二级账(见表5-8)

表 5-8 基本生产成本二级账

月	日	凭证字号	摘 要	直接材料	生产工时	职工薪酬	制造费用	成本合计
9	30	略	期初在产品成本	63 000	10 000	33 000	26 500	122 500
10	31		本月生产费用	18 000	5 000	12 000	3 500	33 500
10	31		累计生产费用	81 000	15 000	45 000	30 000	156 000
10	31		累计间接计入费用分配率			3	2	
10	31		转出完工成本	40 000	4 200	12 600	8 400	61 000
10	31		在产品成本	41 000	10 800	32 400	21 600	95 000

职工薪酬累计分配率 = 45 000 ÷ 15 000 = 3(元/工时)

制造费用累计分配率 = 30 000 ÷ 15 000 = 2(元/工时)

(2) 根据分配结果，登记各批产品成本计算单(见表 5-9～表 5-12)

表 5-9 产品成本计算单(3021 批次)

批量：20 件

产品批号：3021 批次　　　　　　　　　　开工日期：20××年 9 月 3 日

产品名称：真丝长袖女衬衫　　　　　　　完工日期：20××年 10 月 26 日

摘 要	直接材料	生产工时	职工薪酬	制造费用	成本合计
累计余额	40 000	3 200			
本月发生生产费用		1 000			
累计分配率			3	2	
转入间接计入费用		4 200	12 600	8 400	
转出完工产品成本	(40 000)	(4 200)	(12 600)	(8 400)	(61 000)
单位完工产品成本	2 000	210	630	420	3 050

表 5-10 产品成本计算单(3022 批次)

批量：50 件

产品批号：3022 批次　　　　　　　　　　开工日期：20××年 9 月 6 日

产品名称：真丝短袖女衬衫　　　　　　　完工日期：　　年　月　日

摘 要	直接材料	生产工时	职工薪酬	制造费用	成本合计
累计余额	20 000	2 800			
本月发生生产费用		2 000			
本月累计	20 000	4 800			

表 5-11 产品成本计算单(3023 批次)

批量：25 件

产品批号：3023 批次　　　　　　　　　　开工日期：20××年 9 月 10 日

产品名称：真丝睡衣　　　　　　　　　　完工日期：　　年　月　日

摘 要	直接材料	生产工时	职工薪酬	制造费用	成本合计
累计余额	3 000	4 000			
本月发生生产费用		1 200			
本月累计	3 000	5 200			

表 5-12 产品成本计算单(3024 批次)

产品批号：3024 批次　　　　　　　　　　　　　　批量：30 件

产品名称：真丝裙子　　　　　　　　　　　　　　开工日期：20××年 9 月 15 日

　　　　　　　　　　　　　　　　　　　　　　　完工日期：

摘　　要	直接材料	生产工时	职工薪酬	制造费用	成本合计
本月发生生产费用	18 000	800			
本月累计	18 000	800			

根据上述产品成本计算单，编制结转本月完工入库产品成本会计分录如下。

借：库存商品——真丝长袖女衬衫　　　　　　61 000

　　贷：生产成本——3021 批次　　　　　　　　　61 000

项目小结

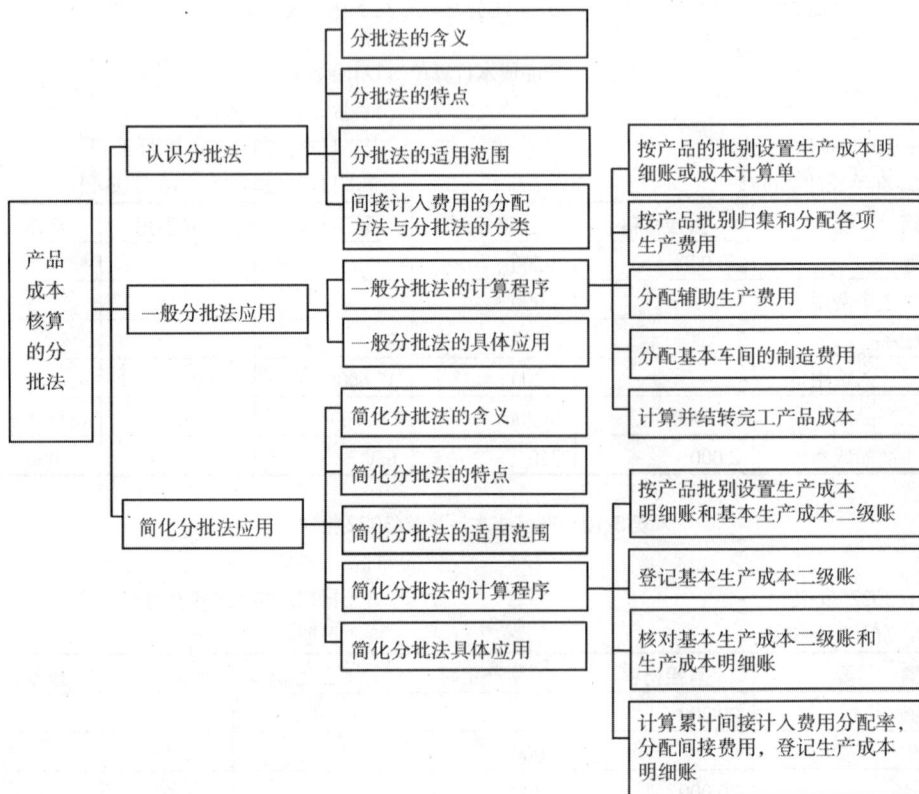

任务实施

1. 在全面理解掌握【知识与技能】的基础上，各小组同学独立完成【技能训练】相关内容。

2. 各小组成员遵循实事求是、认真负责的原则，按照【任务评价】进行组内互评打分。

任务评价

为了考核学生对【任务一】【任务二】和【任务三】的理解程度，特制定了任务考核评价表(见表 5-13)，主要考核学生对产品成本核算品种法的掌握程度。

表 5-13　任务考核评价表

产品成本核算分批法			
	内　　容	分　值	得　分
考评标准	认识分批法	20	
	一般分批法应用	40	
	简化分批法应用	40	
合　计		100	

注：考评满分为 100 分，60～70 分为及格；71～80 分为中等；81～90 分为良好；91 分以上为优秀。

技能训练

一、单项选择题

1. 某企业采用分批法计算产品成本。6 月 1 日投产甲产品 5 件，乙产品 3 件；6 月 15 日投产甲产品 4 件，乙产品 4 件，丙产品 3 件；6 月 26 日投产甲产品 6 件。该企业 6 月份应开设产品成本明细账的张数是(　　)。

A. 3 张　　　　　　B. 5 张　　　　　　C. 4 张　　　　　　D. 6 张

2. 采用简化分批法对完工产品分配间接计入费用依据的是(　　)。

A. 全部产品计划间接计入费用分配率

B. 全部产品累计间接计入费用分配率

C. 每种产品上期间接计入费用分配率

D. 每种产品本期间接计入费用分配率

3. 采用简化的分批法，分配间接计入费用并计算登记该批完工产品的成本是在(　　)。

A. 月末时　　　　B. 季末时　　　　C. 年末时　　　　　　D. 有产品完工时

4. 简化分批法适用于(　　)。

A. 同一月份投产批数多　　　　　　B. 各月间接计入费用水平相差不大

C. 月末未完工产品批数多　　　　　D. 同时具备上述条件

5. 如果同一时期内，在几张订单中规定有相同的产品，则计算成本时可以(　　)。

A. 按订单分批组织生产　　　　　　B. 按品种分批组织生产

C. 按产品的组成部分分批组织生产　D. 将相同产品合为一批组织生产

二、多项选择题

1. 采用分批法计算产品成本时，如果批内产品跨月陆续完工的情况不多，完工产品的数量占全部批量的比重较小，完工产品成本的计价可采用(　　)。

A. 本月实际单位成本　　　　　　　B. 近期相同产品的实际单位成本

C. 定额单位成本　　　　　　　　　D. 计划单位成本

2. 分批法和品种法的主要区别是(　　)。

A. 成本计算对象　　B. 成本计算期　　C. 生产周期　　　　D. 会计核算期

3. 下列关于分批法的说法中不正确的有( )。

    A. 分批法也称定额法

    B. 分批法适用于小批单件及大批生产

    C. 按产品批别计算产品成本也就是按照订单计算产品成本

    D. 如果一张订单中规定有几种产品，也应合为一批组织生产

4. 采用简化分批法，各月( )。

    A. 分批计算完工产品成本   B. 可分批反映在产品的实际成本

    C. 期末计算全部在产品的总成本   D. 计算完工产品成本和在产品成本

5. 在简化分批法下，以累计间接计入费用分配率作为分配间接计入费用依据的是( )。

    A. 各批完工产品   B. 完工产品批别与月末在产品批别

    C. 各批在产品   D. 某批产品的完工产品与月末在产品

三、判断题

1. 成本计算的分批法适用于大批大量的单步骤生产。 ( )

2. 只要产品批数多，就应采用简化分批法计算产品成本。 ( )

3. 在小批或单件生产的企业或车间中，如果同一月份投产的产品批数很多，且月末未完工产品的批数也比较多，而且各月间接计入费用水平相差不多时，可采用简化分批法计算产品成本。 ( )

4. 采用简化分批法计算产品成本时，在产品完工时，利用累计间接计入费用分配率可以计算出各批产品的完工产品和在产品的成本。 ( )

5. 分批法一般不需要在完工产品和期末在产品之间分配生产费用，但当一批产品跨月陆续完工时，也需要进行分配。 ( )

四、计算分析题(计算结果保留四位小数)

1. 【目的】练习一般分批法的核算。

【资料】某企业生产甲、乙、丙三种产品，生产组织属于小批多步骤生产，采用分批法计算成本。20××年4月份各生产批别情况如下。

(1) 月初在产品成本

9991号甲产品月初在产品费用分别为：直接材料13 000元，职工薪酬3 600元，制造费用2 800元；9992号乙产品月初在产品费用分别为：直接材料27 000元，职工薪酬5 500元，制造费用4 900元。

(2) 本月生产情况

9991号甲产品于3月2日投产8件，本月29日已全部完工验收入库，本月实际生产工时为10 000小时。9992号乙产品于3月11日投产15件，本月尚未完工，本月实际生产工时为5 000小时。9993号丙产品为本月1日投产20件，本月已完工入库10件，本月实际生产工时为15 000小时。

(3) 本月发生生产费用

本月投入原材料9 100元，全部为9993号丙产品耗用。本月产品生产工人职工薪酬为18 000元，制造费用总额为15 000元。

(4) 单位产品定额成本

为简化核算,完工产品按定额成本结转,9993 号丙产品单位产品定额成本为 850 元,其中直接材料 500 元,职工薪酬 100 元,制造费用 250 元。

【要求】根据上述资料,采用分批法登记产品成本计算单(见表 5-14～表 5-18),计算各批产品的完工成本和月末在产品成本,并编制有关会计分录。

表 5-14 职工薪酬分配表

20××年 4 月　　　　　　　　　　　　　　　　　　单位:元

产品名称	生产工时	分配率	分配金额
合　计			

表 5-15 制造费用分配表

20××年 4 月　　　　　　　　　　　　　　　　　　单位:元

产品名称	生产工时	分配率	分配金额

表 5-16 产品成本计算单(9991 批次)

批量:8 件

产品批号:9991 批次　　　　　　　　　　　　　开工日期:20××年 3 月 2 日
产品名称:甲产品　　　　　　　　　　　　　　　完工日期:20××年 4 月 29 日

摘　要	直接材料	职工薪酬	制造费用	合　计
月初在产品成本				
本月职工薪酬				
本月制造费用				
本月合计				
本月累计				
转出完工产品成本				

表 5-17 产品成本计算单(9992 批次)

批量:15 件

产品批号:9992 批次　　　　　　　　　　　　　开工日期:20××年 3 月 11 日
产品名称:乙产品　　　　　　　　　　　　　　　完工日期:　　年　　月　　日

摘　要	直接材料	职工薪酬	制造费用	合　计
月初在产品成本				
本月职工薪酬				
本月制造费用				

(续表)

摘　要	直接材料	职工薪酬	制造费用	合　计
本月合计				
生产费用累计				
月末在产品成本				

表 5-18　产品成本计算单(9993 批次)

批量：20 件

产品批号：9993 批次　　　　　　　　　　　　　开工日期：20××年 4 月 1 日

产品名称：丙产品　　　　　　　　　　　　　　　完工日期：　　年　月　日

摘　要	直接材料	职工薪酬	制造费用	合　计
本月耗用直接材料				
本月分配职工薪酬				
本月分配制造费用				
生产费用合计				
单位产品定额成本				
转出完工产品成本(10 件)				
月末在产品成本				

2. 【目的】练习简化分批法的核算。

【资料】某企业采用简化的分批法计算成本，20××年 11 月资料如下。

(1) 11 月份生产批次

801 批次甲产品：批量为 10 件，10 月 5 日投产，11 月 28 日完工。

802 批次乙产品：批量为 20 件，10 月 9 日投产，尚未完工。

803 批次丙产品：批量为 35 件，11 月 11 日投产，尚未完工。

(2) 月初在产品成本

11 月初在产品成本为 82 000 元，其中直接材料 34 000 元(801 批次 19 000 元，802 批次 15 000 元)，职工薪酬 20 000 元，制造费用 28 000 元。月初在产品累计生产工时为 6 000 小时，其中 801 批次 3 800 小时，802 批次 2 200 小时。

(3) 本月发生生产费用

本月发生直接材料费 21 000 元，全部为 803 批次丙产品所耗用，本月发生生产工人职工薪酬 7 000 元，制造费用 8 000 元，实际生产工时为 3 000 小时，其中 801 批次 1 200 小时，802 批次 1 000 小时，803 批次 800 小时。

【要求】根据上述资料，采用简化分批法登记基本生产成本二级账和产品成本计算单(见表 5-19～表 5-22)，并编制有关会计分录。

表 5-19 基本生产成本二级账

单位：元

20××年		凭证 字号	摘 要	直接 材料	生产 工时	职工 薪酬	制造 费用	成本 合计
月	日							
10	31	略	在产品成本					
11	30		材料费用					
11	30		直接人工					
11	30		制造费用					
11	30		本月生产费用					
11	30		累计生产费用					
11	30		累计间接计入费用 分配率					
11	30		转出完工成本					
11	30		在产品成本					

表 5-20 产品成本计算单

批量：10 件

产品批号：801 批次　　　　　　　　　　　　　　日期：20××年 10 月 5 日

产品名称：甲产品　　　　　　　　　　　　　　　日期：20××年 11 月 28 日

摘 要	直接材料	生产工时	职工薪酬	制造费用	成本合计
累计余额					
本月发生生产费用					
累计分配率					
转入间接计入费用					
转出完工产品成本					
单位完工产品成本					

表 5-21 产品成本计算单

批量：20 件

产品批号：802 批次　　　　　　　　　　　　　　完工日期：20××年 10 月 9 日

产品名称：乙产品　　　　　　　　　　　　　　　日期：

摘 要	直接材料	生产工时	职工薪酬	制造费用	成本合计
累计余额					
本月发生生产费用					
本月止累计					

表 5-22 产品成本计算单

批量：35 件

产品批号：803 批次　　　　　　　　　　　　　　完工日期：20××年 11 月 11 日

产品名称：丙产品　　　　　　　　　　　　　　　日期：

摘 要	直接材料	生产工时	职工薪酬	制造费用	成本合计
本月发生生产费用					
本月止累计					

实战模拟

【目的】练习产品成本核算的一般分批法。

【资料】海东企业20××年9月份投产甲产品100件,批号为901#,在9月份全部完工;9月份投产乙产品150件,批号902#,当月完工40件;9月份投产丙产品200件,批号为903#,尚未完工。

(1) 本月发生的各项费用如下:

① 材料费用:901#产品耗用原材料125 000元;902#产品耗用原材料167 000元;903#产品耗用原材料226 000元;生产车间一般耗用原材料8 600元;原材料采用计划成本计价,差异率为4%。

② 人工费用:生产工人工资19 600元;车间管理人员工资2 100元;职工福利费按工资额14%计提;生产工人工资按耗用工时比例分配,901#产品工时为18 000小时;902#产品工时为20 000小时;903#产品工时为11 000小时。

③ 其他费用:车间耗用水电费2 400元,以银行存款付讫;车间固定资产的折旧费3 800元;车间的其他费用250元,以银行存款付讫。

(2) 制造费用按耗用工时比例分配。

(3) 902#产品完工40件按定额成本转出,902#产品定额单位成本为:直接材料1 100元,直接人工75元,制造费用60元。

【要求】(1) 编制原材料费用分配表和工资及职工福利费分配表(见表5-23、表5-24);

(2) 根据资料内容以及原材料费用分配表和工资及职工福利费分配表,编制会计分录;

(3) 根据会计分录,登记制造费用明细账、生产成本明细账(见表5-25、表5-27、表5-28、表5-29);

(4) 根据制造费用明细账,编制制造费用分配表(见表5-26),并编制会计分录,登记生产成本明细账;

(5) 计算901#产品总成本和单位成本,并编制完工入库的会计分录。

表5-23 原材料费用分配表

20××年9月 单位:元

应借账户		成本或费用项目	计划成本	材料差异额(+4%)	材料实际成本
基本生产成本	901#产品				
	902#产品				
	903#产品				
小 计					
制造费用	机物料消耗				
合 计					

表 5-24 工资及职工福利费分配表

20××年 9 月

应借账户		工 资					职工福利费 (14%)	合 计
		生产工人			其他人员	合计		
		工时	分配率	金额				
基本生产成本	901#产品							
	902#产品							
	903#产品							
	小 计							
制造费用								
合 计								

表 5-25 制造费用明细账

20××年		摘 要	材料费	人工费	福利费	水电费	折旧费	其 他	合 计
月	日								

表 5-26 制造费用分配表

应借账户		成本项目	实际工时 / 小时	分配率	分配金额 / 元
基本生产成本	901#产品				
	902#产品				
	903#产品				
合 计					

表 5-27 基本生产成本明细账(901#)

批号：901#   开工日期：9 月 1 日

产品名称：甲产品   批量：100 件   完工：100 件   完工日期：9 月 30 日

20××年		凭 证		摘 要	直接材料	直接人工	制造费用	合 计
月	日	种类	号数					

表 5-28　基本生产成本明细账(902#)

批号: 902#　　　　　　　　　　　　　　　　　　　　　　　　　　　开工日期: 9 月 10 日

产品名称: 乙产品　　　　批量: 150 件　　完工: 40 件　　　　　　　完工日期:

20××年		凭证		摘　要	直接材料	直接人工	制造费用	合　计
月	日	种类	号数					

表 5-29　基本生产成本明细账(903#)

批号: 903#　　　　　　　　　　　　　　　　　　　　　　　　　　　开工日期: 9 月 10 日

产品名称: 丙产品　　　　批量: 200 件　　完工:　　件　　　　　　　完工日期:

20××年		凭证		摘　要	直接材料	直接人工	制造费用	合　计
月	日	种类	号数					

项目六　产品成本核算的分步法

能力目标

1. 能够根据企业生产类型和管理要求选择合适的分步法。

2. 能够运用逐步结转分步法进行产品成本的计算，并能够正确地设置生产成本明细账，进行相应的账务处理。

3. 能够运用平行结转分步法进行产品成本的计算，并能够正确地设置生产成本明细账，进行相应的账务处理。

4. 能够按原始成本项目进行成本还原。

知识目标

1. 了解逐步结转分步法和平行结转分步法各自的含义、适用范围及其特点。

2. 掌握逐步结转分步法和平行结转分步法各自的成本计算程序。

3. 比较逐步结转分步法和平行结转分步法的异同。

4. 掌握逐步综合结转分步法按原始成本项目进行成本还原的两种方法。

素质目标

1. 遵守法律、法规和国家统一的会计制度，进行成本核算。

2. 具备团队精神，互相帮助完成学习任务。

3. 具有良好的职业态度，不旷课，认真完成任务，无抄袭。

4. 具有敬业精神，工作有始有终，能正确面对困难和挫折。

项目引入

爱佳纺织厂生产粗纱顺序经过清梳棉、并条、粗纱加工三个基本工序加工完成，第一车间完工产品为 A 半成品，完工后全部交第二车间继续加工，第二车间完工产品为 B 半成品，完工后全部交给半成品仓库。第三车间从半成品仓库领用 B 半成品继续加工为粗纱。

该企业采用实际成本综合结转分步法进行成本核算，各步骤总费用在完工产成品(半成品)和在产品之间的分配采用约当产量法。爱佳纺织厂以最终产成品粗纱及其所经步骤生产的 A 半成品、B 半成品作为成本核算对象，并设置了"产品生产成本明细账(第一车间、第二车间、第三车间)"，产品成本明细账按照直接材料、直接人工、制造费用三个成本项目组织核算。各步骤所用原材料或半成品都在各步骤生产开始时一次投入，各车间的工资和费用发生比较均衡，月末在产品完工程度均为 50%。

该企业还设置了"自制半成品——B 半成品"明细账来组织 B 半成品的收、发、存的核算。第三步骤领用的 B 半成品采用一次加权平均法计算其实际成本。20××年 10 月各生产车间发生的费用已经在各成本核算对象之间进行了分配，有关成本计算资料如表 6-1 及表 6-2 所示。

表 6-1　爱佳纺织厂生产数量资料

产品：粗纱　　　　　　　　　　　　　20××年 10 月　　　　　　　　　　　　　单位：匹

摘　　要	第一车间	第二车间	第三车间
月初在产品数量	100	30	110
本月投入或上步转入	80	120	130
本月完工转入下步或交库	120	130	160
月末在产品数量	60	20	80

表 6-2　爱佳纺织厂生产费用资料

产品：粗纱　　　　　　　　　　　　　20××年 10 月　　　　　　　　　　　　　单位：元

摘　　要	第一车间	第二车间	第三车间
月初在产品成本	10 000	7 500	10 430
其中：直接材料费用(半成品)	7 000	4 800	6 630
直接人工	2 000	1 500	2 500
制造费用	1 000	1 200	1 300
本月发生生产费用	17 000	10 600	6 000
其中：直接材料	11 000		
直接人工	4 000	5 500	3 500
制造费用	2 000	5 100	2 500

请根据上述资料采用逐步结转分步法(综合结转方式)计算粗纱及其 A、B 半成品成本(月末在产品按约当产量法计算)编制结转完工产品成本的会计分录，登记产品成本明细账。

项目分析

根据上述爱佳纺织厂产品生产情况介绍我们可知该企业生产粗纱需顺序经过三个生产步骤，属于多步骤生产类型的企业，并且该企业还设置了"自制半成品——B 半成品"明细账来组织 B 半成品的收、发、存的核算。可见在产品的核算过程中还需计算出每一步骤的成本，因此我们可以选用产品成本的分步法来具体核算。

产品成本计算的分步法，是按照产品的品种和产品的生产步骤为成本计算对象，归集生产费用，计算产品成本的一种方法，简称分步法。采用分步法计算产品成本时，由于各个企业生产工艺过程的特点和成本管理对各步骤成本资料的要求(是否要求计算半成品成本)不同,按照产品生产步骤来归集费用、计算产品成本有两种不同的方法:逐步结转分步法和平行接转分步法。逐步结转分步法按各生产步骤间所结转的半成品成本在下一步骤产品成本明细账中的反映方法不同,又可分成综合结转分步法和分项结转分步法两种。

以下内容是帮助我们完成成本核算任务所必须掌握的知识,下面我们开始【知识与技能】的学习吧!

任务一　认识分步法

一、分步法的含义

产品成本计算的分步法,是按照产品的品种和产品的生产步骤为成本计算对象,归集生产费用,计算产品成本的一种方法,简称分步法(fractional step method)。

二、分步法的特点

(一) 成本计算对象为产品品种及其所经过的生产步骤

1. 产品成本明细账应按照每种产品的各个生产步骤开设

采用分步法核算产品成本的企业,如果只生产一种产品,成本核算对象就是这种产品及其所经过的各个生产步骤,产品成本明细账应按照该产品的生产步骤开设;如果生产多种产品,成本核算对象就是各种产成品及其所经过的各个生产步骤,产品成本明细账按每种产品的各个步骤开设。

归集分配生产费用时,能直接计入各成本核算对象的各种直接费用(直接材料费、直接人工费、其他直接费等),应直接计入相应的生产成本明细账;不能直接计入的,先按生产步骤归集,月末再按一定标准分配计入各成本核算对象的产品生产明细账。企业发生的制造费用应先按生产单位(车间、分厂)归集,月末再直接或分配计入各成本核算对象的产品生产成本明细账。

2. 实际工作中,成本核算的各步骤与实际的生产步骤不一定完全一致

分步法中步骤划分,是本着既要加强企业成本管理,又要简化成本核算工作的原则进行的,它与企业生产实际的生产步骤可能存在一定的偏差。为了简化成本工作,可以根据管理上的需要,将生产比较复杂的车间划分成几个生产步骤分别进行成本核算;也可以将实际中的几个生产步骤或车间合并为一个成本核算对象,进行成本核算。这要结合企业生产特点和成本管理的要求,合理确定,不同的企业不尽相同。

(二) 成本计算期与会计报告期一致,与产品的生产周期不一致

在大量大批多步骤生产中,由于生产过程较长、可以间断,且往往都是跨月陆续完工,因

此成本计算期通常不按生产周期来安排，而是与会计报告期一致，按月进行成本计算。

(三) 一般需要进行生产费用在完工产品与在产品之间的分配

分步法下，由于成本计算期与生产周期不一致，生产大量、大批进行，月末一般会存在没有完工的在产品。因此在计算完工产品成本时，需要采用适当方法，将已计入生产成本明细账中的生产费用合计数在本月完工产品和月末在产品之间进行分配。

三、分步法的适用范围

分步法主要适用于大量、大批、多步骤复杂生产的企业，这些企业的生产过程由若干个在技术上可以间断的生产步骤组成，中间各步骤生产半成品，最后步骤生成产成品。如纺织企业的生产可以分为纺纱、织布、印染等生产步骤；冶金企业的生产可以分为炼铁、炼钢、轧钢等生产步骤；机械制造企业的生产可以分为铸造、加工、装配等生产步骤等。

四、分步法的分类

采用分步法计算产品成本时，由于各个企业生产工艺过程的特点和成本管理对各步骤成本资料的要求(是否要求计算半成品成本)不同，按照产品生产步骤来归集费用、计算产品成本有两种不同的方法：逐步结转分步法和平行接转分步法。逐步结转分步法按各生产步骤间所结转的半成品成本在下一步骤产品成本明细账中的反映方法不同，又可分成综合结转分步法和分项结转分步法两种。其分类如图 6-1 所示。

图 6-1　分步法的分类

任务二　逐步结转分步法应用

在前面分步法的分类中已经提及，逐步结转分步法按各生产步骤间所结转的半成品成本下一步骤产品成本明细账中反映方法不同，可分成综合结转分步法和分项结转分步法。本节结合多步骤生产企业的实际，分别阐述逐步结转分步法下综合结转方式和分项结转方式的应用方法。

一、逐步结转分步法的含义

逐步结转分步法也称顺序结转分步法，它是根据产品连续加工的先后顺序，按照生产步骤逐步计算并结转半成品成本，直到最后步骤计算出产成品成本的方法，又称计算半成品成本的分步法。

二、逐步结转分步法的特点

(1) 逐步结转分步法的成本计算对象是各种产成品及各生产步骤的半成品。该种方法按照产品品种和生产步骤设置成本计算单，每一步骤内的成本计算与品种法基本相同。

(2) 逐步结转分步法下，各步骤生产费用在本步骤完工的半成品和在产品之间分配时，"在产品"是狭义上的概念，是针对本生产步骤来说的。

(3) 逐步结转分步法要计算各生产步骤所产半成品成本，并且半成品成本随着半成品在各加工步骤之间的移转而逐步结转，中间步骤成本计算单中费用合计包含"本步骤耗用上一步骤的半成品费用"一项，可以根据需要设置"自制半成品"账户。

三、逐步结转分步法的适用范围

逐步结转分步法主要适用于大量大批、连续式多步骤生产企业，以及管理上需要考核各步骤半成品成本资料的企业，如纺织、冶金等企业。这些企业的生产从原材料投入到产成品完工，中间需要经过若干连续加工步骤，上一步骤生产的半成品，往往是下一步骤的加工对象(原材料)，直到最后加工步骤才能生产出产成品。各步骤半产品可以继续加工，生产不同的产品，又可以对外销售，管理上需要考核这些半产品的成本资料，以对相应的经济业务进行核算和评价。

四、逐步结转分步法的成本计算程序

(1) 按产品品种和生产步骤设置产品成本明细账，归集生产费用。

(2) 月末将第一步骤成本计算单中的费用合计数月末，采用一定的方法在第一步骤的完工半成品和在产品之间分配，计算出本步骤完工半成品和在产品成本。

(3) 将本步骤耗用上一步骤生产的半成品成本转入本步骤的成本计算单，再加上本步骤本月发生的费用，计算费用合计数，并将费用的合计数在本步骤的完工半成品和在产品之间分配，计算出本步完工半成品和在产品成本。

(4) 重复第 3 步所述的成本计算方法，依次计算各步骤半成品成本，直到生产的最后步骤，计算出本月最终完工的产成品的成本。

温馨提示： 各步骤所消耗的上一步骤半成品的成本计算有两种方式。

① 企业设置"自制半成品"账户。企业通过半成品库收发半成品，则本步骤领用的半成品，可采用先进先出法、移动加权平均法、一次加权平均法等方法，通过"自制半成品"账户及其明细账来核算其成本。

② 企业不通过半成品库收发半成品，而是将上步骤加工完成的半成品直接转入本步骤，那么上步骤计算得出的完工半成品成本即是转入本步骤成本项目的成本数额。

逐步结转分步法的计算程序如图 6-2(半成品不入库)及图 6-3(半成品入库)所示。

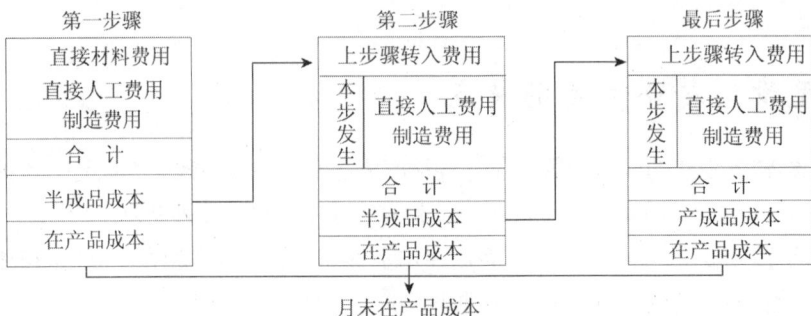

图 6-2　逐步结转分步法计算程序图(半成品不入库)

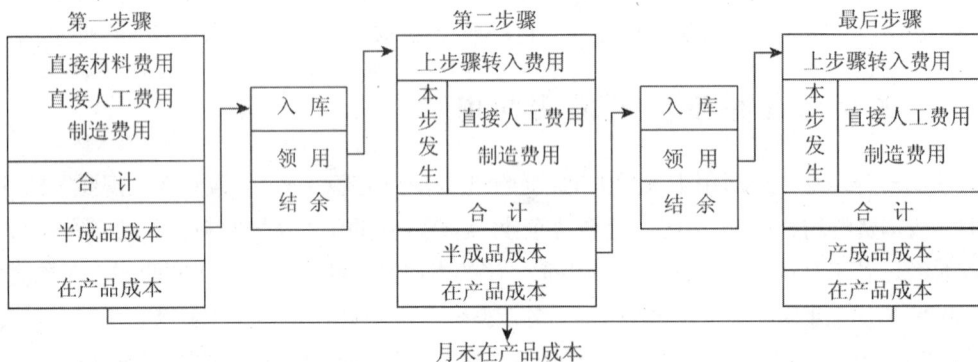

图 6-3　逐步结转分步法计算程序图(半成品入库)

五、逐步结转分步法的综合结转法具体应用

综合结转法就是将各生产步骤耗用的上一步骤的半成品成本,以一个合计金额的形式转入该步骤成本计算单中的"直接材料"或专设的"半成品"成本项目中。耗用的半成品成本可以按实际成本结转,称"实际成本综合结转分步法";也可以按计划成本结转,称"计划成本综合结转分步法"。本书对计划成本综合结转分步法不做详细讲解。

根据【项目引入】所介绍爱佳纺织厂产品生产情况,具体核算如下。

(一) 按产品品种及其所经生产步骤设置明细账

本期生产粗纱经三个车间,产品成本明细账如表 6-3、表 6-4 和表 6-5 所示。

(二) 产品成本计算

1. 第一步骤: 完工 A 半成品成本和在产品成本计算

根据约当产量法的原理,进行如下计算。

(1) 直接材料项目

A 在产品直接材料约当产量 $60 \times 100\% = 60$(匹)

直接材料费用分配率 $= \dfrac{7\,000 + 11\,000}{120 + 60} = 100$

A 半成品直接材料费用 = 100 × 120 = 12 000(元)

A 在产品直接材料费用 = 100 × 60 = 6 000(元)

(2) 直接人工项目

A 在产品直接人工费用和制造费用约当产量 = 60 × 50% = 30(匹)

$$直接人工费用分配率 = \frac{2\,000 + 4\,000}{120 + 30} = 40$$

A 半成品直接人工费用 = 40 × 120 = 4 800(元)

A 在产品直接人工费用 = 40 × 30 = 1 200(元)

(3) 制造费用项目

$$制造费用分配率 = \frac{1\,000 + 2\,000}{120 + 30} = 20$$

A 半成品制造费用 = 20 × 120 = 2 400(元)

A 在产品制造费用 = 20 × 30 = 600(元)

(4) 完工 A 半成品单位成本和总成本

完工 A 半成品单位成本 = 100 + 40 + 20 = 160(元)

完工 A 半成品总成本 = 12 000 + 4 800 + 2 400 = 19 200(元)

(5) A 在产品总成本

A 在产品总成本 = 6 000 + 1 200 + 600 = 7 800(元)

或：A 在产品总成本 = 10 000 + 17 000 - 19 200 = 7 800(元)

由于 A 半成品完工以后没有经过半成品库收发，直接被下一步骤生产领用，因此其成本直接转入下步骤生产成本计算单(生产成本明细账)，不必编制结转完工半成品成本的会计分录。

登记第一步骤 A 半成品成本计算单如表 6-3 所示。

表 6-3　爱佳纺织厂第一车间产品生产成本明细账

产品：A 半成品　　　　　　　　　　20××年 10 月　　　　　　　　　　单位：元

摘　　要	直接材料	直接人工	制造费用	合　　计
月初在产品成本	7 000	2 000	1 000	10 000
本月本步发生费用	11 000	4 000	2 000	17 000
生产费用合计	18 000	6 000	3 000	27 000
本月完工产品数量	120	120	120	120
月末在产品约当产量	60	30	30	
约当总产量	180	150	150	
完工 A 半成品单位成本	100	40	20	160
完工 A 半成品总成本	12 000	4 800	2 400	19 200
月末 A 在产品成本	6 000	1 200	600	7 800

2. 第二步骤：完工 B 半成品成本和在产品成本计算

根据逐步结转分步法的原理，计算第二步骤 B 半成品成本时，除归集本步骤发生的费用外，还需将上步骤转入的完工 A 半成品成本 19 200 元完全计入本步骤成本计算单(生产成本明细账)

的"半成品"成本项目中。

(1) 直接材料(半成品)项目

B 在产品直接材料约当产量 $20 \times 100\% = 20$(匹)

$$直接材料费用分配率 = \frac{4\,800 + 19\,200}{130 + 20} = 160$$

B 半成品直接材料费用 $= 160 \times 130 = 20\,800$(元)

B 在产品直接材料费用 $= 160 \times 20 = 3\,200$(元)

(2) 直接人工项目

B 在产品直接人工费用和制造费用约当产量 $= 20 \times 50\% = 10$(匹)

$$直接人工费用分配率 = \frac{1\,500 + 5\,500}{130 + 10} = 50$$

B 半成品直接人工费用 $= 50 \times 130 = 6\,500$(元)

B 在产品直接人工费用 $= 50 \times 10 = 500$(元)

(3) 制造费用项目

$$制造费用分配率 = \frac{1\,200 + 5\,100}{130 + 10} = 45$$

B 半成品制造费用 $= 45 \times 130 = 5\,850$(元)

B 在产品制造费用 $= 45 \times 10 = 450$(元)

(4) 完工 B 半成品单位成本和总成本

完工 B 半成品单位成本 $= 160 + 50 + 45 = 255$(元)

完工 B 半成品总成本 $= 20\,800 + 6\,500 + 5\,850 = 33\,150$(元)

(5) B 在产品总成本

B 在产品总成本 $= 3\,200 + 500 + 450 = 4\,150$(元)

或：B 在产品总成本 $= 7\,500 + 19\,200 + 10\,600 - 33\,150 = 4\,150$(元)

登记第二步骤 B 半成品成本计算单如表 6-4 所示。

表 6-4　爱佳纺织厂第二车间产品生产成本明细账

产品：B 半成品　　　　　　　　　　20××年 10 月　　　　　　　　　　单位：元

摘　　　要	A 半成品	直接人工	制造费用	合　　计
月初在产品成本	4 800	1 500	1 200	7 500
本月发生费用	19 200	5 500	5 100	
生产费用合计	24 000	7 000	6 300	37 300
本月完工产品数量	130	130	130	130
月末在产品约当产量	20	10	10	
约当总产量	150	140	140	
完工 B 半成品单位成本	160	50	45	255
完工 B 半成品总成本	20 800	6 500	5 850	33 150
月末 B 在产品成本	3 200	500	450	4 150

B 半成品 130 匹，单位成本 255 元，共计 33 150 元，结转入库并登记自制半成品明细账(见表 6-5)。该账月初结存半成品数量和金额应根据上月有关资料登记，增加和减少数量、金额应根据半成品交库单和领料单登记。编制结转完工入库 B 半成品总成本的会计分录如下：

借：自制半成品——B 半成品　　　　　　　33 150

　　贷：生产成本——第二车间(B 半成品)　　　33 150

3. 第三步骤：粗纱产成品成本和在产品成本的计算

(1) 计算本步领用 B 半成品成本

根据有关的领料凭证和自制半成品明细账资料，采用一次加权平均法计算领用 B 半成品成本，并登记自制半成品明细账，见表 6-5。该明细账月初结存半成品数量和金额应根据上月有关资料登记，增加和减少数量、金额应根据半成品交库单和领料单登记。

$$B 半成品一次加权平均单位成本 = \frac{3\,825 + 33\,150}{15 + 130} = 255(元/匹)$$

第三步骤领用 130 件 B 半成品总成本 = 130 × 255 = 33 150(元)

编制领用 33 150 元 B 半成品成本的会计分录：

借：生产成本——第三车间(粗纱)　　　　　33 150

　　贷：自制半成品——B 半成品　　　　　　33 150

表 6-5　爱佳纺织厂自制半成品成本明细账

品名：B 半成品　　　　　　　　　　20××年 10 月

月份	月初结存		本月增加		累　　计			本月减少		月末结存	
	数量/匹	实际成本/元	数量/匹	实际成本/元	数量/匹	实际成本/元	单位成本	数量/匹	实际成本/元	数量/匹	实际成本/元
10 月	15	3 825	130	33 150	145	36 975	255	130	33 150	15	3 825

(2) 直接材料(半成品)项目

粗纱在产品直接材料约当产量 80 × 100% = 80(匹)

$$直接材料费用分配率 = \frac{6\,630 + 33\,150}{160 + 80} = 165.75$$

粗纱产成品直接材料费用 = 165.75 × 160 = 26 520(元)

粗纱在产品直接材料费用 = 165.75 × 80 = 13 260(元)

(3) 直接人工项目

粗纱在产品直接人工费用和制造费用约当产量 = 80 × 50% = 40(匹)

$$直接人工费用分配率 = \frac{2\,500 + 3\,500}{160 + 40} = 30$$

粗纱产成品直接人工费用 = 30 × 160 = 4 800(元)

粗纱在产品直接人工费用 = 30 × 40 = 1 200(元)

(4) 制造费用项目

$$制造费用分配率 = \frac{1\,300 + 2\,500}{160 + 40} = 19$$

粗纱产成品制造费用 $= 19 \times 160 = 3\,040(元)$

粗纱在产品制造费用 $= 19 \times 40 = 760(元)$

(5) 粗纱产成品单位成本和总成本

粗纱产成品单位成本 $= 165.75 + 30 + 19 = 214.75(元)$

粗纱产成品总成本 $= 26\,520 + 4\,800 + 3\,040 = 34\,360(元)$

(6) 粗纱在产品总成本

粗纱在产品总成本 $= 13\,260 + 1\,200 + 760 = 15\,220(元)$

或: $\qquad\qquad = 10\,430 + 33\,150 + 6\,000 - 34\,360 = 15\,220(元)$

登记第三步骤粗纱产成品成本计算单如表 6-6 所示。

表 6-6　爱佳纺织厂第三车间产品生产成本明细账

产品：粗纱　　　　　　　　　　　　20××年10月　　　　　　　　　　　　单位：元

摘　　要	B 半成品	直接人工	制造费用	合　　计
月初在产品成本	6 630	2 500	1 300	10 430
本月发生费用	33 150	3 500	2 500	39 150
生产费用合计	39 780	6 000	3 800	49 580
本月完工产品数量	160	160	160	
月末在产品约当产量	80	40	40	.
约当总产量	240	200	200	
完工产品单位成本	165.75	30	19	214.75
完工产品总成本	26 520	4 800	3 040	34 360
月末在产品成本	13 260	1 200	760	15 220

由上述成本计算单可知，完工品 160 匹，单位成本 214.75 元，共计 34 360 元， 编制结转完工入库产成品总成本的会计分录如下。

借：库存商品——粗纱　　　　　　　　　　　34 360

　　贷：生产成本——第三车间(粗纱)　　　　　34 360

由上面实例的分析计算，不难看出综合结转分步法的优点：在逐步结转分步法的综合结转法下，上一步骤转入的自制半成品成本综合登记在下一步的"半成品"(或"直接材料")中，大大简化了成本结转工作，成本计算量不大。另外从各生产车间产品成本明细账中，可以看出各个步骤产品所耗上一步骤半成品的综合成本以及本步骤加工费用的水平，有利于对各步骤的生产进行成本管理、分析。

除了上述优点之外，综合结转分步法还存在一定的不足：

该法不能提供按原始成本项目反映的产成品成本资料，因而难以从企业角度分析和考核产品的成本结构构成。如果管理上要求提供这方面的成本资料，还需要对产成品成本构成中的"半成品"项目成本还原，从而加大了核算的工作量。

故综合结转法比较适用于管理上要求计算各个步骤的半成品成本，但不要求进行成本还原的情况。

六、逐步结转分步法成本还原

(一) 成本还原的意义

所谓成本还原，就是将产品成本中的"半成品"这一综合成本项目，逐步分解还原为以"直接材料""直接人工""制造费用"等原始成本项目反映的成本，以恢复产品成本的真实构成。

我们知道，逐步结转分步法下综合结转分步法虽然较为简便，但其计算的完工产成品成本中"自制半成品"成本项目，综合了前面所有步骤的材料费用、工资费用及制造费用等各种费用，在产成品成本中占有相当大的比例。比如前例中，完工产品(普梳纱)实际总成本为 34 360元，其中上步骤转入的半成品成本 26 520 元，占 77%，而"直接人工"和"制造费用"两项之和仅为 7 840 元，占 23%。这显然不符合产成品实际的成本构成情况，不能据此来考核分析产品成本，以寻求降低成本的途径。因此，为加强成本管理，必须对"半成品"项目进行成本还原，以反映产成品成本的真实构成。

(二) 成本还原的方法

还原的方法是采用倒序法，就是从最后一个步骤起，把各步骤所耗上一步骤半成品的综合成本，按上步骤所产这种半成品的成本结构进行还原，分解成原来的成本项目，一直分解到第一个生产步骤；然后将各步骤相同的成本项目数额相加，即可求得按原始成本项目反映的产成品成本。这种方法只是恢复了产成品成本的原始构成，总量不发生变化。下面结合前例逐步综合结转分步法资料，来解释成本还原的两种方法。

1. 成本还原方法一：半成品成本比率还原法

半成品成本比率还原法是按产成品所耗用上一步骤半成品总成本占上一步骤完工半成品总成本的比率进行成本还原的方法。其计算步骤为：

(1) 计算还原分配率

半成品成本还原分配率 =(本月产成品所耗上一步骤半成品成本合计)

÷(本月所产该种半成品成本合计)

(2) 成本还原

以还原分配率分别乘以本月所产该种半成品各个成本项目的费用，求得按原始成本项目反映的成本。

还原为某成本项目的金额 = 本月所产该种半成品中该成本项目 × 成本还原率

(3) 计算还原后的总成本

将成本还原前和还原后相同的成本项目进行汇总，求出粗纱还原以后的总成本和单位成本。

仍以前述逐步综合结转分步法资料，按半成品成本比率还原法成本还原计算如下。

(1) 第一步：对 B 半成品成本还原

爱佳纺织厂粗纱总成本中所耗上一步骤 B 半成品成本合计 26 520 元，本月所产该 B 半成品成本合计为 33 150 元，则：

B 半成品成本还原分配率 = 26 520 ÷ 33 150 = 0.8

B 半成品成本项目 = 20 800 × 0.8 = 16 640(元)

直接人工项目 = 6 500 × 0.8 = 5 200(元)

制造费用项目 = 5 850 × 0.8 = 4 680(元)

还原后成本合计 = 16 640 + 5 200 + 4 680 = 26 520(元)

(2) 第二步：对 A 半成品成本还原

粗纱产成品所耗 A 半成品成本合计为 16 640 元(B 半成品成本还原得到的 A 半成品成本)，本月第一车间所产该 A 半成品成本合计为 19 200 元，则：

A 半成品成本还原分配率 = 16 640 ÷ 19 200 = 0.866 7

A 半成品成本项目 = 12 000 × 0.866 7 = 10 400(元)

直接人工项目 = 4 800 × 0.866 7 = 4 160(元)

制造费用项目 = 2 400 × 0.866 7 = 2 080(元)

还原后成本合计 = 10 400 + 4 160 + 2 080 = 16 640(元)

(3) 第三步：计算还原后粗纱的总成本

直接材料项目 = 10 400(元)

直接人工项目 = 4 800 + 5 200 + 4 160 = 14 160(元)

制造费用项目 = 3 040 + 4 680 + 2 080 = 9 800(元)

还原后粗纱总成本 = 10 400 + 14 160 + 9 800 = 34 360(元)

上述计算可以在成本还原计算表中进行，见表 6-7 所示。

表 6-7　爱佳纺织厂产品成本还原计算表

产品：粗纱　产量：160 件　　　　　　　　20××年 10 月　　　　　　　　单位：元

摘　要	成本还原分配率	成本项目					
		B 半成品	A 半成品	直接材料	直接人工	制造费用	合　计
还原前完工产品总成本		26 520				4 800	3 040	34 360
本月所产 B 半成品成本			20 800		6 500	5 850	33 150
B 半成品还原	0.8	(26 520)	16 640		5 200	4 680	
本月所产 A 半成品成本				12 000	4 800	2 400	19 200
A 半成品还原	0.866 7		(16 640)	10 400	4 160	2 080	
还原后完工产品总成本				10 400	14 160	9 800	34 360

2. 成本还原方法二：成本项目比重还原法

成本项目比重还原法是将产成品所耗用上一步骤半成品总成本按本月所产该半成品各成本项目占该半成品全部成本的比重进行成本还原的方法。其计算步骤如下。

(1) 计算半成品各成本项目占其总成本的比重

某成本项目的比重＝本月完工半成品成本中该成本项目的金额÷本月完工半成品成本总额

(2) 成本还原

还原为某成本项目的成本＝产品成本中半成品成本×该成本项目的比重

(3) 计算还原后的总成本，算法同前种方法

仍以前述逐步综合结转分步法资料，按成本项目比重还原法成本还原计算如下。

(1) 第一步：对粗纱产品成本中的 B 半成品成本 26 520 元进行成本还原

爱佳纺织厂所产 B 半成品各成本项目的比重如下。

A 半成品成本项目：20 800÷33 150＝62.745%

直接人工项目：6 500÷33 150＝19.608%

制造费用项目：5 850÷33 150＝17.647%

A 半成品成本项目＝26 520×62.745%＝16 640(元)

直接人工项目＝26 520×19.608%＝5 200(元)

制造费用项目＝26 520×17.647%＝4 680(元)

还原后成本合计＝16 640＋5 200＋4 680＝26 520(元)

(2) 第二步：对上步得到的粗纱产品成本中所含 A 半成品成本项目 16 640 元二次还原

爱佳纺织厂所产 A 半成品各成本项目的比重如下。

直接材料成本项目：12 000÷19 200＝62.5%

直接人工项目：4 800÷19 200＝25%

制造费用项目：2 400÷19 200＝12.5%

直接材料成本项目＝16 640×62.5%＝10 400(元)

直接人工项目＝16 640×25%＝4 160(元)

制造费用项目＝16 640×12.5%＝2 080(元)

还原后成本合计＝10 400＋4 160＋2 080＝16 640(元)

(3) 第三步：计算还原后粗纱的总成本

直接材料项目＝10 400(元)

直接人工项目＝4 800＋5 200＋4 160＝14 160(元)

制造费用项目＝3 040＋4 680＋2 080＝9 800(元)

还原后粗纱总成本＝10 400＋14 160＋9 800＝34 360(元)

上述计算见表 6-8 所示。

表 6-8　爱佳纺织厂产品成本还原计算表

产品：粗纱　产量：160 件　　　　　　　　20××年 10 月　　　　　　　　　单位：元

摘　　要	成本项目					
	B 半成品	A 半成品	直接材料	直接人工	制造费用	合　　计
还原前完工产品总成本	26 520		0	4 800	3 040	34 360
B 半成品成本构成		62.745%	0	19.608%	17.647%	100%
B 半成品还原	(26 520)	16 640	0	5 200	4 680	0
A 半成品构成			62.5%	25%	12.5%	100%
A 半成品还原		(16 640)	10 400	4 160	2 080	0
还原后完工产品总成本		0	10 400	14 160	9 800	34 360

七、逐步结转分步法的分项结转法具体应用

分项结转法就是将各生产步骤所耗用的上一步骤半成品成本，按照原始成本项目转入各该步骤产品成本计算单的各个成本项目中。分项结转法同综合结转法一样，也可以分成按实际成本结转的分项结转法和按计划成本结转的分项结转法(本书不予介绍)两种。为了便于与综合结转法对比，仍以爱佳纺织厂成本计算为实例。

(一) 企业生产资料

沿用【项目引入】资料，假设爱佳纺织厂第二车间生产的 B 半成品不经过半成品库收发，而是直接转入第三车间继续加工制成粗纱，粗纱完工后全部入库。采用实际成本结转的分项结转法进行产品成本计算，已经按车间设置了"爱佳纺织厂生产成本明细账"。爱佳纺织厂20××年 10 月的生产数量资料见表 6-1，本月生产费用资料见表 6-9。

表 6-9　爱佳纺织厂生产费用记录资料

产品：粗纱　　　　　　　　　　20××年 10 月　　　　　　　　　　单位：元

项　　目	第一车间	第二车间	第三车间
月初在产品成本	10 000	7 500	10 430
其中：1. 直接材料	7 000	3 000	2 600
(1) 本步骤发生	7 000		
(2) 上步骤转入		3 000	2 600
2. 直接人工	2 000	2 700	4 840
(1) 本步骤发生	2 000	1 500	2 500
(2) 上步骤转入		1 200	2 340
3. 制造费用	1 000	1 800	2 990
(1) 本步骤发生	1 000	1 200	1 300
(2) 上步骤转入		600	1 690

（续表）

项 目	第一车间	第二车间	第三车间
本月本步骤发生生产费用	17 000	10 600	6 000
其中：直接材料	11 000		
直接人工	4 000	5 500	3 500
制造费用	2 000	5 100	2 500

（二）产品成本计算

1. 计算本月第一车间所产 A 半成品实际成本

这一步骤是生产的第一步，没有上步骤转入费用，因而，采用综合结转和分项结转方式在成本核算上没有区别。其计算过程和结果，可见前面综合结转法的讲解，爱佳纺织厂第一车间生产成本明细账可见表 6-3。

2. 计算本月第二车间所产 B 半成品实际成本

第二车间生产 B 半成品成本中包含上一步骤转入的 A 半成品成品。在分项结转分步法下，第一车间本月生产的 120 件 A 半成品总成本 19 200 元，应分项列入直接材料、直接人工、制造费用成本项目。具体情形见表 6-10 爱佳纺织厂第二车间生产成本明细账。

由表 6-10 可知，各成本项目都分成了"上步转入""本步发生"两部分。这也是分项结转法的特点之一。对于月末在产品来说，上步转入的半成品成本在本步骤开始时已全部投入，应与月末完工半成品或产成品同等分配生产费用；而本步发生的费用并没有全部投入，应按投料率（完工程度）折合成约当产量后，再与本月完工半成品或产成品一起分配生产费用。约当总产量和费用分配率的计算方法不变。值得说明的是，经过分项结转法计算出的完工半成品（产成品）的各个成本项目内部要汇总"上步转入"和"本步发生"，将总额转入下一步骤成本明细账的"上步转入"项。如 A 半成品直接人工费用合计为 5 200+6 500=11 700 元，要将 11 700 转入第三车间生产成本明细账直接人工成本项目内的"上步转入"栏，详细可参考表 6-10。

表 6-10 爱佳纺织厂第二车间生产成本明细账

产品：B 半成品　　　　　　　　　　　20××年10月　　　　　　　　　　单位：元

摘 要	直接材料		直接人工		制造费用		合 计
	上步转入	本步发生	上步转入	本步发生	上步转入	本步发生	
月初在产品成本	3 000		1 200	1 500	600	1 200	7 500
本月本步发生费用				5 500		5 100	10 600
本月上步转入费用	12 000		4 800		2 400		19 200
生产费用合计	15 000		6 000	7 000	3 000	6 300	37 300
完工产品数量	130		130	130	130	130	
月末在产品约当量	20		20	10	20	10	
约当总产量	150		150	140	150	140	
费用分配率	100		40	50	20	45	
完工 B 半成品总成本	13 000		5 200	6 500	2 600	5 850	33 150
月末在产品成本	2 000		800	500	400	450	4 150

3. 计算本月第三车间所产 B 半成品实际成本

第三车间生产成本明细账(见表 6-11)中有关项目的计算与第二车间相同，不再赘述。

表 6-11　爱佳纺织厂第三车间生产成本明细账

产品：粗纱　　　　　　　　　　　　20××年10月　　　　　　　　　　　　单位：元

摘　　要	直接材料		直接人工		制造费用		合　计
	上步转入	本步发生	上步转入	本步发生	上步转入	本步发生	
月初在产品成本	2 600		2 340	2 500	1 690	1 300	10 430
本月本步发生费用				3 500		2 500	6 000
本月上步转入费用	13 000		11 700		8 450		33 150
生产费用合计	15 600		14 040	6 000	10 140	3 800	49 580
完工产品数量	160		160	160	160	160	
月末在产品约当量	80		80	40	80	40	
约当总产量	240		240	200	240	200	
费用分配率	65		58.5	30	42.25	19	
完工甲产品总成本	10 400		9 360	4 800	6 760	3 040	34 360
月末在产品成本	5 200		4 680	1 200	3 380	760	15 220

根据表 6-11 的计算结果编制"爱佳纺织厂完工产品成本汇总表"，如表 6-12 所示。

表 6-12　爱佳纺织厂完工产品成本汇总表

产品：粗纱　　　产量：160匹　　　20××年10月　　　　　　　　　　单位：元

项　　目	直接材料	直接人工	制造费用	合　计
本月完工产品总成本	10 400	9 360 + 4 800=14 160	6 760 + 3 040 = 9 800	34 360
本月完工产品单位成本	65	88.5	61.25	214.75

根据表 6-12，编制本月结转完工入库粗纱总成本的会计分录。

借：库存商品——粗纱　　　　　　　　　　34 360

　　贷：生产成本——第三车间(粗纱)　　　　34 360

(三) 分项结转分步法的优缺点

通过上面的实例，比较分项结转分步法和综合结转分步法的计算结果，发现二者完全一致。由此可知，不需要成本还原，分项结转法就能客观地反映产品的真实成本。这种方法可直接、正确地提供按原始成本项目反映的企业产品成本资料，便于从整个企业的角度考核和分析产品成本计划的执行情况，省去了成本还原的麻烦。

但是，很显然这种方法的成本结转工作比较复杂，如果半成品通过半成品库收发，在自制半成品明细账中登记半成品成本时，也要按照成本项目分别进行，费时费力。而且，各步骤完工产品成本不能反映所耗上一步骤半成品费用和本步骤加工费用信息，不便于进行各步骤完工产品的成本分析。

任务三 平行结转分步法应用

一、平行结转分步法的含义

平行结转分步法是指不计算各步骤的半成品成本,只将各生产步骤应计入相同产成品成本的份额平行汇总,以求得产成品成本的方法,又称"不计算半成品成本的分步法"。

二、平行结转分步法的特点

(1) 平行结转分步法以最终产成品品种作为成本计算对象,并按生产步骤和产成品品种设置产品成本计算单。在平行结转方式下,各步骤只计算本步骤的加工费用,不计算各步骤完工半成品成本,也就是半成品成本不会随着半成品实物在各加工步骤之间的转移而转移,各步骤的加工费用只要计算出其应计入产成品成本的份额,平行地计入产成品成本中。各步骤发生的直接计入费用,可根据直接材料和直接人工的发生额直接计入各成本计算单;间接计入费用应先按发生地点归集,然后再按一定标准分配,计入有关的产品成本计算单。

(2) 不通过"自制半成品"账户进行总分类核算。在平行结转分步法下,各生产步骤不计算结转半成品成本,因此,不论生产中半成品在各生产步骤之间直接转移,还是通过半成品库收发,都不通过"自制半成品"账户进行总分类核算。

(3) 各步骤生产费用合计数要在产成品和广义在产品之间进行分配。平行结转分步法要求每一生产步骤的生产费用都要在最终的产成品与月末在产品之间进行分配。不同于逐步结转分步法,这里的在产品不仅包括各步骤正在加工的在产品,还包括本步骤已经加工完成,并转入下一步骤进一步加工,或已由半成品库验收,还需要进一步加工的自制半成品,是就整个企业而言的广义在产品。

三、平行结转分步法的适用范围

平行结转分步法主要适用于不对外销售半成品的大量大批装配式多步骤生产和管理上不要求计算半成品成本的多步骤生产,如机械制造、汽车制造等企业。这类企业生产,先由各生产步骤对各种原材料平行加工,形成产成品必需的半成品(零件、部件),然后由最后生产步骤将零件、部件装配成各种产成品。半成品种类很多且对外出售业务较少的企业,为简化成本计算,也可以采用此法。

四、平行结转分步法的计算程序

(1) 按产品品种和生产步骤设置产品成本明细账,归集生产费用。
(2) 各生产步骤计算出某产品在本步骤所发生的全部费用。
(3) 将各生产步骤该产品所发生的全部费用在本月最终产品与月末在产品(广义在产品)之

间进行分配,确定各生产步骤应计入产成品成本的"份额"。

(4) 将各生产步骤应计入相同产成品成本的份额直接相加(汇总),计算出最终产成品的实际总成本。

平行结转分步法的计算程序如图 6-4 所示。

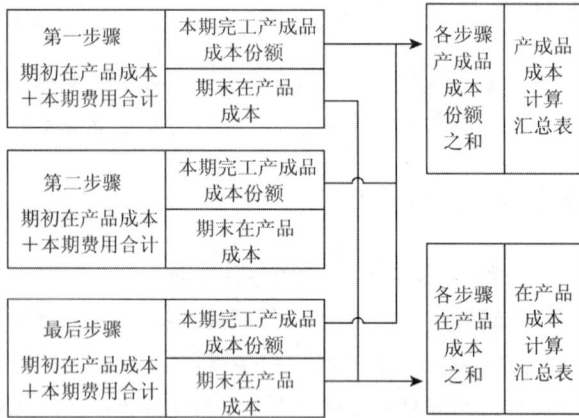

图 6-4 平行结转分步法计算的程序图

五、平行结转分步法具体应用

(一) 企业资料

南方工厂设有铸造、机加工和装配三个生产车间,大量生产小型收割机。原材料在生产开始时一次投入,第一车间生产 A 半成品(铸件),然后直接转入第二车间加工制成 B 半成品(加工件),完工后的 B 半成品直接转交给第三车间加工成产成品。其中,每件 A 半成品能加工成一件 B 半成品,每台产成品需要消耗 1 件 B 半成品。第三车间生产完工后将全部产成品送交产成品仓库。

南方工厂生产的 A、B 半成品全部用于生产小型收割机,不对外销售。为简化成本工作,采用平行结转分步法计算小型收割机成本。工厂已经按平行结转分步法要求设置了产品生产成本明细账(三个车间),并按直接材料、直接人工、制造费用三个成本项目组织核算工作。

南方工厂生产费用采用约当产量法在完工产品和在产品之间分配,各车间人工费用和制造费用发生比较均衡,在产品完工率均为 50%。

20××年 10 月南方工厂各车间生产数量资料如表 6-13 所示,生产费用资料如表 6-14 所示。

表 6-13 南方工厂各车间生产数量表

20××年 10 月   单位:台

项　　目	A 零件	B 零件	小型收割机
期初在产品数量	20	50	40
本期投产数量	180	160	180
完工转出数量	160	180	200
期末在产品数量	40	30	20

表 6-14 南方工厂各车间生产费用资料表

20××年10月　　　　　　　　　　　　　　　　单位：元

摘　要		直接材料	直接人工	制造费用	合　计
一车间	月初在产品成本	15 000	5 000	10 000	30 000
	本月生产费用	14 000	8 500	6 200	28 700
二车间	月初在产品成本		4 400	5 000	9 400
	本月生产费用		5 000	5 575	10 575
三车间	月初在产品成本		5 550	4 450	10 000
	本月生产费用		6 000	5 000	11 000

(二) 产品成本计算

1. 计算各步骤应计入最终产成品(小型收割机)成本的份额

平行结转分步法下，月末各步骤要将本步骤的生产费用合计数在本月完工产成品和广义在产品之间分配。采用约当产量法计算月末各步骤广义在产品约当产量及约当总产量的公式如下。

某步骤月末广义在产品约当产量

＝该步骤月末在产品的约当产量＋转入半成品库和以后步骤但未最终完工半成品数量

＝该步骤月末在产品数量×在产品完工程度＋转入半成品库和以后步骤但未

最终完工半成品数量

某步骤约当总产量

＝最终完工产成品数量×单位产成品耗用该步骤半成品的数量＋该步骤广义在产品数量

采用平行结转分步法，要计算出各步骤生产费用合计数额中最终产成品成本应承担的份额，离不开成本项目费用分配率的计算。

某成本项目费用分配率

＝某生产步骤该成本项目生产费用合计数/某步骤约当总产量

产成品成本在某步骤应负担的份额

＝最终完工产成品数量×单位产成品耗用该步骤半成品数量×某成本项目费用分配率

针对南方工厂生产实际，采用平行结转分步法产品成本计算过程如下。

(1) 第一车间成本计算

直接材料约当总产量＝200×1＋40×100%＋(30＋20)＝290(件)

直接材料费用分配率＝(15 000＋14 000)÷290＝100

200件产成品成本份额＝200×100＝20 000(元)

月末在产品成本＝15 000＋14 000－20 000＝9 000(元)

直接人工和制造费用约当总产量＝200×1＋40×50%＋(30＋20)＝270(件)

直接人工费用分配率＝(5 000＋8 500)÷270＝50

200件产成品成本份额＝200×50＝10 000(元)

月末在产品成本＝5 000＋8 500－10 000＝3500(元)

制造费用分配率＝(10 000＋6 200)÷270＝60

200 件产成品成本份额 = 200 × 60 = 12 000(元)

月末在产品成本 = 10 000 + 6 200 - 12 000 = 4 200(元)

第一车间 200 件产成品总成本份额 = 20 000 + 10 000 + 12 000 = 42 000(元)

根据上述计算结果,编制成本计算单如表 6-15 所示。

表 6-15　南方工厂第一车间产品生产成本明细账

产品:A 零件　　　　　　　　　　　20××年 10 月　　　　　　　　　　　单位:元

摘　　要		直接材料	直接人工	制造费用	合　　计
月初在产品成本		15 000	5 000	10 000	30 000
本月发生生产费用		14 000	8 500	6 200	28 700
生产费用合计		29 000	13 500	16 200	58 700
最终产成品数量		200	200	200	
在产品约当产量	本步在产品约当产量	40	20	20	
	已交下步未完工半成品	50	50	50	
约当总产量(分配标准)		290	270	270	
单位产成品成本份额		100	50	60	210
结转产成品成本份额		20 000	10 000	12 000	42 000
月末在产品成本		9 000	3 500	4 200	16 700

(2) 第二车间成本计算

直接人工和制造费用约当总产量 = 200 × 1 + 30 × 50% + 20 = 235(件)

直接人工费用分配率 = (4 400 + 5 000) ÷ 235 = 40

200 件产成品直接人工成本份额 = 200 × 40 = 8 000(元)

月末在产品成本 = 4 400 + 5 000 - 8 000 = 1 400(元)

制造费用分配率 = (5 000 + 5 575) ÷ 235 = 45

200 件产成品成本份额 = 200 × 45 = 9 000(元)

月末在产品成本 = 5 000 + 5 575 - 9 000 = 1 575(元)

第二车间 200 件产成品总成本份额 = 8 000 + 9 000 = 17 000(元)

根据上述计算结果,编制成本计算单如表 6-16 所示。

表 6-16　南方工厂第二车间产品生产成本明细账

产品:B 零件　　　　　　　　　　　20××年 10 月　　　　　　　　　　　单位:元

摘　　要	直接材料	直接人工	制造费用	合　　计
月初在产品成本		4 400	5 000	9 400
本月发生生产费用		5 000	5 575	10 575
生产费用合计		9 400	10 575	19 975
最终产成品数量		200	200	200

摘　　要		直接材料	直接人工	制造费用	合　　计
在产品约当产量	本步在产品约当产量		15	15	—
	已交下步未完工半成品		20	20	—
约当总产量(分配标准)			235	235	—
单位产成品成本份额			40	45	85
结转产成品成本份额			8 000	9 000	17 000
月末在产品成本			1 400	1 575	2 975

(3) 第三车间成本计算

直接人工和制造费用约当总产量 = $200 \times 1 + 20 \times 50\% = 210$(件)

直接人工费用分配率 = $(5\,550 + 6\,000) \div 210 = 55$

200 件产成品直接人工成本份额 = $200 \times 55 = 11\,000$(元)

月末在产品成本 = $5\,550 + 6\,000 - 11\,000 = 550$(元)

制造费用分配率 = $(4\,450 + 5\,000) \div 210 = 45$

200 件产成品成本份额 = $200 \times 45 = 9000$(元)

月末在产品成本 = $4\,450 + 5\,000 - 9\,000 = 450$(元)

第三车间 200 件产成品总成本份额 = $11\,000 + 9\,000 = 20\,000$(元)

根据上述计算结果,编制成本计算单如表 6-17 所示。

表 6-17　南方工厂第三车间产品生产成本明细账

产品：产成品　　　　　　　　　　　　20××年10月　　　　　　　　　　　　单位：元

摘　　要	直接材料	直接人工	制造费用	合　　计
月初在产品成本		5 550	4 450	10 000
本月发生生产费用		6 000	5 000	11 000
生产费用合计		11 550	9 450	21 000
最终产成品数量		200	200	200
本步在产品约当产量		10	10	10
约当总产量(分配标准)		210	210	210
单位产成品成本份额		55	45	100
结转产成品成本份额		11 000	9 000	20 000
月末在产品成本		550	450	1 000

2. 小型收割机总成本和单位成本计算

将前面三步骤计算出的200台小型收割机的各项成本份额汇总即得到小型收割机的实际总成本。

小型收割机总成本 = $42\,000 + 17\,000 + 20\,000 = 79\,000$(元)

小型收割机单位成本 = $210 + 85 + 100 = 395$(元/台)

根据表 6-15～表 6-17 的计算结果,汇总编制南方工厂产品成本计算汇总表,如表 6-18 所示。

表6-18　南方工厂产品成本计算汇总表

产品：小型收割机　　　　　　　　　20××年10月　　　　　　　　　单位：元

车　间	直接材料	直接人工	制造费用	合　计
第一车间	20 000	10 000	12 000	42 000
第二车间		8 000	9 000	17 000
第三车间		11 000	9 000	20 000
完工产品总成本	20 000	29 000	30 000	79 000
完工产品单位成本	100	145	150	395

根据上述成本计算结果汇总表，编制结转完工入库产品成本的会计分录如下。

借：库存商品——小型收割机　　　　　79 000

　　贷：生产成本——第一车间　　　　　42 000

　　　　　　　　——第二车间　　　　　17 000

　　　　　　　　——第三车间　　　　　20 000

(三) 平行结转分步法的优缺点

1. 平行结转分步法的优点

(1) 各个步骤可以同时计算产品成本，然后将其平行结转、汇总计入产成品成本，避免了计算各步骤半成品成本的烦琐问题。

(2) 能够直接提供按原始成本项目反映的产成品成本资料，不必进行成本还原，因而能够简化和加速成本计算工作。

2. 平行结转分步法的缺点

(1) 不能提供各个步骤的半成品成本资料。

(2) 在产品的成本不随实物转移而转出，即不按其实物所在地登记，而按其费用发生地登记，因而不能为各个生产步骤在产品的实物管理和资金管理提供资料。

(3) 各个生产步骤的产品成本只反映本步骤发生的生产费用，不包括所耗上一步骤半成品的成本，因而除第一步骤外，不能全面地反映各该步骤产品的生产耗费水平。

六、平行结转分步法与逐步结转分步法的区别

(一) 半成品成本处理方法不同

逐步结转分步法下，半成品可能对外销售，因此要求计算各步骤半成品成本，且其成本随着半成品实物而转移，即物资运动和价值运动并存。在平行结转分步法下，一般只计算本步骤生产费用应计入产成品成本的"份额"，最后将"份额"平行汇总，计算最终完工产成品的成本，其成本不随着半成品实物转入下一步骤成本计算单中，而仍然保留在原发生地的成本明细账内，物资运动和价值运动脱离。

(二) 在产品的含义不同

平行结转分步法下，在产品是指广义的，也就是指整个企业尚未完工的半成品和在产品，它不仅包括正在本步骤加工的在产品，还包括经过本步骤加工完毕，但还没有最后制成产成品

的一切半成品；逐步结转分步法下，在产品是指狭义的，也就是仅指本步骤正在加工的在产品。

(三) 成本计算的时序不同

在逐步结转分步法下，要按加工步骤的顺序来累计计算产品成本，后一步骤计算成本必须等到前一个步骤成本计算出来后才能进行，且后一步骤的产品成本中包含了前面步骤结转过来的半成品成本，常常需要成本还原，以反映产品成本的真实构成。而平行结转分步法下，各步骤应计入产成品成本的份额可以同时计算，互相不发生干扰，后一步骤也不必等待前步骤的成本核算数据，加速了成本核算工作。

项目小结

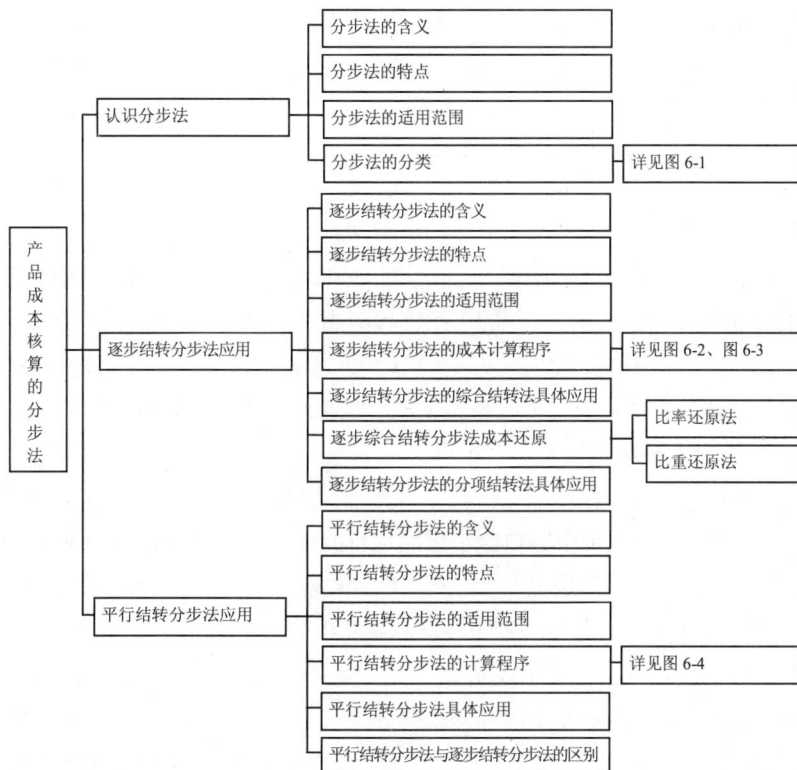

任务实施

1. 在全面理解掌握【知识与技能】的基础上，各小组同学独立完成【技能训练】相关内容。
2. 各小组成员遵循实事求是、认真负责的原则，按照【任务评价】进行组内互评打分。

任务评价

为了考核学生对【任务一】【任务二】和【任务三】的理解程度，特制定了任务考核评价表(见表 6-19)，主要考核学生对产品成本核算分步法的掌握程度。

表 6-19　任务考核评价表

产品成本核算分步法

考评标准	内　容	分　值	得　分
	认识分步法	10	
	逐步综合结转分步法应用	30	
	成本还原	20	
	分项结转分步法应用	20	
	平行结转分步法应用	20	
合　计		100	

注：考评满分为 100 分，60～70 分为及格；71～80 分为中等；81～90 分为良好；91 分以上为优秀。

技能训练

一、单项选择题

1. 成本还原是指从(　　)生产步骤开始。

A. 最前一个　　　　B. 中间一个　　　　C. 最后一个　　　　D. 随意任选一个

2. 不计算半成品成本的分步法是指(　　)分步法。

A. 综合结转　　　　B. 逐步结转　　　　C. 分项结转　　　　D. 平行结转

3. 逐步结转分步法实际上是(　　)的多次连接应用。

A. 品种法　　　　B. 分批法　　　　C. 分步法　　　　D. 分类法

4. 采用逐步结转分步法，如果半成品完工后，要通过半成品库收发，在半成品入库时，应借记(　　)账户，贷记"基本生产成本"账户。

A. 库存商品　　　　B. 在产品　　　　C. 制造费用　　　　D. 自制半成品

5. 成本还原是将(　　)成本中的自制半成品项目的成本，还原为原始成本项目的成本。

A. 在产品　　　　B. 产成品　　　　C. 半成品　　　　D. 自制半成品

6. 采用逐步结转分步法，各步骤期末在产品是指(　　)。

A. 广义在产品　　B. 自制半成品　　C. 狭义在产品　　D. 合格品和废品

7. 在下列企业中，(　　)必须采用逐步结转分步法。

A. 有自制半成品生产的企业　　　　　　B. 有自制半成品交给下一步骤的企业

C. 有自制半成品对外销售的企业　　　　D. 没有自制半成品生产的企业

8. 下列方法中，属于不计算半成品成本的分步法是(　　)。

A. 逐步结转分步法　　　　　　　　　B. 平行结转分步法

C. 综合结转分步法　　　　　　　　　D. 分项结转分步法

9. 企业采用分步法计算产品成本,若各步骤的生产费用在完工产成品与广义在产品之间进行分配，则可判断其所采用的分步法是(　　)。

A. 逐步结转分步法　　　　　　　　　B. 综合结转分步法

C. 分项结转分步法　　　　　　　　　D. 平行结转分步法

10. 逐步结转分步法的缺点是(　　)。

A. 不能提供各生产步骤所耗用上一步骤的半成品成本资料

  B. 不能提供各生产步骤所生产的本步骤的半成品成本资料

  C. 各生产步骤不能同时计算产品成本

  D. 不便于各生产步骤的成本管理

二、多项选择题

1. 采用综合结转分步法，各步骤的产品成本明细账上能提供( )资料。

  A. 按原始成本项目反映的产成品成本 B. 各步骤所耗用的上一步骤的半成品成本

  C. 各步骤所生产的完工半成品成本 D. 各步骤费用中应计入产成品成本的份额

  E. 各步骤的未完工产品成本

2. 在成本计算的分步法中，相互对应的结转方法有( )。

  A. 逐步结转与分项结转   B. 综合结转与平行结转

  C. 分项结转与平行结转   D. 逐步结转与平行结转

  E. 综合结转与分项结转

3. 采用综合结转法结转半成品成本的优点是( )。

  A. 便于各步骤进行成本管理

  B. 便于各生产步骤完工产品的成本分析

  C. 便于从整个企业角度分析和考核产品成本的构成和水平

  D. 便于同行业间产品成本对比分析

4. 平行结转分步法的特点是( )。

  A. 各生产步骤不计算半成品成本，计算本步骤所发生的生产费用

  B. 各步骤间不结转半成品成本

  C. 各步骤应计算本步骤所发生的生产费用中应计入产成品成本的份额

  D. 将各步骤应计入产成品成本的份额平行结转，汇总计算产成品的总成本和单位成本

5. 在平行结转分步法下，完工产品与在产品之间费用的分配，正确的说法是指( )两者之间的费用分配。

  A. 产成品与广义的在产品

  B. 产成品与狭义的在产品

  C. 各步骤完工半成品与月末加工中的在产品

  D. 应计入产成品的"份额"与广义的在产品

6. 广义的在产品是指( )。

  A. 尚在本步骤加工中的在产品

  B. 转入各半成品库的半成品

  C. 已从半成品库转到以后各步骤进一步加工、尚未最后制成的半成品

  D. 全部加工中的在产品和半成品

7. 平行结转分步法适宜在( )的情况下采用。

  A. 产品种类多，计算和结转半成品工作量大

  B. 管理上不要求提供各步骤半成品成本资料

  C. 管理上不要求提供原始成本项目反映的产成品成本资料

  D. 管理上不要求全面地反映各个生产步骤的生产耗费水平

8. 与逐步结转分步法相比，平行结转分步法的缺点是(　　)。

A. 各步骤不能同时计算产品成本

B. 不需要进行成本还原

C. 不能为实物管理和资金管理提供资料

D. 不能提供各步骤的半成品本本资料

9. 采用逐步结转分步法时，半成品成本的计算和结转可以采用(　　)两种方式。

A. 综合结转　　　　B. 逐步结转　　　　C. 分项结转　　　　D. 平行结转

10. 分步法中能够直接反映产成品成本的原始构成项目的成本计算方法有(　　)。

A. 逐步结转分步法　　　　B. 逐步综合结转方式

C. 平行结转分步法　　　　D. 逐步分项结转方式

三、判断题

1. 平行结转分步法中的在产品是广义在产品，完工产品包括全部完工的产成品和各步骤完工的半成品。（　　）

2. 生产步骤就是成本计算步骤，它们都是以生产车间为基础来确定的。（　　）

3. 分步法适用于大量大批单步骤生产。（　　）

4. 采用逐步结转分步法，各生产步骤半成品成本的结转与其实物的转移不一致。（　　）

5. 逐步结转分步法采用分项结转方式时，为反映产成品成本原始构成，必须进行成本还原。（　　）

6. 综合结转分步法是将上一步骤的半成品成本，不分成本项目，全部计入下一步骤产品成本计算单中的"直接材料"项目或"自制半成品"项目。（　　）

7. 分项结转是不计算半成品成本的分步法。（　　）

8. 成本还原是从最后一个生产步骤开始，将最终产成品所耗自制半成品的综合成本，逐步由后一步骤向前一步骤还原，直到第一生产步骤为止。（　　）

9. 需要计算半成品成本是分步法区别于品种法和分批法的标志。（　　）

10. 分步法的成本核算对象是产品品种及其所经生产步骤。（　　）

四、计算分析题

1.【目的】练习逐步结转分步法。

【资料】某企业有两个基本生产车间连续加工甲产品。第一车间生产的甲半成品转入半成品库，并通过"自制半成品"账户核算，第二车间所耗费半成品费用按全月一次加权平均单位成本计算，两个车间月末在产品均按定额成本计算。10月份有关产品生产资料如表6-20所示。

表6-20　产品生产资料表

项　　目	直接材料	直接人工	制造费用
一车间			
月初在产品(定额成本)	8 000	1 800	2 200
本月费用	45 000	8 300	15 700
月末在产品(定额成本)	12 000	2 100	3 900
二车间			
月初在产品(定额成本)	12 000	2 600	3 600
本月费用		7 400	19 000
月末在产品(定额成本)	6 000	1 200	1 800

第一车间完工半成品 700 件；半成品库月初结存 100 件，实际成本 9 800 元；第二车间本月领用半成品 600 件，完工产成品 800 件。

【要求】按逐步综合结转分步法计算产品成本，完成以下自制半成品明细账和成本计算单 (见表 6-21～表 6-23)，并编制相应会计分录。

表 6-21　第一车间产品成本计算单

完工：700 件

项　　目	直接材料	直接人工	制造费用	合　　计
月初在产品成本				
本月发生生产费用				
费用合计				
本月完工产品成本				
月末在产品成本				

表 6-22　自制半成品明细账

月　份	月初余额		本月增加		累　　计			本月减少	
	数量	实际成本	数量	实际成本	数量	实际成本	单位成本	数量	实际成本

表 6-23　第二车间成本计算单

完工：800 件

项　　目	半成品	直接人工	制造费用	合　　计
月初在产品成本				
本月发生生产费用				
费用合计				
本月完工产品成本				
月末在产品成本				

2. 【目的】练习逐步结转分步法及成本还原。

【资料】光明工厂生产的甲产品顺序经过三个基本生产车间加工，第一车间完工产品为 A 半成品，完工后全部交第二车间继续加工。第二车间完工产品为 B 半成品，完工后全部交给第三车间继续加工。第三车间完工产品为甲产品产成品。甲产品原材料在第一车间生产开始时一次投入，各车间的工资和费用发生比较均衡，月末在产品完工程度均为 50%，有关成本计算资料如表 6-24 及表 6-25 所示。

表 6-24　各车间产量资料表

产品：甲产品　　　　　　　　　　20××年 10 月　　　　　　　　　　单位：件

摘　　要	第一车间	第二车间	第三车间
月初在产品数量	100	200	400
本月投入或上步转入	1 100	1 000	1 000
本月完工转入下步或交库	1 000	1 000	1 100
月末在产品数量	200	200	300

表6-25 各车间生产费用资料

产品：甲产品　　　　　　　　　20××年10月　　　　　　　　　单位：元

摘　要	第一车间	第二车间	第三车间
月初在产品成本	7 250	26 000	80 000
其中：直接材料(半成品)	5 000	19 000	66 000
直接人工	1 250	4 000	8 000
制造费用	1 000	3 000	6 000
本月发生生产费用	102 250	70 000	73 500
其中：直接材料	55 000		
直接人工	26 250	40 000	42 000
制造费用	21 000	30 000	31 500

【要求】根据资料采用逐步结转分步法(综合结转方式)计算甲产品及其 A、B 半成品成本(月末在产品按约当产量法计算)编制结转完工产品成本的会计分录，登记产品成本明细账(填写表 6-26～表 6-28)。

表6-26 第一车间产品生产成本明细账

产品：A 半成品　　　　　　　　　20××年10月　　　　　　　　　单位：元

摘　要	直接材料	直接人工	制造费用	合　计
月初在产品成本				
本月发生费用				
生产费用合计				
本月完工产品数量				
月末在产品约当产量				
约当总产量				
完工产品单位成本				
完工产品总成本				
月末在产品成本				

表6-27 第二车间产品生产成本明细账

产品：B 半成品　　　　　　　　　20××年10月　　　　　　　　　单位：元

摘　要	A 半成品	直接人工	制造费用	合　计
月初在产品成本				
本月发生费用				
生产费用合计				
本月完工产品数量				
月末在产品约当产量				
约当总产量				
完工产品单位成本				
完工产品总成本				
月末在产品成本				

表 6-28　第三车间产品生产成本明细账

产品：甲产品　　　　　　　　　　20××年10月　　　　　　　　　　　单位：元

摘　　要	B半成品	直接人工	制造费用	合　　计
月初在产品成本				
本月发生费用				
生产费用合计				
本月完工产品数量				
月末在产品约当产量				
约当总产量				
完工产品单位成本				
完工产品总成本				
月末在产品成本				

(1) 半成品成本比率还原法(见表 6-29)

表 6-29　产品成本还原计算表

产品：甲产品　产量：1 100 件　　　　20××年10月　　　　　　　　　单位：元

摘　　要	成本还原分配率	成本项目					合　　计
		B半成品	A半成品	直接材料	直接人工	制造费用	
还原前完工产品总成本							
本月所产 B 半成品成本							
B 半成品还原							
本月所产 A 半成品成本							
A 半成品还原							
还原后完工产品总成本							

(2) 成本项目比重还原法(见表 6-30)

表 6-30　产品成本还原计算表

产品：甲产品　产量：1 100 件　　　　20××年10月　　　　　　　　　单位：元

摘　　要	成本项目					合　　计
	B半成品	A半成品	直接材料	直接人工	制造费用	
还原前完工产品总成本						
B 半成品成本构成						
B 半成品还原						
A 半成品构成						
A 半成品还原						
还原后完工产品总成本						

3. 【目的】练习分项结转分步法。

【资料】某企业生产乙产品，分两个步骤连续加工。第一步骤加工完成半成品直接转入第二步骤继续加工制成产成品。成本计算采用分项逐步结转分步法。第一步骤、第二步骤月末在产品成本按定额成本计算。乙产品有关成本资料如表 6-31 所示。

表 6-31　产品生产资料

单位：元

	项　目	直接材料	直接人工	制造费用	合　计
第一步骤	月初在产品定额成本	2 100	1 350	1 650	5 100
	本月费用	12 150	8 100	9 450	29 700
	月末在产品成本	2 400	1 200	2 025	5 625
第二步骤	月初在产品定额成本	3 203	1 673	2 985	7 861
	本月费用	11 700	9 225	7 350	28 275
	月末在产品成本	8 813	2 783	2 910	14 506

【要求】采用分项逐步结转分步法计算产品成本。

4.【目的】练习分项结转分步法。

【资料】某企业设有第一、第二两个基本生产车间大量生产甲产品，甲产品顺序经过第一、第二两个车间加工，第一车间的产品为甲半成品，完工后直接交给第二车间继续加工，第二车间将甲半成品加工成甲产成品后入库。该厂采用分项结转分步法计算甲产品成本，各车间的生产费用采用约当产量比例法分配，原材料在生产开始时一次投入，其他费用陆续发生，各车间在产品的完工程度均为 50%。甲产品 20××年 10 月产量记录、月初和本月发生的生产费用资料如表 6-32、表 6-33 所示。

表 6-32　生产数量资料

产品：甲产品　　　　　　　　　　20××年 10 月　　　　　　　　　　单位：件

摘　要	第一车间	第二车间
月初在产品数量	20	40
本月投入或上步转入	220	200
本月完工转入下步或交库	200	200
月末在产品数量	40	40

表 6-33　生产费用记录资料

产品：甲产品　　　　　　　　　　20××年 10 月　　　　　　　　　　单位：元

项　目	第一车间	第二车间
月初在产品成本	7 250	26 000
其中：1. 直接材料	5 000	10 000
（1）本步骤发生	5 000	
（2）上步骤转入		10 000
2. 直接人工	1 250	9 000
（1）本步骤发生	1 250	4 000
（2）上步骤转入		5 000
3. 制造费用	1 000	7 000
（1）本步骤发生	1 000	3 000
（2）上步骤转入		4 000
本月本步骤发生生产费用	102 250	70 000
其中：直接材料	55 000	
直接人工	26 250	40 000
制造费用	21 000	30 000

第一、第二车间产品生产明细账如表 6-34、表 6-35 所示。

表 6-34 第一车间产品生产成本明细账

产品：甲半成品　　　　　　　　　　20××年 10 月　　　　　　　　　　单位：元

摘　要	直接材料	直接人工	制造费用	合　计
月初在产品成本				
本月发生费用				
生产费用合计				
本月完工产品数量				
月末在产品约当产量				
约当总产量				
完工半成品单位成本				
完工半成品总成本				
月末在产品成本				

表 6-35 第二车间产品生产成本明细账

产品：甲成品　　　　　　　　　　20××年 10 月　　　　　　　　　　单位：元

摘　要	直接材料		直接人工		制造费用		合　计
	上步转入	本步发生	上步转入	本步发生	上步转入	本步发生	
月初在产品成本							
本月本步发生费用							
本月上步转入费用							
生产费用合计							
完工产品数量							
月末在产品约当量							
约当总产量							
费用分配率							
完工品单位成本							
完工品总成本							
月末在产品成本							

✎ 实战模拟

【目的】练习平行结转分步法。

【资料】某企业生产甲产品，经过三个步骤，原材料在生产开始时一次投入，加工费用陆续投入，在产品完工程度均为 50%。各车间生产费用在完工产品和月末在产品之间的分配采用约当产量法。本月有关成本计算资料如表 6-36、表 6-37 所示。

表 6-36 产品产量资料

产品：　　　　　　　　　　　　　　年　月　　　　　　　　　　　　　　单位：件

项　　目	第一车间	第二车间	第三车间
月初在产品	80	60	30
本月投入或上步转入	120	160	120
本月完工	160	120	100
月末在产品	40	100	50

表 6-37 生产费用资料

产品：　　　　　　　　　　　　　　年　月　　　　　　　　　　　　　　单位：元

项　　目	第一车间	第二车间	第三车间
月初在产品成本	20 100	7 320	2 140
其中：直接材料	12 000		
燃料及动力	2 400	2 200	650
直接人工	3 500	3 120	890
制造费用	2 200	2 000	600
本月发生生产费用	52 290	18 880	7 985
其中：直接材料	31 500		
燃料及动力	6 240	5 800	2 350
直接人工	8 650	7 280	3 235
制造费用	5 900	5 800	2 400

【要求】根据资料采用平行结转分步法计算甲产品成本，登记产品生产成本明细账和产品成本计算汇总表(见表 6-38～表 6-41)，根据产品成本计算汇总表编制会计分录。

表 6-38 第一车间产品生产成本明细账

产品：甲产品　　　　　　　　　　　年　月　　　　　　　　　　　　单位：元

摘　　要		直接材料	燃料及动力	直接人工	制造费用	合　　计
月初在产品成本						
本月发生生产费用						
生产费用合计						
产　量	完工产品数量					
	广义在产品数量					
	合　计					
单位产成品成本						
应计入产成品成本份额						
月末在产品成本						

表 6-39 第二车间产品生产成本明细账

产品：甲产品   年 月   单位：元

摘 要		直接材料	燃料及动力	直接人工	制造费用	合 计
月初在产品成本						
本月发生生产费用						
生产费用合计						
产 量	完工产品数量					
	广义在产品数量					
	合 计					
单位产成品成本						
应计入产成品成本份额						
月末在产品成本						

表 6-40 第三车间产品生产成本明细账

产品：甲产品   年 月   单位：元

摘 要		直接材料	燃料及动力	直接人工	制造费用	合 计
月初在产品成本						
本月发生生产费用						
生产费用合计						
产 量	完工产品数量					
	广义在产品数量					
	合 计					
单位产成品成本						
应计入产成品成本份额						
月末在产品成本						

表 6-41 产品成本计算汇总表

产品：甲产品   年 月   产量： 件   单位：元

车 间	直接材料	燃料及动力	直接人工	制造费用	合 计
第一车间					
第二车间					
第三车间					
完工产品总成本					
完工产品单位成本					

项目七　产品成本核算的分类法

能力目标

能力目标

1. 能够灵活运用分类法的知识进行成本核算。
2. 能够计算联产品、副产品的成本。

知识目标

1. 了解分类法的含义、适用范围。
2. 理解分类法的特点和成本计算程序。
3. 掌握并能熟练计算各类产品成本以及类内各种(规格)产品成本。
4. 掌握联产品、副产品成本计算方法。

素质目标

1. 遵守法律、法规和国家统一的会计制度,进行成本核算。
2. 具备团队精神,互相帮助完成学习任务。
3. 具有良好的职业态度,不旷课,认真完成任务,无抄袭。
4. 具有敬业精神,工作有始有终,能正确面对困难和挫折。

项目引入

(1) 某工业企业大量生产甲、乙、丙三种产品。这三种产品的结构、所用原材料和工艺过程相近,因而归为一类(A 类),采用分类法计算成本。类内各种产品之间分配费用的标准为:直接材料费用按各种产品的直接材料费用系数分配,直接材料费用系数按直接材料费用定额确定(以乙产品为标准产品);其他费用按定额工时比例分配。

(2) 甲、乙、丙三种产品的直接材料费用定额和工时消耗定额如下。

① 直接材料费用定额。

甲产品:270 元;乙产品:300 元;丙产品:450 元。

② 工时消耗定额。

甲产品:10 小时;乙产品:12 小时;丙产品:15 小时。

③ 本月各种产品的产量。

甲产品：1 000 件；乙产品：1 200 件；丙产品：500 件。

④ 本月 A 类产品成本明细账见表 7-1(其中月初、月末在产品成本按年初固定数计算)。

表 7-1 产品成本明细账

产品名称：A 类　　　　　　　　　　　　　20××年×月

项　目	直接材料	直接人工	制造费用	成本合计
月初在产品成本	40 000	3 000	5 000	48 000
本月费用	900 600	111 650	175 450	1187 700
生产费用合计	940 600	114 650	180 450	1235 700
产品成本	900 600	111 650	175 450	1187 700
月末在产品成本	40 000	3 000	5 000	48 000

【要求】(1) 编制直接材料费用系数计算表。

(2) 采用分类法分配计算甲、乙、丙三种产品的成本，编制产品成本计算表。

项目分析

产品成本计算的分类法，首先以产品的类别作为成本核算对象，归集生产费用，计算各类产品实际成本，然后再按一定的分配标准，在类内产品之间进行成本分配，计算类内不同品种(规格)产品成本的一种辅助方法。

分类法适用于产品品种、规格繁多，并且可以按照一定要求和标准划分类别的企业或企业的生产车间。产品品种、规格繁多的企业，如果按产品的品种、规格来归集生产费用，计算产品成本，则其成本计算工作极为繁重。在这种情况下，如果不同品种、规格的产品可以按照一定标准分类，就可以采用分类法来计算产品成本，从而大大简化成本核算工作。分类法与产品生产的类型没有直接联系，只要企业或生产车间的产品可以按照其性质、用途、生产工艺过程和原材料消耗等方面的特点划分为一定的类别，包括同类产品、联产品以及副产品的成本计算等都可以采用分类法，因而分类法可以在各种类型的生产中应用。下面我们就开始【知识与技能】的学习吧！

知识与技能

任务一　认识分类法

一、分类法的含义

产品成本计算的分类法(classification)，是以产品的类别作为成本核算对象，归集生产费用，计算各类产品实际成本，然后再按一定的分配标准，在类内产品之间进行成本分配，计算类内不同品种(规格)产品成本的一种辅助方法。

二、分类法的特点

分类法与企业成本核算的品种法、分批法和分步法相比，具有以下不同的特点。

1. 以产品的类别作为成本核算对象

采用分类法计算产品成本时，先要根据产品的结构、所用原材料及工艺技术过程的不同，将产品划分为若干类别，然后以产品类别为成本核算对象，按照产品的类别设置成本计算单，归集生产费用，计算各类产品成本。

在按类别计算各类产品成本时，应根据企业生产的特点和管理要求，分别采用品种法、分批法、分步法等成本核算的基本方法。因此，分类法不是成本核算独立的基本方法，而是辅助方法。因此采用分类法，其成本计算期的确定，所生产费用在完工产品和在产品之间的分配等，都取决于它所依托的成本计算的基本方法。

2. 类内产品成本按一定方法分配确定

采用分类法计算出各类产品成本还不够，还需要在类内采用适当的方法，将类成本在类内各规格或品种的产品之间进行分配，计算出各种(品种或规格)产品的设计总成本和单位成本。

应当指出，无论采用哪种方法在类内各种产品之间进行成本的分配，成本计算的结果总是带有一定的假定性。因此，采用分类法计算产品成本时，应注意以下两个问题：第一，产品分类的合理性。分配过少，类内产品过多，会影响计算结果的准确性；分类过细，类内产品很少，则会加大成本计算的工作量，失去分类法的意义。第二，应当注意类内产品成本分配方法的合理性。选定的分配标准应当与各种产品成本的发生有比较密切的联系，体现产品成本费用分配中的受益原则。一般同类产品内各种产品之间分配费用的标准，主要有定额消耗量、定额费用、售价以及产品的体积、长度和重量等。

三、分类法的适用范围

分类法适用于产品品种、规格繁多，并且可以按照一定要求和标准划分类别的企业或企业的生产车间。产品品种、规格繁多的企业，如果按产品的品种、规格来归集生产费用，计算产品成本，则其成本计算工作极为繁重。在这种情况下，如果不同品种、规格的产品可以按照一定标准分类，就可以采用分类法来计算产品成本，从而大大简化成本核算工作。分类法与产品生产的类型没有直接联系，只要企业或生产车间的产品可以按照其性质、用途、生产工艺过程和原材料消耗等方面的特点划分为一定的类别，包括同类产品、联产品以及副产品的成本计算等都可以采用分类法，因而分类法可以在各种类型的生产中应用。

(一) 同类产品

同类产品是指产品的结构、性质、用途以及使用的原材料、生产工艺过程等大体相同，规格和型号不一的产品。如灯泡厂生产的同一类别不同瓦数的灯泡、食品厂生产的各种饼干和面包等，都可以归为同一类产品，采用分类法计算其成本。

(二) 联产品

联产品是指企业利用相同的原材料，在同一生产过程中，同时生产出的几种使用价值不同，但具有同等地位的主要产品。比如，炼油企业在原油加工过程中提炼出的各种汽油、煤油、柴油等，都属于联产品。对于一般企业来说，采用分类法只是为了简化成本核算工作，可采用或不采用，而对于联产品生产企业来说，由于联产品所用的原理和工艺过程相同，生产过程中所发生的各项生产费用本来就连在一起，构成联产品的共同成本，也成联合成本。因此联合成本的归集和在各种联产品之间分配，最适宜也只能采用分类法。

(三) 副产品

副产品是指企业在生产产品的过程中，附带生产出的一些非主要产品。如洗煤生产中生产出的煤泥，制皂生产中生产出的甘油等副产品。主副产品之间的成本划分，也非常适宜采用分类法。

四、分类法成本计算程序

1. 按产品类别设置产品成本计算单(生产成本明细账)，计算出该类产品实际总成本

企业应当根据生产经营的特点和成本管理的要求，选择品种法或分批法、分步法等成本计算的基本方法，计算出各类别产品的实际总成本。

2. 选择合理的分配标准，分配计算类内各种产品的实际成本

归集计算出各类别产品的实际总成本后，要选择合理的分配标准，在类内的各种产品间进行分配，计算出类内各种产品的完工成本。如前所述，分配标准可采用产品的重量、体积或定额消耗量、定额费用等。为了简化分配工作，企业通常采用系数分配法，即将选用的分配标准折算成相对固定的系数，按照固定的系数分配类内各种产品的成本。系数的确定一般选择一种产量较大、生产较为稳定、规格适中的产品作为标准产品，把此产品单位系数定为"1"；将同类内其他各种产品的分配标准额与标准产品的分配标准额相比，计算出其他产品的分配标准额与标准产品的分配标准额的比率，即"系数"，计算公式如下：

单位产品系数 = 该种产品的分配标准 ÷ 标准产品分配标准

(定额成本、产量等)　　(定额成本、产量等)

某种产品总系数 = 该种产品的实际产量 × 该产品单位产品系数

费用分配率 = 该类别完工产品的总成本(分成本项目) ÷ 各种产品总系数之和

某种产品应分配的成本 = 该种产品的总系数 × 分配率

系数分配法(系数法)又称简化的分类法，方便实用，系数一经确定不得随意变更，我们将以此种方法为例计算成本。

任务二 分类法具体应用

一、企业基本概况

南方工厂为大量、大批、单步骤小型生产的企业，设有第一、第二两个基本生产车间，大量生产 10 种不同规格型号的电子元器件，根据产品的结构特点和所耗的原材料、工艺技术过程的不同等，将 10 种产品分为甲、乙两大类。甲产品包括 201、202、203、204、205 五种不同规格的产品，乙类产品包括 401、402、403、404、405 五种不同规格的产品。根据该厂生产的特点和管理要求，先采用品种法计算甲、乙两大类产品的成本，然后再采用系数法分配类内各种规格产品的成本。

二、核算过程

(一) 计算甲、乙两类产品成本

南方工厂本月甲、乙两类产品的成本，已经按照品种法进行了各项费用的归集与分配，两类产品本月完工产品和月末在产品成本分别见表 7-2、表 7-3。

表 7-2　甲类产品成本计算单

20××年×月　　　　　　　　　　　　　　　单位：元

项　　目	直接材料	直接人工	制造费用	合　　计
月初在产品	20 000	4 000	3 000	27 000
本月生产费用	100 000	30 000	22 000	152 000
合　　计	120 000	34 000	25 000	179 000
本月完工产品	100 000	31 875	23 375	155 250
月末在产品成本	20 000	2 125	1 625	23 750

表 7-3　乙类产品成本计算单

20××年×月　　　　　　　　　　　　　　　单位：元

项　　目	直接材料	直接人工	制造费用	合　　计
月初在产品	10 000	3 000	2 700	15 700
本月生产费用	96 000	60 000	54 000	210 000
合　　计	106 000	63 000	56 700	225 700
本月完工产品	99 715	60 800	54 800	215 315
月末在产品成本	6 285	2 200	1 900	10 385

(二) 计算类内各种产品成本

1. 选定标准产品

该厂生产的甲、乙两大类产品，均以生产比较稳定、产量较大、规格适中的"3 号"产品为标准产品。即甲类产品中 203、乙类中 403 为标准产品，系数为 1。

2. 确定各种产品系数

该厂两类产品中，直接材料费用按消耗定额比例计算系数，直接人工和制造费用按工时消耗定额确定系数。类内产品系数的计算见表 7-4、表 7-5。

表 7-4 甲类产品系数计算表

20××年×月

产品名称	材料消耗定额	系　　数	工时消耗定额	系　　数
201	3.0	1.2	0.7	1.4
202	2.75	1.1	0.6	1.2
203	2.5	1.0	0.5	1.0
204	2.0	0.8	0.45	0.9
205	1.75	0.7	0.4	0.8

表 7-5 乙类产品系数计算表

20××年×月

产品名称	材料消耗定额	系　　数	工时消耗定额	系　　数
401	5.75	1.15	0.72	1.2
402	5.5	1.1	0.66	1.1
403	5.0	1.0	0.6	1.0
404	4.9	0.98	0.54	0.9
405	4.75	0.95	0.48	0.8

3. 计算各种产品总系数

根据表 7-4 和表 7-5 所列各种产品的系数和本月各种产品资料,编制总系数计算表(见表 7-6 和表 7-7)。

表 7-6 甲类产品总系数计算表

20××年×月

产品名称	产品产量/件	材　　料		工　　时	
		系　　数	总系数	系数	总系数
201	5 000	1.2	6 000	1.4	7 000
202	4 000	1.1	4 400	1.2	4 800
203	21 400	1.0	21 400	1.0	21 400
204	5 000	0.8	4 000	0.9	4 500
205	6 000	0.7	4 200	0.8	4 800
合　　计			40 000		42 500

表 7-7　乙类产品总系数计算表

20××年×月

产品名称	产品产量/件	材　料		工　时	
		系　数	总系数	系　数	总系数
401	2 000	1.15	2 300	1.2	2 400
402	4 000	1.1	4 400	1.1	4 400
403	27 750	1.0	27 750	1.0	27 750
404	2 500	0.98	2 450	0.9	2 250
405	4 000	0.95	3 800	0.8	3 200
合　计			40 700		40 000

4. 计算各种产品的总称和单位成本

根据表 7-2 和表 7-3 所列的完工产品总成本以及表 7-4 和表 7-5 所列的各种产品总系数，两类产品成本项目的费用分配率如下。

甲类产品：直接材料 = 100 000 ÷ 40 000 = 2.5

直接人工 = 31 875 ÷ 42 500 = 0.75

制造费用 = 23 375 ÷ 42 500 = 0.55

乙类产品：直接材料 = 99 715 ÷ 40 700 = 2.45

直接人工 = 60 800 ÷ 40 000 = 1.52

制造费用 = 54 800 ÷ 40 000 = 1.37

根据各产品系数和费用分配率，编制产品成本计算单见表 7-8、表 7-9。

表 7-8　甲类各种产品成本计算单

20××年×月

产品名称	产品产量/件	材料总系数	直接材料分配(2.5)	工时总系数	直接人工分配额(0.75)	制造费用分配额(0.55)	总成本/元	单位成本/元
201	5 000	6 000	15 000	7 000	5 250	3 850	24 100	4.82
202	4 000	4 400	11 000	4 800	3 600	2 640	17 240	4.31
203	21 400	21 400	53 500	21 400	16 050	11 770	81 320	3.80
204	5 000	4 000	10 000	4 500	3 375	2 475	15 850	3.17
205	6 000	4 200	10 500	4 800	3 600	2 640	16 740	2.79
合计		40 000	100 000	42 500	31 875	23 375	155 250	

表 7-9　乙类各种产品成本计算单

20××年×月

产品名称	产品产量/件	材料总系数	直接材料分配(2.45)	工时总系数	直接人工分配额(1.52)	制造费用分配额(1.37)	总成本/元	单位成本/元
401	2 000	2 300	5 635	2 400	3 648	3 288	12 571	6.286
402	4 000	4 400	10 780	4 400	6 688	6 028	23 496	5.874
403	27 750	27 750	67 988	27 750	42 180	38 017.5	148 185.5	5.34
404	2 500	2 450	6 002	2 250	3 420	3 082.5	12 504.5	5.002
405	4 000	3 800	9 310	3 200	4 864	4 384	18 558	4.64
合计		40 700	99 715	40 000	60 800	54 800	215 315	

根据上述产品成本计算资料，编制结转本月完工产品成本入库的会计分录。

借：库存商品——201   24 100.0

    ——202   17 240.0

    ——203   81 320.0

    ——204   15 850.0

    ——205   16 740.0

    ——401   12 571.0

    ——402   23 496.0

    ——403   148 185.5

    ——404   12 504.5

    ——405   18 558.0

  贷：生产成本——基本生产成本(甲类产品) 155 250.0

       ——基本生产成本(乙类产品) 215 315.0

任务三 联产品、副产品的成本核算

一、联产品的成本核算

(一) 联产品的计算特点

联产品最易于归为一类，采用分类法计算成本。

联产品在生产过程中使用同样的原材料，并且是在同一生产过程中生产出来的。在联产品分离之前，不可能按照每种产品归集和分配生产费用，只能将其归为一类，按照分类法的成本计算原理计算其总成本。然后，再采用适当的方法，分配计算联产品中每种产品的成本。联产品的成本应该包括其所应负担的联合成本和分离后的继续加工成本。

(二) 联产品的计算方法

1. 实物量分配法

实物量分配法，是指将联合成本按各联产品实物量(如重量、长度或容积等)进行分配的一种方法。其计算公式如下：

$$联合成本分配率 = \frac{联合成本}{各种联产品实物量之和}$$

$$某产品应分配的联合成本 = 该种联产品实物量 \times 联合成本分配率$$

【例 7-1】某企业生产甲、乙两种联产品，本期发生的联合成本为 51 000 元。根据各种产品重量可进行联合成本分配，联产品成本计算单见表 7-10。

表 7-10 联合产品成本计算单

产品名称	实物量/千克	分配率/(元/千克)	应分配成本/元	单位成本/(元/千克)
甲产品	2 000		20 400	10.2
乙产品	3 000		30 600	10.2
合 计	5 000	10.2	51 000	

注：联合成本分配率 $= \dfrac{51\,000}{5\,000} = 10.2$

从上述计算可看出，这种方法计算成本比较简便，但也存在缺点，因为成本与实物物量不一定同比例变化。因此仅适用于产品特征、销售单价相近的联产品的成本分配。

2. 相对销售价值分配法

相对销售价值分配法，是按照各种联产品的销售收入比例来分配联合成本的方法。这种方法认为联产品是同时产出的，从销售中获得收益，理应在各种产品之间按比例进行分配，即售价较高的联产品应成比例地负担较高份额的联合成本，售价较低的联产品应成比例地负担较低份额的联合成本。其计算公式如下：

$$联合成本分配率 = \frac{联合成本}{各种联合产品销售价值之和}$$

$$某联产品应分配的联合成本 = 该种联产品销售收入 \times 联合成本分配率$$

【例 7-2】承【例 7-1】，假定甲产品的销售单价为 15 元/千克，乙产品的销售单价为 11.25元/千克。联合成本按相对销售价值分配，见表 7-11。

表 7-11 联合成本按相对销售价值分配表

产品名称	产量/千克	销售单价/元	销售收入/元	分配率	分配联合成本/元	单位成本/(元/千克)
甲产品	2 000	15	30 000		24 000	12
乙产品	3 000	11.25	33 750		27 000	9
合 计	5 000		63 750	0.8	51 000	

这种方法可以弥补按实物量分配法分配联产品成本出现虚盈或虚亏的缺点，但也不够准确，因为成本与售价不一定同比例变化。这种方法一般适用于分离后不再加工，而且价格波动不大的联产品成本计算。

3. 系数分配法

系数分配法是指将各种联产品的实际产量按事先确定的系数(与分类法中系数的确定相同)折算为标准产量(相对产量)，然后将联合成本按联产品的标准产量比例进行分配的一种方法。用系数分配法分配联合产品的联合成本，其正确程度往往取决于系数的制定是否恰当。在实际工作中，企业常常综合考虑技术特征(如重量、体积、质量等)和经济指标标准(如定额成本、售价等)制定综合系数，系数一经确定，须保持相对稳定。系数分配法在分类法中已有详细介绍，这里不再举例。

二、副产品的成本核算

(一) 副产品成本计算的特点

副产品是和主产品用相同的材料经过同样的加工过程生产出来的产品，其加工过程可分为分离前和分离后两个环节。由于分离前的加工成本难以分产品直接计入，故可将主副产品作为一个类别采用分类法计算成本。至于分离后需再加工的副产品，发生的费用可以直接归属于该种副产品。分离主副产品成本，通常是确定副产品的扣除价格并从联合成本中扣除，所以副产品成本计算的关键是副产品的计价。

(二) 副产品成本计算的方法

副产品合理的计价，是正确计算主副产品成本的重点。如果副产品计价过高，则有可能把主产品的超支差转嫁到副产品上；如果副产品计价过低，则有可能把销售副产品的亏损转嫁到主产品上，不利于产品的成本管理。副产品的计价方法一般有以下三种。

1. 副产品不计价

对分离后不再加工且价值较低(与主要产品相比甚微)的副产品，可不负担分离前的联合成本，即副产品只计数量，不计金额，联合成本全部由主产品负担，将副产品的销售收入直接作为主要产品的销售收入处理。

这种方法一般适用于副产品分离后不再加工，而且其价值较低的情况。采用这种方法的优点是手续简便，但由于副产品成本是由主产品负担的，从而会影响主产品成本的准确性。

2. 副产品按照副产品的销售价格减去销售税费和销售利润后的余额计价

这种情况往往以其销售价格作为计价的依据。通常按售价减去销售费用和销售税金后的金额确定副产品成本，从联合成本中扣除。可以从材料成本项目中一笔扣除，也可以按比例从各成本项目中扣除。

这种方法适用于副产品价值较高的情况。如果副产品在分离后还需进一步加工才能出售，则按这一方法确定副产品成本时，还应从售价中扣除分离后的加工费。

【例7-3】南方工厂在生产甲产品(主要产品)的同时，附带生产出副产品A产品。本月生产的2 000千克甲产品已全部完工，没有月末在产品，甲产品生产成本明细账归集的生产费用合计为780 000元，其中，直接材料420 000元，直接人工200 000元，制造费用160 000元。本月附带生产A产品100千克已全部入库，A产品每千克售价80元，销售环节应交税费每千克4元，同类产品正常销售利润率为10%。A产品成本从甲产品直接材料项目中扣除。根据上述资料，A产品和甲产品成本可以计算如下：

A产品单位成本 = 80 - 4 - 80 × 10% = 68(元/千克)

A产品总成本 = 68 × 100 = 6 800(元)

甲产品总成本 = 780 000 - 6 800 = 773 200(元)

甲产品单位成本 = 773 200 ÷ 2 000 = 386.6(元/千克)

上述成本计算结果在甲产品"产品成本计算单"中的登记见表7-12。

表7-12　南方工厂产品成本计算单

产品：甲产品　产量：2 000千克　　　　　　20××年×月　　　　　　　　　　　　　　单位：元

摘　要	直接材料	直接人工	制造费用	合　计
生产费用合计	420 000	200 000	160 000	780 000
结转本月完工A产品成本	6 800			6 800
本月完工甲产品总成本	413 200	200 000	160 000	773 200
本月完工甲产品单位成本	206.6	100	80	386.6

根据成本计算结果，编制结转完工入库甲产品和A产品成本的会计分录如下。

借：库存商品——甲产品　　　　　　773 200

　　　　　　——A产品　　　　　　　6 800

　　贷：生产成本——甲产品　　　　　　　　　　780 000

【例7-4】假设南方工厂在生产甲产品时产生的A副产品在与甲产品分离后不能直接出售，只能作为乙产品的原料，需要进一步加工为乙产品后才能出售。根据有关生产费用记录，在进一步对A副产品的加工过程中发生材料费用275元，直接人工费用720元，应负担制造费用540元。将A副产品进一步加工后生产的乙产品，本月实际产量为90千克，每千克售价为111.5元，每千克应交销售税费5.5元，同类产品正常销售利润为10%。根据上述资料，乙产品和甲产品成本可以计算如下：

乙产品单位成本 = 111.5 − 5.5 − 110 × 10% = 95(元/千克)

乙产品总成本 = 90 × 95 = 8 550(元)

A副产品总成本 = 8 550 − (275 + 720 + 540) = 7 015(元)

甲产品总成本 = 780 000 − 7 015 = 772 985(元)

上述成本计算结果在甲、乙两种产品"产品成本计算单"中的登记见表7-13、表7-14。

表7-13　南方工厂产品成本计算单(甲产品)

产品：甲产品　产量：2 000千克　　　　　　20××年×月　　　　　　　　　　　　　　单位：元

摘　要	直接材料	直接人工	制造费用	合　计
生产费用合计	420 000	200 000	160 000	780 000
结转本月副产品成本	7 015			7 015
本月完工甲产品总成本	412 985	200 000	160 000	772 985
本月完工甲产品单位成本	206.5	100	80	386.5

表7-14　南方工厂产品成本计算单(乙产品)

产品：乙产品　产量：90千克　　　　　　20××年×月　　　　　　　　　　　　　　单位：元

摘　要	直接材料	直接人工	制造费用	合　计
结转本月原料费用	7 015			7 015
本月进一步加工费用	275	720	540	1 535
生产费用合计	7 290	720	540	8 550
本月完工乙产品总成本	7 290	720	540	8 550
本月完工乙产品单位成本	81	8	6	95

根据成本计算结果，编制结转 A 副产品成本和完工入库甲产品、乙产品成本的会计分录如下。

借：生产成本——乙产品　　　　　　　　　　7 015
　　贷：生产成本——甲产品　　　　　　　　　　7 015
借：库存商品——甲产品　　　　　　　　　772 985
　　　　　　——乙产品　　　　　　　　　　8 550
　　贷：生产成本——甲产品　　　　　　　　772 985
　　　　　　——乙产品　　　　　　　　　　8 550

3. 副产品按计划单位成本计价

在副产品加工处理时间不长、费用不多的情况下，为简化核算，副产品亦可按计划单位成本计价。从主、副产品生产费用总额中扣除按计划成本计算的副产品成本后的余额，即为主要产品的成本。

【例 7-5】假设南方工厂在生产甲产品时产生的 A 副产品由本生产车间进一步加工为乙产品后再出售。由于乙产品加工处理的时间不长、加工费用不大，不单独设置生产成本明细账，全部费用在甲产品成本计算单中归集。本月甲产品成本计算单中归集的生产费用合计为 778 370 元，其中，直接材料 417 200 元，直接人工 200 675 元，制造费用 160 495 元。乙产品成本按计划单位成本计价，从甲产品成本中扣除。本月附带生产的乙产品为 90 千克，计划单位成本为 93 元，其中，直接材料 80 元，直接人工 7.5 元，制造费用 5.5 元。根据上述资料，乙产品和甲产品成本可以计算如下。

乙产品总成本 = 93 × 90 = 8 370(元)
其中：直接材料费用 = 80 × 90 = 7 200(元)
直接人工费用 = 7.5 × 90 = 675(元)
制造费用 = 5.5 × 90 = 495(元)
甲产品总成本 = 778 370 - 8 370 = 770 000(元)

上述成本计算结果在甲产品"产品成本计算单"中的登记见表 7-15。

表 7-15　南方工厂产品成本计算单

产品：甲产品　　　产量：2 000 千克　　　　20××年×月　　　　　　　　单位：元

摘　要	直接材料	职工薪酬	制造费用	合　计
生产费用合计	417 200	200 675	160 495	778 370
结转本月完工乙产品成本	7 200	675	495	8 370
本月完工甲产品总成本	410 000	200 000	160 000	770 000
本月完工甲产品单位成本	205	100	80	385

根据成本计算结果，编制结转完工入库产品成本的会计分录如下。

借：库存商品——甲产品　　　　　　　　　770 000
　　库存商品——乙产品　　　　　　　　　　8 370
　　贷：生产成本——甲产品　　　　　　　　778 370

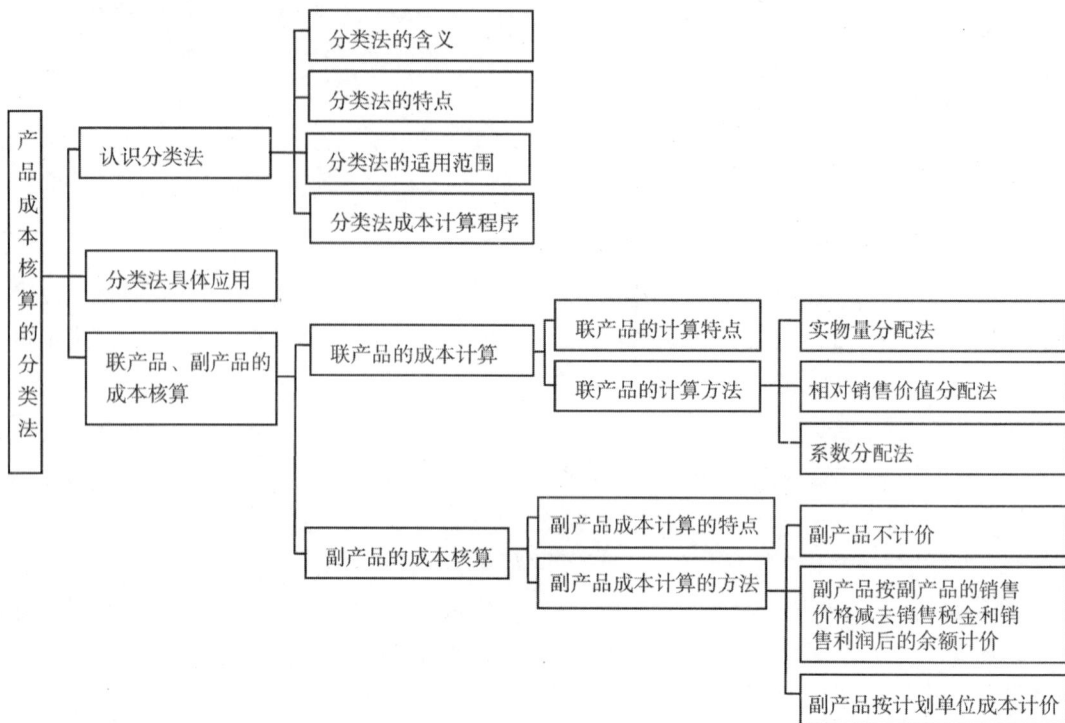

项目小结

项目解析

(1) 编制直接材料费用系数计算表，见表7-16。

表7-16 直接材料费用系数计算表

产品名称	直接材料费用定额/元	直接材料费用系数
甲	270	270/300=0.9
乙(标准产品)	300	1
丙	450	450/300=1.5

(2) 计算甲、乙、丙三种产品的成本，编制产品成本计算表，见表7-17。

表7-17 各种产品成本计算表

20××年×月　　　　　　　　　　　　　　　　　　　　　　　单位：元

项目	产量/件	直接材料费用系数	直接材料费用总系数	工时消耗定额	定额工时	直接材料	直接人工	制造费用	成本合计
①	②	③	④=②×③	⑤	⑥=②×⑤	⑦ ⑦=④×分配率	⑧=⑥×分配率	⑨=⑥×分配率	⑩

(续表)

项目	产量/件	直接材料费用系数	直接材料费用总系数	工时消耗定额	定额工时	直接材料	直接人工	制造费用	成本合计
分配率						316	3.5	5.5	
甲产品	1 000	0.9	900	10	10 000	284 400	35 000	55 000	374 400
乙产品	1 200	1	1 200	12	14 400	379 200	50 400	79 200	508 800
丙产品	500	1.5	750	15	7 500	237 000	26 250	41 250	304 500
合计			2 850		31 900	900 600	111 650	175 450	1 187 700

表 7-17 中的各种费用分配率计算如下：

$$直接材料费用分配率 = \frac{900\,600}{2\,850} = 316$$

$$直接人工费用分配率 = \frac{111\,650}{31\,900} = 3.5$$

$$制造费用分配率 = \frac{175\,450}{31\,900} = 5.5$$

任务实施

1. 在全面理解掌握【知识与技能】的基础上，各小组同学独立完成【技能训练】相关内容。
2. 各小组成员遵循实事求是、认真负责的原则，按照【任务评价】进行组内互评打分。

任务评价

为了考核学生对【任务一】【任务二】和【任务三】的理解程度，特制定了任务考核评价表(见表 7-18)，主要考核学生对产品成本核算分类法的掌握程度。

表 7-18 任务考核评价表

产品成本核算分类法			
	内 容	分 值	得 分
考评标准	认识分类法	20	
	分类法具体应用	30	
	联产品、副产品成本计算	50	
合 计		100	

注：考评满分为 100 分，60～70 分为及格；71～80 分为中等；81～90 分为良好；91 分以上为优秀。

技能训练

一、单项选择题

1. 分类法的适用范围是(   )。
   A. 大量大批单步骤生产　　　　　B. 大量大批多步骤生产
   C. 单件小批单步骤生产　　　　　D. 企业生产类型没有直接关系

2. 企业利用同种原材料，在同一生产过程中同时生产出几种使用价值不同，但具有同等地位的主要产品称为(   )。

    A. 产成品   B. 联产品   C. 在产品   D. 副产品

3. 企业在生产主要产品过程中，附带生产出的一些非主要产品，称为(   )。

    A. 产成品   B. 联产品   C. 在产品   D. 副产品

4. 产品品种、规格繁多，又可按一定标准划分为一定类别的企业或企业的生产单位，适用于采用(   )计算产品成本。

    A. 分批法   B. 分类法   C. 分步法   D. 标准成本法

5. 联产品成本计算主要是指(   )。

    A. 联产品联合成本的分配   B. 联产品可归属成本的分配

    C. 联产品分离前费用的归集   D. 联产品的分类问题

二、多项选择题

1. 采用分类法，可将(   )等方面相同或相似的产品归为一类。

    A. 产品结构和耗用原材料   B. 产品生产工艺技术过程

    C. 产品的性质和用途   D. 产品的售价

2. 下列产品中，可以作为同一个成本核算对象的有(   )。

    A. 灯泡厂同一类别不同瓦数的灯泡

    B. 无线电元件厂同一类别不同规格的无线电元件

    C. 炼油厂同时生产出的汽油、柴油、煤油

    D. 机床厂各车间同时生产的车床、刨床、铣床

3. 类内不同品种规格、型号产品之间成本分配的标准有(   )等。

    A. 产品定额消耗量   B. 产品定额费用

    C. 产品重量、体积   D. 产品编号顺序

4. 分类法适用范围有(   )。

    A. 可将产品划分为一定类别的企业或企业的生产单位

    B. 企业联产品成本的计算

    C. 企业副产品成本的计算

    D. 企业在产品成本的计算

5. 副产品成本的确定一般有(   )等方法。

    A. 按副产品售价减去销售税金和利润后的余额计价   B. 按副产品的可归属成本计价

    C. 按副产品计划成本或定额成本计价   D. 按副产品的计划售价计价

三、判断题

1. 联产品成本的计算可以采用分类法。   (   )

2. 利用同一种原材料或几种原材料生产的产品都是联产品。   (   )

3. 分类法不是成本计算的基本方法，它与企业生产类型没有直接关系。   (   )

4. 采用分类法计算出的某类产品成本，还应当按照一定的分配标准，将成本分配给类内各种产品。   (   )

5. 主产品、副产品在分离前应合为一类产品计算成本。   (   )

6. 副产品一般价值比较低，不应当负担共同成本。   (   )

7. 限额领料单所列示领料限额，就是本期实际投产产品的材料定额消耗量。　　　（　　）

四、计算分析题(计算结果保留两位小数)

1. 【目的】分类法的应用。

【资料】某企业生产甲、乙两大类别产品。该两类产品规格、型号繁多，每类产品均有三种规格，而且每类内各种规格、型号的产品，在性能、结构、工艺过程和所用的原材料等方面，都基本相同。甲类产品以 A 规格为标准产品，产品生产成本明细账按产品类别设置，成本项目上分为直接材料、直接人工和制造费用。其他有关资料如表 7-19 所示。

表 7-19　相关费用资料

单位：元

摘　　要	原材料	工资及福利费	制造费用	合　　计
完工产品成本	48 000	37 500	12 500	98 000
A 规格	100	30	40	
B 规格	200	33	60	
C 规格	120	45	75	

【要求】编制甲类产品的各种产品成本计算表(见表 7-20)。

表 7-20　甲类产品成本计算单

单位：元

产品规格	原材料费用总系数	工时消耗总定额	原材料	工资及福利费	制造费用	总成本	单位成本
A							
B							
C							
分配率							
合　　计							

2. 【目的】副产品成本的计算。

【资料】某公司 20×× 年 5 月在生产甲产品的同时，附带生产出 A 副产品，A 副产品分离后需进一步加工后才能出售。本月甲产品及其副产品共发生成本 60 000 元，其中直接材料占 50%，直接人工占 30%，制造费用占 20%。A 副产品进一步加工发生直接人工费 1 200 元，制造费用 400 元。本月生产甲产品 1 250 千克、A 副产品 800 千克，A 副产品单位售价为 20 元，单位税金和利润合计为 8 元。

【要求】计算甲产品和 A 副产品的成本，完成 A 副产品成本计算单(见表 7-21)。

表 7-21　A 副产品成本计算单

产品：A 产品　　　　　　　　20×× 年 5 月　　　　　　　　产量：800 千克

成本项目	分摊的联合成本	可归属成本	副产品总成本	副产品单位成本
直接材料				
直接人工				
制造费用				
本月合计				

实战模拟

1. 【目的】产品成本核算的分类法。

【资料】某厂生产的甲主要产品和乙副产品的成本核算数据资料如下。

(1) 甲主产品、乙副产品产量和甲主产品生产费用:

本月甲产品产量 2 000 件,乙产品产量 500 件。

本月生产甲产品领用材料 98 000 千克,单价 2 元;工资及福利费 19 200 元;制造费用 16 000 元。

(2) 甲主产品在产品成本:

甲产品成本材料费用比重大,在产品按所耗材料的定额费用计价。其月初在产品的定额材料费用为 15 000 元,月末在产品的定额材料费用为 22 000 元。

乙产品月末在产品很少,不计算月末在产品成本。

(3) 乙副产品的计划单位成本:

材料费用 5 元,工资及福利费 2.34 元,制造费用 1.9 元。

【要求】(1) 计算乙产品计划成本。

(2) 计算甲产品成本。

2. 【目的】副产品成本的计算。

【资料】某化工有限公司在生产主产品甲产品的过程中,还生产副产品——乙产品的原材料,对该种材料进一步加工后,制造成乙产品。甲产品的生产和乙产品的加工在同一车间进行,甲产品和乙产品都是大量大批单步骤生产。20××年 6 月甲、乙产品成本计算的有关资料如表 7-22 所示。

表 7-22　乙产品成本计算的资料

单位:元

项　　目	直接材料	直接人工	制造费用	合　　计
月初在产品定额成本	26 000	10 000	14 000	50 000
本月生产费用	175 000	54 000	62 000	291 000
月末在产品定额成本	25 000	10 500	11 500	47 000

本月甲、乙产品耗用的生产工时分别为 9 000 小时和 1 000 小时,本月甲、乙完工产品的产量分别为 5 000 件和 4 000 件。本月生产甲产品过程中生产出乙产品的材料 1 500 千克,每千克计划单价 2 元,全部被乙产品耗用。

【要求】(1) 按生产工时比例分配计算甲、乙产品应承担的工资费用和制造费用。

(2) 假定甲产品定额比较准确、稳定,而且各月末在产品数量变化不大,在产品按定额成本计价,乙产品月末在产品数量很少,不计算在产品成本。计算甲、乙完工产品的总成本和单位成本。

项目八　产品成本核算的定额法

能力目标

1. 能够根据企业生产类型及其管理要求选择合适的产品成本核算方法——定额法。
2. 能够开设和填制定额法下的生产成本明细账。
3. 能够计算产成品的实际成本。

知识目标

1. 了解定额法的含义、适用范围。
2. 理解定额法的特点和成本计算程序。
3. 掌握定额成本、脱离定额差异(包括直接材料、直接人工、制造费用等项目)、材料成本差异以及定额变动差异的计算方法。

素质目标

1. 遵守法律、法规和国家统一的会计制度,进行成本核算。
2. 具备团队精神,互相帮助完成学习任务。
3. 具有良好的职业态度,不旷课,认真完成任务,无抄袭。
4. 具有敬业精神,工作有始有终,能正确面对困难和挫折。

项目引入

南方工厂生产甲产品采用定额法计算成本。本月有关甲产品直接材料费用的资料如下。

(1) 月初在产品定额费用为 1 000 元,月初在产品脱离定额的差异为节约 50 元,月初在产品定额费用调整后降低 20 元。定额变动差异全部由完工产品负担。

(2) 本月定额费用为 24 000 元,本月脱离定额的差异为节约 500 元。

(3) 本月直接材料成本差异率为节约 2%,材料成本差异全部由完工产品成本负担。

(4) 本月完工产品的定额费用为 22 000 元。

【要求】 (1) 计算月末在产品的直接材料定额费用;

(2) 计算完工产品和月末在产品的直接材料实际费用(脱离定额差异按定额费用比例在完工产品和月末在产品之间分配)。

项目分析

定额法是以产品的定额成本为基础，加减脱离定额差异、材料成本差异和定额变动差异来计算产品实际成本的一种成本计算辅助方法。它是在加强企业的计划管理和定额管理的基础上产生的。采用定额法计算产品成本，在生产费用发生的当时，对比生产费用和实际定额之间的差异，加强各项费用支出的控制和监督，从而达到降低成本、节约费用的目的。

以下内容是采用定额法计算产品成本所必须掌握的知识，下面我们就开始【知识与技能】的学习吧！

知识与技能

任务一　认识定额法

一、定额法的含义

定额法(quota method)是以产品的定额成本为基础，加减脱离定额差异、材料成本差异和定额变动差异，来计算产品实际成本的一种成本计算辅助方法。它是在加强企业的计划管理和定额管理的基础上产生的。采用定额法计算产品成本，在生产费用发生的当时，对比生产费用和实际定额之间的差异，加强各项费用支出的控制和监督，从而达到降低成本、节约费用的目的。定额法下，产品实际成本的计算公式为：

产品实际成本 = 产品定额成本 ± 脱离定额差异 ± 材料成本差异 ± 定额变动差异

二、定额法的特点

1. 事先制定产品定额成本

定额法是以产品的定额成本为基础计算产品实际成本的。采用定额法需要事前制定产品的各项消耗定额、费用定额，并以现行定额为依据制定定额成本，作为成本控制的目标。

2. 分别计算符合定额费用和脱离定额的差异

定额法下，在发生生产耗费的当时，就应区别符合定额的费用和发生的差异，分别编制凭证，予以汇总，并对其中重点差异进行分析，查明原因，反馈给有关管理部门，加以控制。

3. 以定额成本为基础，加减各种成本差异以求得实际成本

定额法以定额为基础，但作为一种成本计算方法，最终要求计算出的仍然是产品的实际成本。计算出完工产品的实际成本，为成本的定期分析和考核提供依据。

三、定额法的适用范围

定额法是企业为了将成本核算和成本控制结合起来而采用成本计算的一种辅助方法，它不是成本核算的独立的、基本的成本核算方法，通常与生产类型没有直接关系，只要企业的定额管理制度比较健全，定额管理工作基础较好，产品的生产已经定型，消耗定额比较准确、稳定，都可采用定额法计算产品成本。

四、定额法成本计算程序

(1) 制定产品定额成本。根据企业现行消耗定额和费用定额，按照产品品种和规定的成本项目，分别制定产品定额成本，并编制各产品定额成本计算表。

(2) 按成本计算对象设置产品成本明细账。成本项目设"期初在产品成本""本月产品费用""生产费用累计""完工产品成本"和"月末在产品成本"等专栏，各栏又分为"定额成本""脱离定额差异""定额变动差异""材料成本差异"各小栏。

(3) 在定额成本修订的当月，应调整月初在产品的定额成本，计算月初定额变动差异。

(4) 核算脱离定额差异。在生产费用发生时，按成本项目将符合定额的费用和脱离定额的差异分别核算，并予以汇总。

(5) 在本月完工产品和月末在产品之间分配成本差异。月末，企业应将月初结转和本月发生的脱离定额差异、材料成本差异和定额变动差异分别汇总，按确定的成本计算基本方法，按一定标准在完工产品和在产品之间进行分配。

(6) 计算本月完工产品的实际总成本和单位成本。以本月完工产品的定额成本为基础，加上或减去各项成本差异，计算出本月完工产品的实际总成本，并计算完工产品的实际单位成本。

任务二 定额法具体应用

一、定额成本的制定

产品的定额成本，包括零、部件的定额成本和产成品的定额成本，在零、部件不多的情况下，一般先制定零件的定额成本，然后再汇总计算部件和产成品的定额成本。零、部件定额成本还可以作为在产品和报废零、部件计价的依据。如果产品的零、部件比较多，可不计算零件定额成本，而是根据记录各种零件原材料消耗定额和工时定额的"零件定额卡"，以及原料的计划单价、计划小时工资和计划小时费用率计算部件定额成本，然后汇总计算产品定额成本，也可以根据零、部件的定额卡直接计算产品定额成本。

【例8-1】南方工厂大量生产甲、乙、丙三种产品，采用定额法计算产品成本，产品定额成本根据"零件定额卡""部件定额卡"直接计算，本月有关"零件定额卡""部件定额卡""产品消耗定额计算表"和"产品定额成本计算汇总表"见表8-1~表8-4。

表 8-1 南方工厂零件定额卡

零件编号：L101　　　　　　　　　　20××年×月　　　　　　　　　　零件名称：A

材料编号	材料名称	计量单位	材料消耗定额
C	H	千克	6
C	M	千克	8
工　序	工时定额		累计工时定额
1	6		6
2	7		13
3	7		20

表 8-2 南方工厂部件定额卡

部件编号：B601　　　　　　　　　　　　　　　　　　　　　　　　实物单位：千克
部件名称：B　　　　　　　　　　　20××年×月　　　　　　　　　　金额单位：元

工序或耗用零件编号	耗用零件数量	材料定额成本						材料金额合计	工时消耗定额
		H 材料			M 材料				
		数量	计划单价	金额	数量	计划单价	金额		
L101	1	6	8	48	8	9	72	120	20
L102	4	20	8	160	40	9	360	520	50
L103	2	10	8	80	20	9	180	260	10
组装									20
合　计		36	8	288	68	9	612	900	100

表 8-3 南方工厂产品消耗定额计算表

产品名称：甲产品　　　　　　　　　　20××年×月　　　　　　　　　　金额单位：元

工序或耗用部件名称	耗用部件数量	材料费用定额		工时消耗定额	
		部件定额	产品定额	部件定额	产品定额
B601	1	900	900	100	100
B602	2	800	1 600	200	400
B603	4	500	2 000	200	800
装配					200
合　计			4 500		1 500

表 8-4 南方工厂产品定额成本计算汇总表

20××年×月　　　　　　　　　　金额单位：元

产品名称	直接材料定额成本	工时消耗定额	直接人工		制造费用		定额成本合计
			计划小时工资率	定额成本	计划制造费用率	定额成本	
甲	4 500	1 500	4	6 000	2	3 000	13 500
乙	2 000	500	4	2 000	2	1 000	5 000
丙	4 000	1 000	4	4 000	2	2 000	10 000

二、脱离定额差异的计算

在生产费用发生时就将符合定额的费用和脱离定额的差异分别核算，这是定额法的重要特征。企业在发生生产费用时，应当为符合定额的费用和脱离定额的差异分别编制定额凭证和差异凭证，并在有关费用分配表和生产成本明细账(产品成本计算单)中分别予以登记。产品定额成本应当按照企业规定的成本项目制定，脱离定额的差异也应当按照成本项目分别核算。

(一) 直接材料脱离定额差异(量差)的计算

直接材料脱离定额差异包括材料耗用量差异(量差)和材料价格差异(价差)，这里仅指材料耗用量差异，即由于实际材料耗用量偏离定额耗用量所造成的差异。其计算公式如下：

直接材料费用脱离定额差异 = $\sum$(材料实际耗用量 – 材料定额耗用量) × 该材料的计划单价
= $\sum$(实际投产量 × 单位材料耗用量 – 实际投产量 × 单位定额材料耗用量) × 材料计划单价

在实际工作中，通常可以采用限额领料单法、切割核算法和盘存法来计算直接材料脱离定额差异。

1. 限额领料单法

为了控制材料的领用，定额法下，原材料领用实行限额领料制。符合定额的材料应填制限额领料单等定额凭证领发。由于增加产量而增加用料时，在追加限额手续后，也可以根据定额凭证领发。其他原因发生的超额领料，属于材料脱离定额的超支差异的，应专设"超额领料单"等差异凭证来核算，或者用不同颜色(或加盖专用章)的普通领料单代替，并填写差异数量、金额及发生差异的原因。

每批生产任务完成以后，根据车间余料编制的退料手续填制的退料单也是一种差异凭证。退料单中的原材料数额和限额领料单中的原材料余额，都是原材料脱离定额的节约差异。

值得注意的是，原材料脱离定额差异是生产产品实际用料脱离定额而形成的。但是，上述差异凭证反映的只是"领料差异"，不一定是"用料差异"。实际工作中，按下面公式计算本月材料实际消耗量：

本月某材料实际耗用量 = 该原材料月初结余数量 + 本月领用数量 – 月末结余数量

2. 切割核算法

为加强成本控制，对于某些贵重材料或经常大量使用的，且又需要经过在准备车间或下料工段切割才能使用的材料，可以通过"材料切割核算单"来计算材料脱离定额的差异。"材料切割核算单"应按切割材料的批别开立，在材料切割单中要填写切割材料种类、数额、消耗定额和应切割成的毛坯数量。切割完毕后，要填写实际切割的毛坯数量和材料的实际消耗量，然后根据实际切割成的毛坯数量和消耗定额，可求得材料定额消耗量，再将此与材料实际消耗量相比较，即可确定脱离定额差异。

材料定额消耗量、脱离定额的差异以及发生差异的原因均应填入切割单中，由相关人员签字。另外，只有在实际切割成的毛坯数量大于或等于应切割毛坯数量的情况下，才可以将超定额回收废料的差异认定为材料费用节约差异。

【例8-2】 南方工厂 C200H "材料切割核算单" 见表8-5，其相关数据的计算过程如下。

表8-5 南方工厂材料切割核算单

材料编号或名称：C200H 　　　 计量单位：千克 　　　 计划单价：8 元
产品名称：丙产品 　　　 零件编号名称：L401 　　　 图纸号：609
机床号：666 　　　 切割人工号：202 　　　 切割日期：20××年×月×日

发料数量		退回余料数量		材料实际消耗量		废料实际回收量
282		12		270		10
单位产品消耗定额	单位回收废料定额	应切割成毛坯数量		实际切割成毛坯数量	材料定额消耗量	废料定额回收量
6	0.2	45		43	258	8.6
材料脱离定额差异		废料脱离定额差异			脱离差异原因	责任者
数 量	金 额	数 量	单 价	金 额	技术不熟练，未按设计图纸切割，增加了毛边，减少了毛坯	王 琳
12	96	-1.4	1.5	-2.1		

应切割数量 = 270 ÷ 6 = 45(件)
材料定额耗用量 = 43 × 6 = 258(千克)
废料定额回收量 = 43 × 0.2 = 8.6(千克)
材料脱离定额差异(270 - 258)×8 = 96(元)
废料脱离定额差异 = (8.6 - 10)×1.5 = -2.1(元)

表 8-5 中，材料脱离定额差异 96 元为不利(超支)差异。由于废料回收价值可以冲减材料费用，实际回收废料 10 千克，比回收废料定额 8.6 千克多了 1.4 千克，可以多冲减材料费用 2.1 元，因此用负数表示。由于废料脱离定额差异是在减少了切割数量 2 件(45-43)以后形成的，南方工厂丙产品 C200H 材料多回收废料 2.1 元不能评价为有利(节约)差异。只有实际切割成毛坯的数量等于或者大于应切割毛坯的数量，才可以将超定额回收废料的差异认定为有利(节约)差异。

3. 盘存法

在大量生产，不能按照上述分批核算原材料脱离定额差异的情况下，除仍要使用限额领料单等定额凭证和超额领料单等差异凭证，以便控制日常材料的实际消耗外，应定期通过盘存的方法核算差异，这种方法称为盘存法。

盘存法是指通过定期(工作班、工作日、周、旬等)盘存的方法来核算材料脱离定额差异的一种方法。该种方法的计算步骤具体如下。

(1) 根据"产品入库单"等凭证记录完工产品数量，根据实地盘存(或账面结存)确定在产品数量，计算出本期投产产品数量。

本期投产量 = 本期完工产品数量 + 期末盘存在产品约当产量 - 期初盘存在产品约当产量

(2) 根据本期投产量乘以单位产品原材料定额消耗量，计算出原材料定额消耗量，公式如下：

原材料定额消耗量＝本期投产量×单位产品原材料定额消耗量

(3) 根据"限额领料单""超额领料单""退料单"等领、退料凭证和车间余料盘存数量，计算出材料实际耗用量。

(4) 比较材料实际消耗量和定额消耗量，计算材料脱离定额差异：

$$直接材料脱离定额差异＝(本期材料实际消耗量－本期投产量×单位产品材料消耗定额)$$
$$×材料计划单价$$

【例8-3】南方工厂生产的丙产品原材料在生产开始时一次投入，单位产品 A 材料消耗定额为 20 千克，A 材料计划单位成本为 10 元。丙产品期初在产品 40 件，"产品入库单"汇总的本期完工入库产品为 1 000 件，期末实地盘点确定的在产品为 50 件。根据"限额领料单"的记录，本期丙产品领用 A 材料 20 000 千克；根据车间材料盘存资料，A 材料车间期初余料为 80 千克，期末余料为 700 千克。材料脱离定额的差异可以计算如下：

本期投产丙产品数量＝1 000 ＋ 50 － 40 ＝ 1 010(件)

本期 A 材料定额消耗量＝1 010 × 20 ＝ 20 200(千克)

本期 A 材料实际消耗量＝20 000 ＋ 80 － 100 ＝ 19 980(千克)

本期材料脱离定额差异＝(19 980 － 20 200) ×10 ＝ － 2 200(元)

计算结果表明，丙产品材料脱离定额的差异为节约 220 千克，节约 2 200 元。

为了计算产品的实际成本，企业应当分批或定期汇总各种产品(成本核算对象)材料脱离定额差异，编制直接材料定额成本和脱离定额差异汇总表，作为登记产品生产成本明细账(产品成本计算单)的依据。

【例8-4】南方工厂生产的甲产品本月实际投产量为 110 件，根据单位产品材料品材料定额成本和实际消耗材料数量汇总编制的"直接材料费用定额和脱离定额差异汇总表"见表8-6。

表8-6 直接材料费用定额和脱离定额差异汇总表

产品名称：甲产品

投产量：110 件 　　　　　　　　 20××年5月 　　　　　　　　 单位：元

材料名称	材料编号	计量单位	计划单价	定额耗用			实际耗用		脱离定额差异	
				单位定额	耗用量	金额	耗用量	金额	数量	金额
H 材料	C200	千克	8	200	22 000	176 000	21 600	172 800	-400	-3 200
M 材料	C201	千克	9	260	28 600	257 400	27 800	250 200	-800	-7 200
其他材料		元		560		61 600		62 000		400
合　　计						495 000		485 000		-10 000

(二) 直接人工费用脱离定额差异的计算

(1) 计件工资制下，生产工人工资为直接计入费用，按计件单价支付的人工费用就是定额工资。若计件单价不变，就没有脱离定额的差异。符合定额的工资，反映在产量记录中；因工作条件变化而在计件单价以外支付的工资、补贴所造成的脱离定额差异应单独设置"工资补付单"等凭证核算。

(2) 计时工资制下，生产工人工资属于间接计入费用，其脱离定额差异不能在平时按照成本核算对象直接计算，只有在月末实际生产工人工资和产品生产的总工时确定以后，才可按以下公式计算：

某产品直接人工费用脱离定额的差异

=该产品实际直接人工费用－该产品定额直接人工费用

=该产品实际生产工时×实际小时工资率－该产品实际完成的定额工时×计划小时工资率

实际小时工资率＝实际直接人工费用总额÷实际生产总工时

计划小时工资率＝计划产量的定额直接人工费用÷计划产量的定额生产工时

某产品实际完成的定额生产工时＝实际产量×单位产品工时定额

计划产量的定额工时＝计划产量×单位产品的定额生产工时

【例8-5】南方工厂本月甲、乙、丙三种产品实际生产工时为400 000小时，其中，甲产品170 000小时，乙产品100 000小时，丙产品130 000小时；本月三种产品实际完成定额工时410 000小时，其中，甲产品172 000小时，乙产品110 000小时，丙产品128 000小时；本月实际产品生产工人薪酬总额为1 641 600元；小时人工费用率实际为4.104元(1 641 600÷400 000)，计划为4元。根据上述资料计算，编制"直接人工费用定额和脱离定额差异汇总表"，见表8-7。

表8-7　南方工厂直接人工费用定额和脱离定额差异汇总表

20××年 5月　　　　　　　　　　　　　　　　单位：元

产品名称	定额人工费用			实际人工费用			脱离定额差异
	定额工时/小时	计划小时人工费用率	定额工资	实际工时/小时	实际小时人工费用率	实际工资	
甲	172 000		688 000	170 000		697 680	9 680
乙	110 000		440 000	100 000		410 400	−29 600
丙	128 000		512 000	130 000		533 520	21 520
合　计	410 000	4	1640 000	400 000	4.104	1 641 600	1 600

(三) 制造费用脱离定额差异的计算

制造费用通常与计时工资一样，属间接计入费用，其脱离定额差异不能在平时按照产品直接计算，只有在月末按照以下公式计算：

某产品制造费用脱离定额差异

=该产品制造费用实际分配额－该产品实际完成定额工时×计划小时制造费用分配率

【例8-6】南方工厂本月各种产品实际生产工时和实际完成定额工时见【例8-5】；本月实际制造费用总额为 826 000 元，小时制造费用率实际为 2.065 元(826 000÷400 000)，计划为 2 元。根据上述资料计算，编制"制造费用定额和脱离定额差异汇总表"，见表8-8。

表8-8 南方工厂制造费用定额和脱离定额差异汇总表

20××年5月

产品名称	定额制造费用			实际人工费用			脱离定额差异
	定额工时/小时	计划小时制造费用率	定额工资	实际工时/小时	实际小时制造费用率	实际工资	
甲	172 000		344 000	170 000		351 050	7 050
乙	110 000		220 000	100 000		206 500	-13 500
丙	128 000		256 000	130 000		268 450	12 450
合　计	410 000	2	820 000	400 000	2.065	826 000	6 000

三、材料成本差异的计算

定额法下，原材料的日常核算一般按计划成本进行，因此原材料脱离定额差异只是以计划单价反映的消耗量上的差异(量差)，未包括价格因素。因此，月末计算产品的实际原材料费用时，需计算所耗原材料应分摊的成本差异，即所耗原材料的价格差异(价差)。其计算公式如下：

某产品应分配的原材料成本差异=(该产品原材料定额成本±原材料脱离定额差异)×材料成本差异率

=该原材料实际消耗量×材料计划单价×材料成本差异率

【例8-7】南方工厂甲产品本月所耗直接材料费用定额成本为 495 000 元，材料脱离定额的差异为节约 10 000 元(见表8-8)，本月材料成本差异率为节约 1.2%。甲产品本月应负担的材料成本差异可以计算如下：

甲产品本月应负担的材料成本差异=(495 000-10 000)×(-1.2%)=-5 820(元)

在实际工作中，材料成本差异的计算和分配是通过编制"耗用材料汇总表"或"材料成本差异分配表"进行的。上述计算式中的 485 000 元，也就是本月"耗用材料汇总表"中甲产品消耗材料的计划总成本(实际耗用量乘以材料计划单位成本)。

四、定额变动差异的计算

定额变动差异是指由于修订消耗定额(材料定额、工时消耗定额和费用定额)或生产耗费的计划价格而产生的新旧定额之间的差额。

定额成本的修订一般在月初、季初或年初定期进行。当月投产的产品，应按新定额成本计算，而月初在产品的定额成本仍然按照旧的定额计算的，因此需要按新定额计算月初在产品的定额变动差异，用以调整月初在产品的定额成本。

月初在产品定额变动差异，可根据消耗定额发生变动的在产品盘存数量和修订后的定额消耗量,求得新的定额消耗量和定额成本,再与修订前在产品定额成本比较,计算定额差异。实际中为了简化计算工作,常引用定额变动系数来计算定额变动差异,具体公式如下:

定额变动系数=按新定额计算的单位产品费用÷按旧定额计算的单位产品费用

月初在产品定额变动差异＝按旧定额计算的月初在产品成本×(1－定额变动系数)

【例 8-8】南方工厂生产的甲产品从本月 1 日起实行新的材料消耗定额,直接人工和制造费用定额不变。单位产品新的直接材料费用定额为 4 500 元,旧的直接材料费用定额为 4 687.5 元。甲产品月初在产品按旧定额计算的直接材料费用为 93 750 元。根据上述资料,月初在产品定额变动差异可以计算如下:

定额变动系数 = 4 500/4 687.5 = 0.96

月初在产品定额变动差异 = 93 750 ×(1－0.96) = 3 750(元)

月初在产品定额变动差异是定额本身变动的结果,与生产费用的节约或浪费无关。但是,定额成本是计算产品实际成本的基础,月初在产品定额成本调低时,应将定额变动差异加入产品实际成本;反之,应从产品实际成本中扣除。也就是说,月初在产品定额成本调整的数额与计入产品实际成本的定额变动差异之和应当等于零。甲产品月初在产品成本调整减少了 3 750 元,甲产品实际成本中就应当加上定额变动差异 3 750 元。

五、产品实际成本的计算

(一) 登记本月发生的生产费用

根据本月实际发生的生产费用,将符合定额的费用和脱离定额的差异分别核算,编制有关会计分录,记入产品生产成本明细账(产品成本计算单)中的相应项目。

【例 8-9】 根据【例 8-4】至【例 8-7】,编制有关会计分录,并记入南方工厂甲产品生产成本明细账。【例 8-8】中月初在产品定额调整不属于实际发生费用,可以直接记入甲产品生产成本明细账相应栏内,不应编制会计分录。有关会计分录如下。

(1) 结转产品生产领用材料计划成本。【例 8-4】中南方工厂甲产品本月耗用耗用材料计划成本为 485 000 元(见表 8-6)。

借: 生产成本——甲产品(定额成本)　　　　　　　495 000
　　　　　　——甲产品(脱离定额差异)　　　　　－10 000
　　贷: 原材料　　　　　　　　　　　　　　　　　485 000

(2) 分配职工薪酬。【例 8-5】中南方工厂本月应付产品生产工人薪酬为 1 641 600 元(见表 8-7)。

借: 生产成本——甲产品(定额成本)　　　　　　　688 000
　　　　　　——甲产品(脱离定额差异)　　　　　　9 680
　　　　　　——乙产品(定额成本)　　　　　　　440 000
　　　　　　——乙产品(脱离定额差异)　　　　　－29 600
　　　　　　——丙产品(定额成本)　　　　　　　512 000
　　　　　　——丙产品(脱离定额差异)　　　　　 21 520
　　贷: 应付职工薪酬　　　　　　　　　　　　　1 641 600

(3) 分配结转制造费用。【例 8-6】中南方工厂本月实际制造费用为 826 000 元(见表 8-8)。

借：生产成本——甲产品(定额成本)   344 000

         ——甲产品(脱离定额差异)   7 050

         ——乙产品(定额成本)   220 000

         ——乙产品(脱离定额差异)   -13 500

         ——丙产品(定额成本)   256 000

         ——丙产品(脱离定额差异)   12 450

    贷：制造费用   826 000

(4) 分配结转材料成本差异。【例 8-7】中南方工厂甲产品应负担的材料成本差异为节约 5 820 元。

借：生产成本——甲产品(材料成本差异)   -5 820

    贷：材料成本差异   -5 820

(二) 分配脱离定额差异

登记本月生产费用后，应将月初在产品成本、月初在产品定额变动和本月生产费用各相同项目分别汇总，计算出生产费用合计数(见表 8-9)。生产费用合计数包括定额成本、脱离定额差异、材料成本差异和定额变动差异。为了简化计算，材料成本差异和定额变动差异可以全部由完工产品成本负担，脱离定额差异则要在本月完工产品和月末在产品之间进行分配。脱离定额差异通常可以按照本月完工产品和月末在产品定额成本的比例分配，南方工厂甲产品脱离定额差异分配的计算过程如下。

1. 直接材料项目

$$直接材料脱离定额差异分配率 = \frac{-11700}{540\,000 + 45\,000} \times 100\% = -2\%$$

完工产品分配脱离定额差异 = 540 000 × (-2%) = -10 800(元)

月末在产品分配脱离定额差异 = 45 000 × (-2%) = -900(元)

2. 直接人工项目

$$直接人工脱离定额差异分配率 = \frac{10\,500}{720\,000 + 30\,000} \times 100\% = 1.4\%$$

完工产品分配脱离定额差异 = 720 000 × 1.4% = 10 080(元)

月末在产品分配脱离定额差异 = 30 000 × 1.4% = 420(元)

3. 制造费用项目

$$制造费用脱离定额差异分配率 = \frac{7500}{360000 + 15000} \times 100\% = 2\%$$

完工产品分配脱离定额差异 = 360 000 × 2% = 7 200(元)

月末在产品分配脱离定额差异 = 15 000 × 2% = 300(元)

4. 本月完工产品分配脱离定额差异

本月完工产品分配脱离定额差异 = −10 800 + 10 080 + 7 200 = 6 480(元)

5. 月末在产品分配脱离定额差异

本月末在产品分配脱离定额差异 = −900 + 420 + 300 = −180(元)

上述计算结果在甲产品"产品成本计算单"中的登记见表 8-9。

表 8-9　南方工厂产品成本计算单

产品名称：甲产品　　　产量：120 件　　　　20××年5月　　　　　　　　单位：元

项　　目	行　　次	直接材料	直接人工	制造费用	合　　计
一、月初在产品成本					
定额成本	1	93 750	62 000	31 000	186 750
脱离定额成本	2	−1 700	820	450	−430
二、月初在产品定额调整					
定额成本调整	3	−3 750	0	0	−3 750
定额变动差异	4	3 750	0	0	3 750
三、本月发生生产费用					
定额成本	5	495 000	688 000	344 000	1 527 000
脱离定额差异	6	−10 000	9 680	7 050	6 730
材料成本差异	7	−5 280			−5 280
四、生产费用合计					
定额成本	8=1+3+5	585 000	750 000	375 000	1 710 000
脱离定额差异	9=2+6	−11 700	10 500	7 500	6 300
材料成本差异	10=7	−5280			−5 280
定额变动差异	11=4	3750	0	0	3 750
五、差异分配率	12=9/8	−2%	1.4%	2%	
六、完工产品成本					
定额成本	13	540 000	720 000	360 000	1 620 000
脱离定额差异	14=13×12	−10 800	10 080	7 200	6 480
材料成本差异	15=10	−5 820			−5 820
定额变动差异	16=11	3 750	0	0	3 750
实际成本	17=13+14+15+16	527 130	730 080	367 200	1 624 410
七、月末在产品					
定额成本	18=8-13	45 000	30 000	15 000	90 000
脱离定额差异	19=18×12	−900	420	300	−180

(三) 计算结转完工产品实际成本

通过上述计算和分配，南方工厂本月完工甲产品 120 件的实际总成本为 1 624 410 (1 620 000 + 6 480 + (−5 820) + 3 750)元。

根据成本计算结果，编制结转本月完工入库甲产品成本的会计分录如下。

借：库存商品——甲产品　　　　　　　　　　　　1 624 410
　　贷：生产成本——甲产品(定额成本)　　　　　　1 620 000
　　　　　　　——甲产品(脱离定额差异)　　　　　　6 480
　　　　　　　——甲产品(材料成本差异)　　　　　　-5 820
　　　　　　　——甲产品(定额变动差异)　　　　　　3 750

项目小结

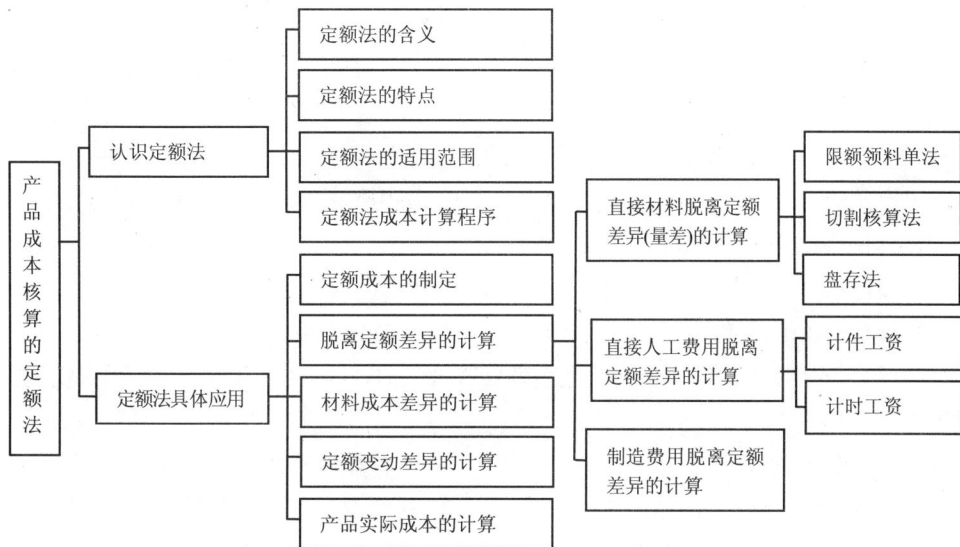

项目解析

月末在产品直接材料定额费用 = 1 000 - 20 + 24 000 - 22 000 = 2 980(元)

$$直接材料脱离定额差异 = \frac{-50-500}{22\,000+2\,980} \times 100\% = -2.2\%$$

本月应负担的直接材料成本差异 = (24 000 - 500) × (-2.2%) = -470(元)

本月完工产品直接材料实际费用 = 22 000 + 22 000 ×(-2.2%)-470 +20 = 21 066(元)

月末在产品直接材料实际费用 = 2 980 + 2 980 × (-2.2%) = 2 914.44(元)

任务实施

1. 在全面理解掌握【知识与技能】的基础上,各小组同学独立完成【技能训练】相关内容。
2. 各小组成员遵循实事求是、认真负责的原则,按照【任务评价】进行组内互评打分。

任务评价

　　为了考核学生对【任务一】【任务二】的理解程度,特制定了任务考核评价表(见表 8-10),主要考核学生对产品成本核算定额法的掌握程度。

表 8-10　任务考核评价表

产品成本核算定额法

考评标准	内　　容	分　值	得　分
	认识定额法	20	
	定额法具体应用	80	
合　　计		100	

注：考评满分为 100 分，60～70 分为及格；71～80 分为中等；81～90 分为良好；91 分以上为优秀。

技能训练

一、单项选择题

1. 在生产过程中，企业实际发生的费用与定额费用的差异是(　　)。

　　A. 定额变动差异　　　B. 耗用量差异　　　C. 费用率差异　　　　D. 定额差异

2. 原材料脱离定额差异是(　　)。

　　A. 价格差异　　　　　　　　　　B. 数量差异

　　C. 原材料成本差异　　　　　　　D. 一种定额变动差异

3. 在定额法的产品成本明细账中，当消耗定额降低时，月初在产品的定额成本调整数和定额变动差异数，(　　)。

　　A. 两者都是负数　　　　　　　　B. 两者都是正数

　　C. 前者都是负数，后者都是正数　D. 前者都是正数，后者都是负数

4. 采用定额法计算产品成本，本月完工产品实际成本应以(　　)为基础。

　　A. 月初在产品定额成本　　　　　B. 本月完工产品定额成本

　　C. 月末在产品定额成本　　　　　D. 本月投入产品定额成本

5. 本月完工产品于月末在产品之间分配脱离定额差异的依据是(　　)。

　　A. 本月投入产品定额成本

　　B. 月初在产品定额成本与本月完工产品定额成本之和

　　C. 月初在产品定额成本

　　D. 月末在产品定额成本

二、多项选择题

1. 定额法成本计算的特点有(　　)。

　　A. 制定定额成本

　　B. 分别核算符合定额费用和脱离定额的差异

　　C. 根据月初在产品成本和本月发生生产费用，计算产品实际成本

　　D. 以定额成本为基础，加减各种差异求得产品实际成本

2. 采用定额法计算产品成本，产品实际成本的组成项目有(　　)。

　　A. 定额成本　　　B. 脱离定额成本　　　C. 材料成本差异　　　D. 定额变动差异

3. 材料脱离定额差异的计算方法有(   )。

    A. 加权平均法　　　B. 限额领料单法　　　C. 切割法　　　D. 盘存法

4. 为了简化成本计算工作,(   )等一般可以全部由本月完工产品成本负担。

    A. 定额成本　　　B. 脱离定额差异　　　C. 材料成本差异　　　D. 定额变动差异

5. 采用定额法计算产品成本的企业,应当具备的条件有(   )。

    A. 定额管理制度比较健全　　　　　　　B. 定额管理基础工作比较好

    C. 产品生产已经定型　　　　　　　　　D. 各项消耗定额比较准确、稳定

三、判断题

1. 定额法的适用范围与企业的生产类型没有直接关系。　　　　　　　　　　(   )

2. 月初在产品定额成本调整的数额,与计入产品成本的定额变动差异之和,应等于零。

                                                        (   )

3. 脱离定额差异也可以与定额变动差异合并为一个项目。　　　　　　　　(   )

4. 材料成本差异是指修订定额以后,月初在产品账面定额成本与新的定额成本之间的差异。　　　　　　　　　　　　　　　　　　　　　　　　　　　　　　　　　(   )

5. 材料项目脱离定额的差异只反映材料耗用数量的差异,价格差异反映在材料成本差异中。　　　　　　　　　　　　　　　　　　　　　　　　　　　　　　　　　(   )

四、计算分析题

1. 【目的】练习原材料脱离定额差异的计算。

【资料】某企业生产甲产品,本月期初在产品 60 台,本月完工产量 500 台,期末在产品数量 120 台,原材料系开工时一次投入,单位产品材料消耗定额为 10 千克,材料计划单价为 4元/千克。本月材料限额领料凭证登记数量为 5 600 千克,材料超限额领料凭证登记数量为 400千克,期初车间有余料 100 千克,期末车间盘存余料为 300 千克。

【要求】计算本月产品的原材料定额费用及原材料脱离定额差异。

2. 【目的】练习人工费用脱离定额差异的计算。

【资料】某企业生产甲产品,单位产品的工时定额为 4 小时,本月实际完工产品产量为 1 500件。月末在产品数量为 200 件,完工程度为 80%;月初在产品数量为 100 件,完工程度为 60%。计划工时人工费用为 3 元,实际的生产工时为 6 200 小时,实际工时人工费用为 3.1 元。

【要求】计算甲产品人工费用的脱离定额差异。

3. 【目的】练习定额法下完工产品成本及月末在产品成本的计算。

【资料】某厂甲产品采用定额法计算成本。本月份有关甲产品原材料费用的资料如下:

(1) 月初在产品定额费用为 1 400 元,月初在产品脱离定额的差异为节约 20 元,月初在产品定额费用调整为降低 20 元。定额变动差异全部由完工产品负担。

(2) 本月定额费用为 5 600 元,本月脱离定额的差异为节约 400 元。

(3) 本月原材料成本差异为节约 2%,材料成本差异全部由完工产品负担。

(4) 本月完工产品的定额费用为 6 000 元。

【要求】(1) 计算月末在产品原材料定额费用。

(2) 分配原材料脱离定额差异。

(3) 计算本月原材料费用应分配的材料成本差异。

(4) 计算本月完工产品和月末在产品成本应负担的原材料实际费用。

实战模拟

【目的】练习定额法计算产品成本。

【资料】某企业生产 A 产品，采用定额法计算产品成本。该产品的定额成本和脱离定额资料如表 8-11 所示。本月初在产品 200 件，月初原材料定额成本由 75 元/件改为 73.5 元/件。实际发生费用如下：原材料 37 200 元， 生产工人工资 12 950 元，制造费用 10 630 元。本月完工 A 产品 500 件。

【要求】按照定额法计算 A 产品成本，完成表 8-12，并编制产品入库分录。

表 8-11 产品定额成本资料

产品：A 产品　　　　　　　　　　　　　　　　　　　　　　　　　　　　　　　　单位：元

成本项目		直接材料	直接人工	制造费用	合　计
月初在产品	定额成本	7 500	1 200	1 000	9 700
	脱离定额差异	−125	36	43	−46
本月发生	定额成本	36 000	12 600	11 000	59 600
	脱离定额差异	1 200	350	−370	1 180
本月完工产品单位定额成本		73.5	24	20	117.5

表 8-12 A 产品成本计算表(定额法)

　　　　　　　　　　　　　　　　　　　　　　　　　　　　　　　　　　　　　　单位：元

成本项目		原材料	工　资	制造费用	合　计
月初在产品 (200 件)	定额成本				
	脱离定额差异				
月初在产品 定额变动	定额成本调整				
	定额变动差异				
本月发生费用	定额成本				
	脱离定额差异				
合　计	定额成本				
	脱离定额差异				
	定额变动差异				
脱离定额差异分配率					
产成品 (500 件)	定额成本				
	脱离定额差异				
	定额变动差异				
	总成本				
	单位成本				
月末在产品	定额成本				
	定额差异				

第三部分
成本报表的编制与成本分析

- 项目九　成本报表的编制
- 项目十　成本分析

项目九　成本报表的编制

能力目标

能够掌握产品成本报表、主要产品单位成本报表、制造费用明细表、管理费用明细表、销售费用明细表、财务费用明细表的填列方法及编制。

知识目标

1. 明确成本报表的特点与编制要求。
2. 明确成本报表编制的种类。

素质目标

1. 遵守法律、法规和国家统一的会计制度，进行成本报表的编制。
2. 具备团队精神，互相帮助完成学习任务。
3. 具有良好的职业态度，不旷课，认真完成任务，无抄袭。
4. 具有敬业精神，工作有始有终，能正确面对困难和挫折。
5. 具备解决问题的能力，能够查错、纠错。

项目引入

南方工厂生产 A、B、C 三种产品，其中 A 和 B 产品为主要产品，C 产品为次要产品，20 ××年有关产量、成本资料如表 9-1 所示。

表 9-1　产量、成本资料

20××年度

项　目		A 产品	B 产品	C 产品
产品产量/件	本年计划	2 260	1 000	980
	本年实际	2 580	1 020	1 000
单位成本/元	上年实际平均	600	500	
	本年计划	585	490	545
	本年实际平均	579	492	530

请你根据上述资料，编制按产品品种类别反映的产品生产成本表(见表 9-2)。

表 9-2 产品生产成本表(按产品品种类别编制)

编制单位：南方工厂   20××年度   单位：元

产品	计量单位	产量		单位成本			总成本		
		本年计划	本年实际	上年实际平均	本年计划	本年累计实际平均	按上年实际单位成本计算	按本年实际单位成本计算	本年实际
主要产品									
A 产品									
B 产品									
次要产品									
C 产品									
合 计									

项目解析

成本报表是根据产品成本和期间费用的核算资料以及其他有关资料编制的，用来反映企业一定时期产品成本和期间费用水平及其构成情况的报告文件。通过编制成本报表向企业管理职工、各管理职能部门和上级主管部门提供成本信息，可以加强成本管理、降低成本来提高企业的经济效益。它不是对外报送的会计报表，而是属于企业的内部报表，用以反映企业资金耗费和产品成本的构成及其升降变动情况，以考核成本计划执行的结果。

以下内容是完成帮助我们进行项目分析所必须掌握的知识，下面我们就开始【知识与技能】的学习吧！

知识与技能

任务一 认识成本报表

为了加强成本工作的预见性，考核企业在成本计划执行过程中，能否按要求完成成本计划，可以向企业内部有关部门有关人员提供对内的成本报告，便于及时监督和管理成本计划的完成情况。

一、成本报表的含义

成本报表(cost report)是根据产品成本和期间费用的核算资料以及其他有关资料编制的，用来反映企业一定时期产品成本和期间费用水平及其构成情况的报告文件。通过编制成本报表向企业管理职工、各管理职能部门和上级主管部门提供成本信息，可以加强成本管理，降低成本，来提高企业的经济效益。它不是对外报送的会计报表，而是属于企业的内部报表，用以反映企业资金耗费和产品成本的构成及其升降变动情况，以考核成本计划执行的结果。

二、成本报表的特点

由于成本报表属于内部报表，不对外报送或者公布，旨在为企业内部提供必要的信息，与那些对外报表(如资产负债表、利润表、现金流量表)是不同的，有如下特点。

(1) 成本报表不受外界因素影响，是为企业内部经营管理需要编制的。处于激烈市场竞争中的企业往往将反映一定时期内产品成本和期间费用水平及其构成情况的成本报表作为商业机密，通过在企业内部的编制和报送来分析成本管理的成绩和问题，及时进行成本决策，它不受任何外界因素的影响，完全是为了企业内部的经营管理需要编制的。

(2) 不同企业成本报表的种类、格式、内容、编制方法和编制周期各不相同。成本报表是特定环境下的产物，与企业的生产工艺技术过程和生产组织特点及成本管理要求密切相关。因而不同企业所需要得到的有用成本信息是不同的，那么作为对内报表也不必要拘泥于固有的种类、格式、内容、编制方法和编制周期，可以具有多样性、灵活性和实用性的特点。

(3) 成本报表综合反映了企业方方面面的工作质量。成本报表是会计核算与其他经济资料结合的产物，生产中的各项费用和成本指标都是反映企业生产技术水平、经营管理水平的综合性指标，可以综合反映企业各方面的工作质量。

三、设置成本报表的基本要求

成本报表不需要对外报送，因此企业可以自行决定成本报表的种类、格式、项目、编制方法等。有些企业的上级机构为了加强对本系统所属企业的成本进行控制和监督，将成本报表作为会计报表的附表上报，这时成本报表的种类、格式、项目、编制方法等可以由企业合同上级机构共同确定。但是通常情况下，企业在设置成本报表时应当符合内部管理会计报表的一些基本的要求，具体如下。

1. 内容的专题性

不同企业的管理者对成本信息的需求不同，所以成本报表的设置首先要考虑企业对成本信息的要求，从自身生产经营活动的实际出发，来设计报表的专题种类和内容，满足企业成本管理各个方面决策的需要。

2. 指标的实用性

成本报表应根据企业生产的特点和管理的要求自行设置，并随时根据情况的变化来进行调整。成本报表所提供的各项指标项目应当简明实用，不刻意制造烦琐计算和无意义的数据罗列，而是注重指标的实用性。

3. 格式的针对性

通过有某一具体特点格式的报表和报表项目，可以突出成本管理工作的重点，满足各个方面的专门需要；同时企业也可利用成本报表的专门信息，有针对性地解决实际生产和管理中的难题。

四、成本报表的种类

企业中的成本报表具有灵活性、多样性、实用性等特点，为了加强管理，便于信息使用者更好使用，有必要对其进行科学合理的分类，一般可以按以下标志进行分类。

1. 按报表反映的经济内容分

(1) 反映成本计划执行情况的报表

一般包括产品生产成本表、主要产品单位成本表、制造费用明细表。

(2) 反映费用支出情况的报表

主要有销售费用明细表、管理费用明细表和财务费用明细表等。

(3) 反映经营情况的报表

主要有生产情况表、材料耗用表、材料差异分析表等。

2. 按报表编制的时间分类

成本报表按编报时间可分为年报、季报、月报、旬报、周报、日报等。

五、编制和报送成本报表的要求

(一) 数字准确

数字准确是指成本报表中的数字来源要真实可靠，必须是实际发生的，数字的计算要准确。报表中的各项相关数据应做到账账相符、账实相符。

(二) 内容完整

内容完整是指主要报表的种类，填报指标和各项文字说明必须全面完整。

(三) 编报及时

编报及时是指注重报表的时效性，企业管理部门要根据企业的需要迅速提供各种报表，不提前也不滞后，不论是定期编制还是不定期编制的报表，都要求及时编制和反馈，以充分发挥成本报表的作用。

任务二　编制成本报表

一、产品生产成本及销售成本表的结构和编制方法

(一) 产品生产成本及销售成本表的结构

产品生产成本及销售成本表是反映企业在报告期内所生产的全部产品的生产成本和销售成本以及期末结存产品成本的报表。该表通常按月编制，这种表的格式如表9-3所示。

表 9-3 产品生产成本及销售成本表

20××年12月

编报单位：××工厂　　　　　　　　　　　　　　　　　　　　　　　　金额单位：元

产品名称	规格	计量单位	生产量/件			销售量/件			单位生产成本/(元/件)				生产总成本		销售总成本		期末结存	
			本年计划	本月实际	本年累计实际	本年计划	本月实际	本年累计实际	上年实际平均	本年计划	本月实际	本年累计实际平均	本月实际	本年累计实际	本月实际	本年累计实际	结存产品数量/件	生产成本总额
			(1)	(2)	(3)	(4)	(5)	(6)	(7)	(8)	(9)=(11)÷(2)	(10)=(12)÷(3)	(11)	(12)	(13)	(14)	(15)	(16)
主要产品													略	1 349 400	略	略	略	略
甲产品	略	件	650	70	710	660	65	670	1 400	1 325	1 375	1 360		965 600				
乙产品	略	件	383	40	380	380	35	375	1 100	1 000	1 000	1 010		383 800				
非主要产品														533 950				
丙产品	略	件	340	35	350	340	30	340		1 210	1 200	1 190		416 500				
丁产品	略	件	122	15	135	120	15	120		880	875	870		117 450				
合　计														1 883 350				

从表 9-3 中可以看到，产品生产成本及销售成本表按主要产品和非主要产品分别反映其产品生产量、销售量、单位产品生产成本、产品生产总成本、销售总成本和期末结存产品数量和总成本等。为了便于比较和分析，产品生产量、销售量、单位产品生产成本等指标可以同时反映本年计划数、本月实际数、本年累计实际数等内容；产品生产总成本、销售总成本可以同时反映本月实际数、本年累计实际数。

企业编制产品生产成本及销售成本表，是为了通过该表所提供的数据信息资料，考核全部产品生产成本的变化，主要产品成本的计划执行结果和产品成本降低任务的完成情况，分析成本增减变化的原因，充分挖掘降低产品成本的途径。

(二) 产品生产成本及销售成本表的编制方法

1. 产品名称

按企业主要产品和非主要产品分项列示。

2. 生产量

"本年(或本月)计划"根据本年(或本月)产品生产计划的有关资料填列；"本月实际"和"本年累计实际"根据产品生产成本明细账(产品成本计算单)等资料所记录的本月和从年初起到本月末止的各种产品实际产量填列。

3. 销售量

"本年(或本月)计划"根据本年(或本月)产品销售计划的有关资料填列；"本月实际"和"本年累计实际"根据"主营业务收入明细账"中记录的销售数量填列。

4. 单位生产成本

"上年实际平均"根据上年 12 月份本表中"本年累计实际平均单位成本"栏的数字填列；"本年计划"根据企业本年产品成本计划资料填列；"本月实际"根据"产品生产成本明细账"(产品成本计算单)提供的资料填列；"本年累计实际平均"经过计算填列，计算公式为：

$$某种产品本年累计实际平均单位生产成本 = \frac{该产品本年累计实际总生产成本}{该产品本年累计实际总产量}$$

5. 生产总成本

"本月实际"根据本月"产品生产成本明细账"(或"库存商品明细账")提供的资料填列；"本年累计实际"用本月实际生产总成本加上上月本表中的本年累计实际生产总成本后填列，或者根据该产品本年各月"产品生产成本明细账"提供的资料汇总计算填列。

6. 销售总成本

"本月实际"根据"主营业务成本明细账"记录的本月合计数填列；"本年累计实际"根据"主营业务成本明细账"记录的本年累计数填列，或者将本月实际销售总成本加上上月本表中的本年累计实际销售总成本后填列。

7. 期末结存

"结存产品数量"应根据"库存商品明细账"记录的期末结存产品数量填列；"生产成本

"总额"应根据"库存商品明细账"记录的生产成本总额填列。

二、产品生产成本表的结构和编制方法

(一) 产品生产成本表的结构

产品生产成本表是反映企业在报告期内生产产品所发生的生产费用总额和全部产品生产总成本的报表。该表一般分为两种：一种按成本项目反映，另一种按产品品种和类别编制。

1. 按成本项目反映的产品成本表的结构

按成本项目反映的产品成本表，可以反映报告期内全部产品生产费用的支出情况和各种费用的构成情况，如表9-4所示。一般分为"生产费用合计""在产品和自制半成品成本""产品生产成本合计"等几个部分。为了方便分析，生产成本表的各项目应反映上年实际数、本年计划数、本月实际数和本年累计实际数。生产费用合计按照费用的用途由直接材料费用、直接人工费用、制造费用、其他直接费用等构成。在产品和自制半成品成本按照期初数、期末数分别反映；如果企业经常有自制半成品对外销售，在产品和自制半成品应分别反映。产品生产成本合计是本期生产费用总额加上在产品和自制半成品期初余额，减去在产品和自制半成品期末余额的结果。

表9-4　产品生产成本表(按成本项目编制)

××工厂　　　　　　　　　　　　20××年12月　　　　　　　　　　　单位：元

项　　目	上年实际数	本年计划数	本月实际数	本年累计实际数
生产费用				
1. 直接材料费用	1 258 000	1 261 230	127 650	1 248 600
其中：原材料	1 032 000	998 600	100 500	1 102 400
燃料及动力	226 000	262 630	27 150	146 200
2. 直接人工费用	312 300	200 200	15 880	158 300
3. 制造费用	423 100	375 820	28 230	290 100
4. 其他直接费用				
生产费用合计	1 993 400	1 837 250	171 760	1 697 000
加：在产品、自制半成品期初余额	305 800	187 700	183 200	183 200
减：在产品、自制半成品期末余额	420 000	320 000	183 200	183 200
产品生产成本合计	1 879 200	1 704 950	171 760	1 697 000

2. 按产品品种和类别编制的产品生产成本表的结构

按产品品种和类别编制的产品生产成本表，如表9-5所示，一般由"实际产量""单位成本""本月总成本"和"本年累计总成本"这几项组成。"实际产量"下设本月实际数和本年累计数项目；"单位成本"下设上年实际平均数、本年计划数、本月实际数和本年累计实际平均数项目；"本月总成本"和"本年累计总成本"各下设按上年实际平均单位成本计算数、按本年计划单位成本计算数和本月实际数项目。

单位：××

表9-5　产品生产成本表(按产品品种和类别编制)

20××年12月

金额单位：元

产品名称	计量单位	实际产量/件		单位成本/(元/件)				本月总成本			本年累计总成本		
		本月实际	本年累计	上年实际平均	本年计划	本月实际	本年累计实际平均	按上年实际平均单位成本计算	按本年计划单位成本计算	本月实际	按上年实际平均单位成本计算	按本年计划单位成本计算	本月实际
		(1)	(2)	(3)	(4)	(5)=(3)÷(1)	(6)=(12)÷(2)	(7)=(1)×(3)	(8)=(1)×(4)	(9)	(10)=(2)×(3)	(11)=(2)×(4)	(12)
主要产品								129 500	124 025	124 675	1 386 000	1 329 625	1 328 000
甲产品	件	65	715	1 400	1 375	1 385	1 370	91 000	89 375	90 025	1 001 000	983 125	982 825
乙产品	件	35	350	1 100	990	990	1 000	38 500	34 650	34 650	385 000	346 500	345 175
非主要产品									68 750	67 750		705 400	697 850
丙产品	件	35	350		1 325	1 300	1 295		46 375	45 500		463 750	458 750
丁产品	件	25	270		895	890	885		22 375	22 250		241 650	239 100
合　计									192 775	192 425		2 035 025	2 025 850

(二) 产品生产成本表的编制方法

1. 按成本项目反映的产品成本表的编制方法

(1) 上年实际数：根据上年 12 月份编制的"产品生产成本表"中"本年累计实际数"栏的数据填列。

(2) 本年计划数：根据成本计划的有关资料填列。

(3) 本月实际数：生产费用及各成本项目对应的"本月实际数"可根据本月生产成本明细账的资料分析计算填列。

(4) 期初、期末在产品、自制半成品的余额，根据各种产品明细账的期初、期末在产品成本和各种自制半成品明细账的期初、期末余额分别汇总填列。

(5) 本年累计实际数：根据本月实际数，加上上月份本表的本年累计实际数计算填列。

2. 按产品品种和类别编制的产品生产成本表的编制方法

由于按产品品种和类别编制的产品生产成本表的项目与产品生产及销售成本表的部分项目基本相同，故这里不再详细介绍。

三、主要产品单位成本表的结构和编制方法

主要产品单位成本表是反映企业在月份和年度内生产各种主要产品的单位成本的构成及其变动情况的会计报表。此项报表应按主要产品分别编制，是对商品产品成本表中主要产品单位成本的补充报表。所谓主要产品是指那些在企业生产的全部产品中所占比重比较大，而且在企业中经常生产，并能够概括反映企业生产经营面貌的产品。

(一) 主要产品单位成本表的结构

主要产品单位成本表分为两部分，上半部分按成本项目反映报告期内发生的各项生产费用及其合计数，即包括产量和单位成本；下半部分反映单位产品所耗用的各种主要原材料的数量和生产工时等主要技术经济指标。此外，有时还要列示有关的补充资料，包括成本利润率、资金利税率、产品销售率、净产值率、流动资金周转次数、实际利税总额、职工工资总额、年末职工人数、全年平均职工人数。其格式见表 9-6 及表 9-7。

表 9-6 主要产品单位成本表

20××年 12 月

产品名称：甲产品　　　　　　　　　　　本月计划产量：380

产品规格：(略)　　　　　　　　　　　　本月实际产量：390

计量单位：件　　　　　　　　　　　　　本年累计计划产量：1 890

销售单价：620 元　　　　　　　　　　　本年累计实际产量：1 900

成本项目	历史先进水平 20××年	上年实际平均	本年计划	本月实际	本年累计实际平均
直接材料	355	365	360	335	358

(续表)

成本项目	历史先进水平 20××年	上年实际平均	本年计划	本月实际	本年累计实际平均
直接人工	85	83	80	60	65
其他直接费用	45	44	40	42	43
制造费用	110	125	120	118	119
产品单位成本	595	617	600	555	585

主要技术经济指标	计量单位	耗用量	耗用量	耗用量	耗用量	耗用量
A 材料	千克	3.5	4	2.9	3.1	3.1
B 材料	千克	2.5	3	2.1	1.9	1.9
生产工人工时	小时	8	10	9	8.2	8.2
机器工时	小时	12	14	13	13	13

表 9-7 主要产品单位成本补充表

项 目	上年实际	本年实际
1. 成本利润率(%)		
2. 资金利税率(%)		
3. 产品销售率(%)		
4. 净产值率(%)		
5. 流动资金周转次数/次		
6. 实际利税总额		
7. 职工工资总额		
8. 年末职工人数		
9. 全年平均职工人数		

(二) 主要产品单位成本表的编制方法

主要产品单位成本表的编制方法具体如下。

(1) "成本项目"按照财政部门和企业主管部门的规定填列。

(2) "主要经济技术指标"各项目,反映单位产品所耗用的各种主要原材料和生产工时情况,按照企业自己确定的或企业主管部门规定的指标名称和填列方法填列。

(3) "历史先进水平"栏目,反映单位成本和单位消耗的历史先进水平,根据企业成本最低年度相关资料填列。

(4) "上年实际平均"栏目,反映上年度各成本项目的平均单位成本和单位消耗,根据上年产品的实际成本资料计算填列。

(5) "本年计划"项目,反映成本计划规定的各成本项目的单位成本和单位消耗,根据成本计划有关资料填列。

(6) "本月实际"栏目,反映本月各成本项目的单位成本和单位消耗,根据本月实际产品成本资料填列。

(7) "本年累计实际平均"栏目,反映自年初起至本月末止产品的累计平均单位成本和单位平均消耗,根据本年产品各月实际成本资料累计相加填列。

四、制造费用明细表的结构和编制方法

制造费用是指间接用于产品生产的各项费用,以及虽直接用于产品生产,但不便于直接计入产品成本,因而没有专设成本项目的费用。包括企业内部生产单位(分厂、车间)的管理人员工资及福利费、固定资产折旧费、租赁费(不包括融资租赁费)、机物料消耗、低值易耗品摊销、取暖费、水电费、运输费、办公费、设计制图费、保险费、试验检验费、劳动保护费、季节性或修理期间的停工损失以及其他制造费用。通过使用制造费用明细表,可以分析和考核制造费用计划的执行结果,可以分析各项制造费用的构成情况及增减变动的原因。该表一般按制造费用项目分别反映制造费用的本年计划数、上年同期实际数、本月实际数和本年累计实际数。该表的制造费用只反映基本生产车间制造费用,不包括辅助生产车间制造费用。

(一) 制造费用明细表的结构

制造费用明细表,是反映企业在报告期内发生的全部制造费用及其构成情况的报表,其格式见表9-8。

表9-8　制造费用明细表

编制单位:××工厂　　　　　　　　　　20××年12月　　　　　　　　　　单位:元

项　　目	本年计划数	上年同期实际数	本月实际数	本年累计实际数
应付职工薪酬	4 625	4 555	510	4 731
折旧费	7 950	7 850	750	7 860
差旅费	350	335	40	330
办公费	765	785	55	785
取暖费	1 100	1 050	100	1 230
水电费	1 330	1 300	125	1 435
机物料消耗	2 800	2 765	250	2 790
低值易耗品摊销	650	635	70	658
劳动保护费	790	785	78	780
租赁费				
运输费	480	550	65	540
保险费	3 380	3 290	330	4 100
设计制图费	700	700	70	710
试验检验费	500	490	58	514
在产品盘亏和毁损(减盘盈)	320	310	35	315
其他	3 500	3 200	310	3 530
制造费用合计	29 240	28 600	2 846	30 308

(二) 制造费用明细表的编制方法

制造费用明细表的结构分为"本年计划数""上年同期实际数""本月实际数"和"本年累计实际数"四栏。其中，"本年计划数"应根据成本计划中的制造费用计划填列；"上年同期实际数"应根据上年同期本表的累计实际数填列；"本月实际数"应根据"制造费用"总账账户所属各基本生产车间制造费用明细账的本月合计数汇总计算填列；"本年累计实际数"应根据制造费用明细账的月合计数汇总计算填列。

五、期间费用明细表的结构和编制方法

期间费用是指企业在生产经营过程中发生的，与产品生产经营活动没有直接联系，属于某一时期耗用的费用。期间费用包括企业在产品销售过程中发生的各项费用以及专设销售机构的各项经费；企业行政管理部门为组织和管理生产经营活动而发生的各项管理费用；企业为筹集生产经营所需资金而发生的财务费用。期间费用明细表可分别按销售费用、管理费用、财务费用分别编制销售费用明细表、管理费用明细表和财务费用明细表，使用该表可以考核企业各项期间费用的构成和变动情况。

(一) 期间费用明细表的结构

1. 销售费用明细表的结构

销售费用明细表是反映企业在报告期内发生的全部营业费用及其构成情况的报表。其格式见表 9-9。

表 9-9 销售费用明细表

编制单位：××工厂　　　　　　　　　　20××年 12 月　　　　　　　　　　　　单位：元

项 目	本年计划数	上年同期实际数	本月实际数	本年累计实际数
工资	2 800	2 700	710	2 708
职工福利费	390	370	90	379
业务费	1 000	980	105	1 050
运输费	3 650	3 880	400	3 780
装卸费	2 010	2 000	200	1 990
包装费	3 755	3 850	350	3 870
保险费	950	1 010	86	986
展览费				
广告费	5 100	5 105	615	5 120
差旅费	1 450	1 500	580	1 580
租赁费				
低值易耗品摊销	675	635	70	640
销售部门办公费	920	910	95	896

项　　目	本年计划数	上年同期实际数	本月实际数	本年累计实际数
委托代销手续费				
销售服务费				
折旧费	810	800	75	796
其他				
合　　计	23 510	23 740	3 376	23 795

2. 管理费用明细表的结构

管理费用明细表是反映企业在报告期内发生的全部管理费用及其构成情况的报表。其格式如表 9-10 所示。

表 9-10　管理费用明细表

编制单位：××工厂　　　　　　　　　　　20××年 12 月　　　　　　　　　　　单位：元

项　　目	本年计划数	上年同期实际数	本月实际数	本年累计实际数
工资	9 855	9 850	980	9 950
职工福利费	1 400	1 380	125	1 393
折旧费	3 480	3 340	350	3 350
办公费	1 200	1 150	255	1 231
差旅费	3 200	3 200	350	3 220
运输费	4 900	4 850	515	4 908
保险费	2 010	2 000	175	2 080
租赁费				
修理费	2 890	2 780	315	2 960
咨询费				
诉讼费				
排污费	1 800	1 750	190	1 880
绿化费				
物料消耗	925	920	68	930
低值易耗品摊销	820	810	95	818
无形资产摊销	680	655	70	690
递延费用摊销	785	780	80	790
坏账损失	485	480	80	490
研究开发费				
技术转让费				
业务招待费	3 900	3 850	390	3 960
工会经费	2 100	2 050	220	2 180
职工教育经费	2 300	2 300	230	2 310
待业保险费				
劳动保险费	2 800	2 780	250	2 820

(续表)

项 目	本年计划数	上年同期实际数	本月实际数	本年累计实际数
税金：	7 150	7 100	710	7 180
房产税	略	略	略	略
车船使用税	略	略	略	略
土地使用税	略	略	略	略
印花税	略	略	略	略
材料、产成品盘亏和毁损(减盘盈)	660	650	55	652
其他				
合 计	53 340	52 675	5 503	53 792

3. 财务费用明细表的结构

财务费用明细表是反映企业在报告期内发生的全部财务费用及其构成情况的报表。其格式见表9-11。

表9-11 财务费用明细表

编制单位：××工厂　　　　　　　　　　20××年12月　　　　　　　　　　单位：元

项 目	本年计划数	上年同期实际数	本月实际数	本年累计实际数
利息支出(减利息收入)	4 350	4 200	450	4 250
汇兑损失(减汇兑收益)	2 300	2 300	325	2 360
调剂外汇手续费	900	890	75	898
金融机构手续费				
其他筹资费用				
合 计	7 550	7 390	850	7 508

(二) 期间费用明细表的编制方法

1. 销售费用明细表的编制方法

销售费用明细表的结构分为"本年计划数""上年同期实际数""本月实际数"和"本年累计实际数"四栏。其中，"本年计划数"应根据本年产品销售费用计划填列；"上年同期实际数"应根据上年同期本表的累计实际数填列；"本月实际数"应根据"销售费用明细账"的本月合计数填列；"本年累计实际数"应根据销售费用明细账的本月末累计数填列。

2. 管理费用明细表的编制方法

管理费用明细表的结构分为"本年计划数""上年同期实际数""本月实际数"和"本年累计实际数"四栏。其中，"本年计划数"应根据企业行政管理部门的管理费用计划填列；"上年同期实际数"应根据上年同期本表的累计实际数填列；"本月实际数"应根据"管理费用明细账"的本月合计数填列；"本年累计实际数"应根据管理费用明细账的本月末的累计数填列。

3. 财务费用明细表的编制方法

财务费用明细表的结构分为"本年计划数"、"上年同期实际数"、"本月实际数"和"本年累计实际数"四栏。其中，"本年计划数"应根据本年财务费用计划填列；"上年同期实际数"应根据上年同期本表的累计实际数填列；"本月实际数"应根据"财务费用明细账"的本月合计数填列；"本年累计实际数"应根据财务费用明细账本月末的累计数填列。

项目小结

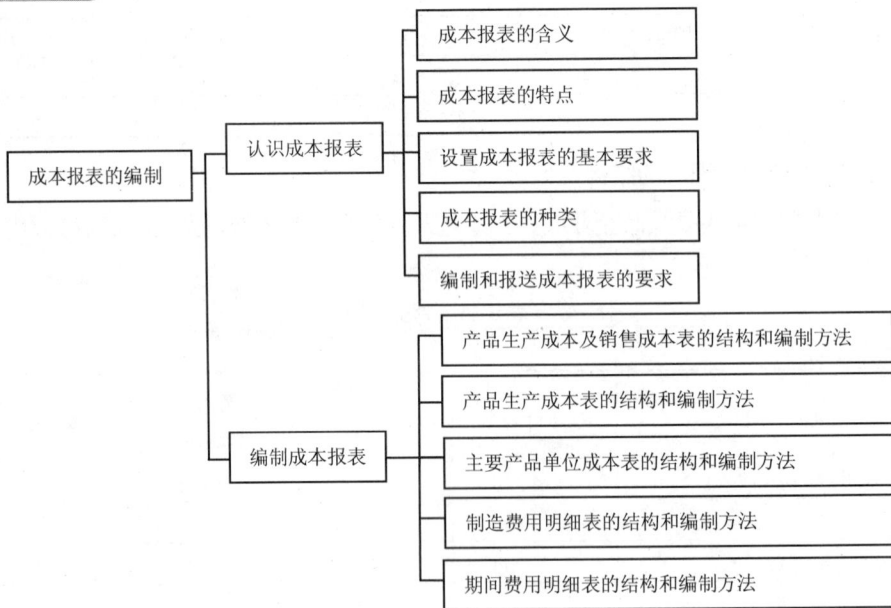

项目解析

按产品品种类别编制产品生产成本表如表 9-12 所示。

表 9-12 产品生产成本表(按产品品种类别编制)

编制单位：南方工厂　　　　　　　　　　20××年度　　　　　　　　　　单位：元

产　　品	计量单位	产　量		单位成本			总成本		
		本年计划	本年实际	上年实际平均	本年计划	本年累计实际平均	按上年实际单位成本计算	按本年实际单位成本计算	本年实际
主要产品									
A 产品		2 260	2 580	600	585	579	154 800	1 509 300	1 493 820
B 产品		1 000	1 020	500	490	492	510 000	499 800	501 840
次要产品									
C 产品		980	1 000		545	530		54 500	530 000
合　　计									

任务实施

1. 在全面理解掌握【知识与技能】的基础上，各小组同学独立完成【技能训练】相关内容。

2. 各小组成员遵循实事求是、认真负责的原则，按照【任务评价】进行组内互评打分。

任务评价

为了考核学生对【任务一】【任务二】的理解程度，特制定了任务考核评价表(见表 9-13)，主要考核学生对产品成本核算定额法的掌握程度。

表 9-13　任务考核评价表

	成本报表的编制		
	内　　容	分　　值	得　　分
考评标准	认识成本报表	20	
	编制成本报表	80	
合　　计		100	

注：考评满分为 100 分，60~70 分为及格；71~80 分为中等；81~90 分为良好；91 分以上为优秀。

技能训练

一、单项选择题

1. 成本报表是一种(　　)。

　　A. 对外报送的报表　　　　　　　　B. 对内编报的报表

　　C. 静态报表　　　　　　　　　　　D. 汇总报表

2. 企业成本报表的种类、项目、格式和编制方法(　　)。

　　A. 由国家统一规定　　　　　　　　B. 由企业自行确定

　　C. 由企业主管部门统一规定　　　　D. 由企业主管部门与企业共同制定

3. 下列报表中，不包括在成本报表中的有(　　)。

　　A. 产品生产成本表　　　　　　　　B. 期间费用明细表

　　C. 制造费用明细表　　　　　　　　D. 利润表

4. 主要产品单位成本表的单位成本部分是按(　　)反映的。

　　A. 生产费用要素　　　B. 消耗定额　　　C. 成本项目　　　D. 费用定额

5. 成本报表的种类、格式和内容等由(　　)。

　　A. 政府有关部门规定　　　　　　　B. 国家制定的企业会计制度规定

　　C. 银行等债权人规定　　　　　　　D. 企业自行决定

二、多项选择题

1. 成本报告由下列(　　)组成。

　　A. 成本报表　　　　　　　　　　　B. 成本报表附注

　　C. 资产负债表　　　　　　　　　　D. 利润表　　　　　E. 成本分析说明书

2. 与对外财务会计报告比较，成本报表的特点有(　　)。

    A. 为企业内部经营管理的需要而编制

    B. 报表种类和格式、内容的统一性

    C. 报表种类和格式、内容可由企业自行决定

    D. 按照国家统一会计制度的规定编制

3. 下列报表中属于成本报表的有(　　)。

    A. 制造费用明细表   B. 产品生产成本表

    C. 主营业务收支表   D. 财务费用明细表

    E. 主要产品单位成本表

4. 费用报表一般按费用项目反映(　　)。

    A. 本年计划数   B. 上年同期实际数

    C. 本年脱离计划差异   D. 本月实际数   E. 本年累计实际数

5. 设置成本报表，应当(　　)。

    A. 符合国家统一会计制度规定的格式和内容

    B. 符合企业生产经营特点

    C. 满足企业成本管理的要求

    D. 报表指标具有实用性，报表内容具有专题性

三、判断题

1. 成本报表是定期编制对外报送或公布的会计报表。   (　　)

2. 不同企业的成本报表可以存在差异。   (　　)

3. 由于成本指标的特殊性，成本报表只能定期编制。   (　　)

4. 产品生产成本表只能按产品品种和类别编制。   (　　)

5. 期间费用明细表包括制造费用明细表、财务费用明细表、管理费用明细表、销售费用明细表。   (　　)

＼ 实战模拟

【目的】练习产品生产成本表的编制。

【资料】某厂生产甲、乙、丙三种产品，其中，甲、乙两种产品为主要产品，丙产品为非主要产品。本年有关产品产量成本资料见表 9-14。

表 9-14　产品产量成本资料

项　　目	甲产品	乙产品	丙产品
产品产量/件			
本年计划	3 260	1 010	990
本年实际	2 700	1 200	1 200
产品单位成本			
上年实际平均	800	550	
本年计划	612	500	585
本年实际平均	597	505	555

【要求】根据以上资料，编制按产品品种和类别反映的产品生产成本表(见表 9-15)。

表 9-15　产品生产成本表(按产品品种和类别编制)

编制单位：××工厂　　　　　　　　　　　　20××年　　　　　　　　　　　　单位：元

产品名称	计量单位/件	产量		单位成本			实际产量的总成本		
		本年计划	本年实际	上年实际平均	本年计划	本年累计实际平均	按上年实际平均单位成本计算	按本年计划单位成本计算	本年实际
主要产品									
甲产品									
乙产品									
非主要产品									
丙产品									
合　　计									

项目十　成本分析

知识目标

1. 掌握成本分析的几种方法。
2. 明确按产品类别编制的成本报表分析、按产品成本项目编制的成本报表分析。
3. 明确制造费用明细表以及期间费用明细表的分析。

能力目标

1. 能够明确成本分析的意义、内容。
2. 能够掌握比较分析法、比率分析法、因素分析法、趋势分析法的计算和运用。

素质目标

1. 遵守法律、法规和国家统一的会计制度，进行成本项目的分析。
2. 具备团队精神，互相帮助完成学习任务。
3. 具有良好的职业态度，不旷课，认真完成任务，无抄袭。
4. 具有敬业精神，工作有始有终，能正确面对困难和挫折。
5. 具备解决问题的能力，能够查错、纠错。

项目引入

南方工厂材料费用总额、产品产量、单位产品材料消耗量和材料单价的计划指标与实际指标的资料，如表 10-1 所示。

表 10-1　材料费用分析资料表

项目	计划数	实际数
产品产量/件	118	133
单位产品材料消耗量/千克	5	4
材料单价/元	3	5
材料费用总额/元	1 770	2 660

请结合上述资料,采用连环替代法,计算分析各因素变动对材料费用总额变动的影响程度。

项目分析

成本分析是成本管理的重要组成部分。它是企业利用成本核算资料以及其他有关资料,对企业成本费用水平及其构成情况进行分析研究,查明影响成本费用升降的具体原因,寻找降低成本、节约费用的潜力和途径的一项管理活动。

通过成本分析可以考核企业成本计划的执行情况,揭示成本升降的原因从而促使企业挖掘降低成本的潜力,寻求降低成本的途径和方法。

成本分析方法是进行成本分析的重要手段,运用得当,将对成本分析的整个过程带来有利的影响。在成本分析中,可供采用的技术方法很多,具体采用什么方法,应根据分析的要求和掌握的资料的情况而定。常用的分析方法有比较分析法、比率分析法、因素分析法等。

以下内容是完成项目分析所必须掌握的知识,下面我们就开始【知识与技能】的学习吧!

任务一 认识成本分析

成本分析(cost analysis)在企业管理活动中起着极其重要的作用。它不仅有利于企业揭示问题,找出差距,提高管理水平,而且还可以分清成本的经济责任,促进企业成本责任制度完善。

一、成本分析的含义

成本分析分事前、事中、事后的分析。事前成本分析是在经济活动开展之前进行的,通过这种分析,选择实现最佳经济效益的成本分析,确定目标成本,为制订成本计划提供依据。事中成本分析是在经济活动进行的过程之中进行的,通过这种分析,可以迅速发现实际费用脱离目标成本的差异,以便管理者及时采取措施,保证预定目标成本的实现。事后成本分析是在经济活动完成之后进行的,通过这种分析,可以评价成本计划的执行结果、考核业绩、揭露矛盾、总结经验、指导未来。由于成本的事前和事中分析在管理会计等课程中有全面的阐述,此处所论成本分析,仅限于成本的事后分析。

成本分析是成本管理的重要组成部分。它是企业利用成本核算资料以及其他有关资料,对企业成本费用水平及其构成情况进行分析研究,查明影响成本费用升降的具体原因,寻找降低成本、节约费用的潜力和途径的一项管理活动。

二、成本分析的作用

企业成本是反映企业生产经营管理工作质量和劳动耗费水平的综合性价值指标。企业在生产经营过程中,原材料、能源消耗的多少,劳动率的高低,产品质量的优劣,生产技术状况、设备和资金利用效果以及生产组织管理水平等，都会直接或间接地反映到企业成本中来，因而，加强成本分析，有利于揭示企业在生产经营中存在的问题，总结经验，改善管理工作。

成本分析的具体作用如下。

1. 可以考核企业成本计划的执行情况，评价企业过去的成本管理工作

工业企业的经济活动错综复杂，成本计划的执行情况，一般很难简单地根据成本核算的资料直接作出总结，而是要在核算资料的基础上，通过深入分析，才能对企业过去的成本管理工作作出正确评价。

2. 可以揭示成本升降的原因，进一步提高企业管理水平

成本是工业企业经济活动的综合性指标，它集中反映了企业生产经营活动的成果。如果企业在各方面贯彻了节约制度，提高了劳动生产率和设备利用率，从各方面减少费用支出，势必在成本上综合地反映出来。通过成本分析，用科学的方法，从指标、数字着手，在各项经济指标相互联系中系统地对比分析、揭露矛盾、找出差距、揭示成本升降的原因，从而不断地提高企业管理水平。

3. 可以促使企业挖掘降低成本的潜力，寻求降低成本的途径和方法

对工业企业成本计划执行情况进行评价，找出成本升降的原因，归根到底，是为了挖掘潜力，寻求进一步降低成本的途径和方法。在成本分析中，揭示矛盾，找出差距，善于总结经验，就能把企业的潜力充分挖掘出来，使经济效益越来越好。

三、成本分析的内容

成本分析的内容，必须符合企业生产的特点和管理的要求，并灵活运用各种分析形式，把分析工作贯穿于成本管理工作的始终。工业企业成本分析一般包括以下内容。

1. 成本计划完成情况的分析

(1) 全部产品成本计划完成情况的分析。

(2) 可比产品成本计划完成情况的分析。

(3) 产品单位成本计划完成情况的分析。

(4) 制造费用预算执行情况的分析。

2. 技术经济指标变动对产品成本影响的分析

(1) 产品产量变动对成本影响的分析。

(2) 产品质量变动对成本影响的分析。

(3) 工人劳动生产率变动对成本影响的分析。

(4) 材料利用情况变化对成本影响的分析。

四、成本分析的方法

成本分析方法是进行成本分析的重要手段，运用得当，将对成本分析的整个过程带来有利的影响。在成本分析中，可供采用的技术方法很多，具体采用什么方法，应根据分析的要求和掌握的资料的情况而定。常用的分析方法有比较分析法、比率分析法、因素分析法等。

(一) 比较分析法

比较分析法亦称对比分析法，是成本分析的主要方法，使用比较广泛。该法是将经济指标在不同时期(或不同情况)的数据进行对比，从数量上确定差异的一种分析方法。成本报表中有关成本指标数量上的差异，反映了成本管理工作的成绩或差距。运用比较分析法，就在于揭示这种差距，分析产生差异的原因，以便研究解决问题的途径和方法，提高成本管理的水平。

实际工作中通常有以下几种形式。

1. 实际指标与计划指标或定额指标对比

具体进行成本分析时，首先将实际成本与计划成本或定额成本进行比较，通过对比，说明成本计划或定额的完成情况，为进一步分析指明方向。

2. 本期实际指标与前期(上期、上年同期或历史先进水平)的实际成本指标对比

通过对比，了解成本的变动情况和发展趋势，揭示本期同前期成本间的差距，有助于吸取历史经验，改进成本工作。

3. 本企业实际成本指标与国内外同行业先进成本指标对比

通过对比，可以了解本企业成本水平在国内外同行业中所处的地位，揭示本企业与国内外先进成本指标间的差距，从而扬长避短，明确努力的方向，挖掘降低成本的潜力，提高企业的经济效益。

> **温馨提示**：采用比较分析法，应注意相比指标的可比性。进行对比的各项指标，必须是同质数量指标相对比，如实际产品成本与计划产品成本对比，实际原材料费用与定额原材料费用对比；再有，在经济内容、计算方法、计算期和影响指标形成的客观条件等方面，要有可比的共同基础，若相比指标之间有不可比因素，应先按可比的口径进行调整，然后再进行比较。

(二) 比率分析法

比率分析法是通过计算指标之间的比率，来考察企业经济活动相对效益的一种分析方法。根据分析的不同内容和要求，比率分析法有以下几种表现形式。

1. 相关比率分析

所谓相关比率分析是通过计算两个性质不同而又相关的指标的比率进行数量分析的方法。例如，将成本指标与反映生产、销售等生产经营成果的产值、销售收入、利润指标等对比，求出产值成本率、销售成本率和成本利润率等指标，就可以据以分析和比较生产耗费的经济效益。

现列示产值成本率，销售成本率和成本利润率的计算公式如下：

$$产值成本率 = \frac{成本}{产值} \times 100\%$$

$$销售成本率 = \frac{成本}{销售收入} \times 100\%$$

$$成本利润率 = \frac{利润}{成本} \times 100\%$$

从上列计算公式可以看出，产值成本率和销售成本率高的企业经济效益差；反之，该两种比率低的企业经济效益好。成本利润率则不同，比率高的企业经济效益好；反之，比率低的企业经济效益差。

2. 构成比率分析

构成比率分析又称结构比率分析，是通过计算某项指标的各组成部分占总体的比重进行数量分析的方法。例如，将构成产品成本的各个成本项目同产品成本总额相比，计算其占总成本的比重，确定成本的构成比率，然后将不同时期的成本构成比率相比较，通过观察产品成本构成的变动，掌握经济活动情况及其对产品成本的影响。

现将产品成本构成比率的计算公式列示如下：

$$直接材料费用比率 = \frac{直接材料费用}{产品成本} \times 100\%$$

$$直接人工费用比率 = \frac{直接人工费用}{产品成本} \times 100\%$$

$$制造费用比率 = \frac{制造费用}{产品成本} \times 100\%$$

3. 动态比率分析

动态比率分析又称趋势比率分析，是将不同时期同类指标的数值对比，求出比率，据以分析该项指标的增减变动和发展趋势。例如，将某产品若干年的单位成本指标与基年成本指标进行对比，求出趋势百分比(以基年数代表100%)，然后将不同年份的趋势百分比进行比较，就可从中发现企业生产经营方面的成绩或不足。

现将成本动态比率列示如下：

$$成本动态比率 = \frac{报告期成本}{基期成本} \times 100\%$$

(三) 因素分析法

因素分析法是把某一综合指标分解为若干个相互联系的因素，并确定各因素变动对该项指标的影响方向和影响程度的方法。利用因素分析法对综合指标的变动进行分析，可以取得各项因素变动对综合指标影响程度的数据，从而有助于分清经济责任，更有说服力地评价企业各方面的经营管理工作。同时，利用这一方法进行分析，可以在复杂的经济活动中找出主要因素，以集中精力，抓住主要矛盾解决问题。成本指标是一个综合性指标，它受到各种因素的影响，只有把成本指标分解为若干个构成因素，才能明确成本指标完成好坏的原因和责任。

因素分析法按照计算程序的不同可分为连环替代法和差额计算法。

1. 连环替代法

连环替代法也称连锁替代法，它是用来确定某项综合指标构成因素的变动对综合指标影响程度的一种方法。

运用连环替代法进行分析时，应当遵循以下计算顺序：

(1) 利用比较法将某项综合经济指标的实际数与基数(计划数或前期实际数等)对比，找出其差额作为分析对象。

(2) 确定该项经济指标由哪几个因素组成，根据因素的依存关系，按一定顺序排列因素。

(3) 以基数为计算基础，按照各因素的排列顺序，逐次以各因素的实际数替换基数，每次替换后实际数就被保留下来，有几个因素就替换几次，直到所有的因素都替换为实际数为止，每次替换后都求出新的计算结果。

(4) 将每次替换后计算的结果，与前一次计算的计算结果相比较，两者的差额就是某一因素变动对经济指标的影响程度。

(5) 计算各因素变动影响数额的代数和，这个代数和与被分析指标实际数与基数的总差异数相等。

【例 10-1】某产品的原材料总成本由产品产量、单位产品耗用量和原材料单价三个因素组成，这三个因素之间的联系可用下列公式表示：

$$原材料总成本 = 产品产量 \times 材料单耗 \times 材料单价$$

假定某企业 20×× 年原材料费用实际为 5 610 元，计划为 5 400 元，实际比计划增加 210 元，其原材料消耗情况如表 10-2 所示。

表 10-2 原材料消耗情况表

项 目	单 位	计划数	实际数
产品产量	件	100	102
单位产品原材料消耗	千克	9	10
原材料单价	元/千克	6	5.5
原材料成本	元	5 400	5 610

用连环替代法分析如下：

分析对象：$5\ 610 - 5\ 400 = 210(元)$

计划指标：$100 \times 9 \times 6 = 5\ 400(元)$ ①

第一次替代：$102 \times 9 \times 6 = 5\ 508(元)$ ②

第二次替代：$102 \times 10 \times 6 = 6\ 120(元)$ ③

第三次替代：$102 \times 10 \times 5.5 = 5\ 610(元)$(实际指标) ④

②－① $= 5\ 508 - 5\ 400 = 108(元)$产品产量变动的影响

③－② $= 6\ 120 - 5\ 508 = 612(元)$原材料单耗变动的影响

④－③＝5 610－6 120＝－510(元)原材料单价变动的影响

通过计算可以看出，由于产量增加使原材料费用增加108元，由于单耗提高使原材料费用实际比计划增加612元，由于材料价格下降，使实际比计划下降510元，因此全部因素的影响为108＋612－510＝210(元)。

从上述计算程序中，可以看出这一分析方法具有以下几个特点。

(1) 计算程序的连环性。在计算每一因素变动对指标的影响数值时，除第一次替换是在基数基础上进行外，每个因素的替换都是在前一因素替换的基础上进行，采用连环比较的方法确定各因素变化的结果。只有保持这一连环性，才能使计算出来的各因素的影响数值之和等于所要分析的经济指标的总差异。

(2) 因素替换的顺序性。各因素替换顺序要根据其内在的客观联系加以确定。因为如果改变因素的替换顺序，计算同一因素变动影响时，所依据的其他因素的条件发生了变化，会得出不同的计算结果。不过各因素的影响结果相加后仍等于其总差异。在实际分析中，通常确定不同因素替换顺序的原则是：先替换数量因素，后替换质量因素；先替换实物量、劳动量因素，后替换价值量因素；先替换原始的、主要的因素，后替换派生的、次要的因素；在有除号的关系式中，一般先替换分子，后替换分母。

(3) 计算结果的假定性。运用这一方法在测定某一因素变动影响时，是以假定其他条件不变为条件的。因此，其计算结果只能说明是在某种假定条件下的结果，但这种假定性是确定事物内部各种因素影响程度所必不可少的。

2. 差额计算法

差额计算法是连环替代法的一种简化形式。它是利用各个因素的实际数与基数之间的差额，直接计算出各个因素变动对综合经济指标影响程度的一种分析方法。它所应用的原理和连环替代相同，只在计算程序上不同。其特点是根据已确定的影响某项经济指标的各个因素及其替换顺序，逐个将各因素的实际数与基数之差，乘以计算公式中排列在该因素前面的各因素的实际数，以及排在该因素后面的各个因素的基数，所得乘积就是该因素变动对经济指标的影响程度。

下面以前面连环替代法所举例题说明其计算过程。

【例10-2】沿用前述【例10-1】资料，

分析对象：5 610－5 400＝210(元)

产品产量变动的影响：$(102－100)×9×6＝108$(元)

原材料单耗变动的影响：$102×(10－9)×6＝612$(元)

原材料单价变动的影响：$102×10×(5.5－6)＝－510$(元)

总差异＝108＋612－510＝210(元)

差额计算法与连环替代法的计算结果相同，但计算过程比较简便，所以在实际工作中应用比较广泛。

成本分析

一、成本计划完成情况的分析

成本计划完成情况的分析是指对全部产品成本计划情况、可比产品成本计划完成情况、产品单位成本计划完成情况及制造费用预算执行情况进行总的分析和评价。

(一) 全部产品成本计划完成情况的分析

企业全部产品包括可比产品与不可比产品。由于在成本计划中，对两类产品规定了不同的成本指标，它们在考核和分析方法上是不相同的。对于可比产品的实际成本，不仅要与计划成本相比较来考核成本计划的完成程度；同时，还要与上年的实际平均成本相比较，以衡量报告期实际成本较上年成本降低的幅度和数额，检查企业生产技术和经营管理工作的改进情况。对不可比产品，因为以前年度没有正式生产过，它的实际成本只能与计划成本相比较。由于全部产品成本中包括不可比产品成本在内，这样，只能用实际总成本进行比较，以确定成本降低额和降低率。

全部产品成本计划完成情况的分析，是一种总括性的分析，为进一步分析指明方向。在实际开展成本分析时，可分别按产品类别和按成本项目两方面来进行。

1. 按产品类别进行分析

这种分析主要是根据企业产品生产成本表的资料，分别确定全部产品、可比产品和不可比产品成本的降低额和降低率。分析产品成本计划完成情况时，并不是将成本报表中的实际总成本与成本计划中的计划总成本直接对比，因为两者的产量基础不同。为了保证成本指标的可比性，就需要将计划总成本换算为实际产量和计划单位成本计算的总成本，然后与实际总成本对比，以确定产品成本计划的完成程度。

计算公式如下：

$$成本降低额 = 计划总成本 - 实际总成本$$

$$= \sum \left[实际产量 \times (计划单位成本 - 实际单位成本) \right]$$

$$成本降低率 = \frac{成本降低额}{\sum (实际产量 \times 计划单位成本)} \times 100\%$$

现以宏达公司为例进行商品产品成本的分析，有关资料见表 10-3。

表 10-3 商品产品成本表

20×× 年 12 月

单位：元

产品名称	计量单位	实际产量		单位成本				本月总成本			本年累计总成本		
		本月	本年累计	上年实际平均	本年计划	本月实际	本年累计实际平均	按上年实际平均单位成本计算	按本年计划单位成本计算	本月实际	按上年实际平均单位成本计算	按本年计划单位成本计算	本年实际
		(1)	(2)	(3)	(4)	(5)=(9)÷(1)	(6)=(12)÷(2)	(7)=(1)×(3)	(8)=(1)×(4)	(9)	(10)=(2)×(3)	(11)=(2)×(4)	(12)
可比产品合计								10 000	8 700	8 670	100 000	87 000	86 000
其中：甲产品	件	5	50	800	720	750	760	4 000	3 600	3 750	40 000	36 000	38 000
乙产品	件	6	60	1 000	850	820	800	6 000	5 100	4 920	60 000	51 000	48 000
不可比产品合计									500	510		5 000	5 080
其中：丙产品	件	1	10		500	510	508		500	510		5 000	5 080
全部产品									9 200	9 180		92 000	91 080

根据上表提供的资料，该公司全部产品成本计划完成情况分析如下：

成本降低额 = 92 000 - 91 080 = 920

$$成本降低率 = \frac{920}{92\,000} \times 100\% = 1\%$$

从上面的计算来看，全部产品总成本实际比计划降低了 920 元，降低率 1%，但这还不能说明该公司已全面完成了全部产品成本计划，还需进一步对可比产品、不可比产品及其各种产品成本计划完成情况进行分析，编制成本分析表(见表 10-4)。

表 10-4 全部产品成本计划分析表

单位：元

产品名称	计划总成本	实际总成本	降低额	降低率/%
可比产品	87 000	86 000	1 000	1.15
甲	36 000	38 000	-2 000	-5.56
乙	51 000	48 000	3 000	5.88
不可比产品	5 000	5 080	-80	-1.6
丙	5 000	5 080	-80	-1.6
全部产品合计	92 000	91 080	920	1.0

上述分析结果可以看出，可比产品成本降低额为 1 000 元，降低率 1.15%，从总体上已完成了可比产品成本计划。但其中甲产品实际成本比计划超支 2 000 元；而且不可比产品成本也超支了 80 元，超支率为 1.6%，这说明公司并没有全面完成成本计划，应进一步查明甲产品和丙产品超支的原因。

2. 按成本项目进行分析

按成本项目进行分析，就是将全部产品的总成本按成本项目分别汇总，将实际总成本与计划总成本进行比较，确定每个成本项目的降低额和降低率。

现以宏达公司为例进行分析，详见表 10-5。

表 10-5　全部产品成本分析表

单位：元

成本项目	全部产品成本		降低指标	
	计　划	实　际	降低额	降低率/%
直接材料	52 750	50 610	2 140	4.06
直接人工	12 390	12 850	-460	-3.71
制造费用	26 860	27 620	-760	-2.83
生产成本	92 000	91 080	920	1.0

从表 10-5 可以看出，虽然总成本降低 920 元，降低率 1%，但从构成总成本的三个项目来看，直接人工和制造费用是超支的，全部产品成本的降低主要靠直接材料的降低。所以，还需要进一步对各项目进行对比分析，才能找出超支和降低的具体原因。

(二) 可比产品成本计划完成情况的分析

在全部商品产品成本中，可比产品成本一般都占有相当大的比重，因此，在分析商品产品总成本之后，还必须对可比产品成本进行分析。

1. 可比产品成本降低计划完成情况分析

可比产品成本降低计划是以上年实际平均单位成本为依据确定的，具体包括降低额和降低率两个指标。可比产品成本降低计划完成情况分析，就是将可比产品的实际降低额(按实际产量计算)、降低率与计划降低额(按计划产量计算)、降低率进行比较，来检查是否完成成本降低任务。

计划成本和实际成本降低指标可按下列公式计算：

$$计划成本降低额 = \sum \left[计划产量 \times (上年实际单位成本 - 本年计划单位成本) \right]$$

$$计划成本降低率 = \frac{计划成本降低额}{\sum (计划产量 \times 上年实际单位成本)} \times 100\%$$

$$实际成本降低额 = \sum \left[实际产量 \times (上年实际单位成本 - 本年实际单位成本) \right]$$

275

$$实际成本降低率 = \frac{实际成本降低额}{\sum(实际产量 \times 上年实际单位成本)} \times 100\%$$

超计划成本降低额 = 实际成本降低额 − 计划成本降低额

超计划成本降低率 = 实际成本降低率 − 计划成本降低率

假定某企业20××年度可比产品成本降低任务和实际降低指标的资料如表10-6、表10-7所示。

表 10-6　可比产品成本降低计划表

单位：元

可比产品	计划产量/件	单位成本		总成本		计划降低任务	
		上年实际平均	本年计划	按上年实际平均单位成本计算	按本年计划单位成本计算	降低额	降低率/%
甲	100	500	420	50 000	42 000	8 000	16
乙	50	1 000	960	50 000	48 000	2 000	4
合计				100 000	90 000	10 000	10

表 10-7　可比产品成本实际成本资料

单位：元

可比产品	实际产量/件	单位成本			总成本			实际降低情况	
		上年实际平均	本年计划	本年实际	按上年实际平均单位成本计算	按本年计划单位成本计算	按本年实际单位成本计算	降低额	降低率/%
甲	160	500	420	375	80 000	67 200	60 000	20 000	25
乙	40	1 000	960	900	40 000	38 400	36 000	4 000	10
合计					120 000	105 600	96 000	24 000	20

由资料可知，可比产品成本降低任务完成情况的分析对象为：

超计划成本降低额 = 24 000 − 10 000 = 14 000(元)

超计划成本降低率 = 20% − 10% = 10%

由此可见，企业可比产品实际成本降低额比计划成本降低额多降低了 14 000 元，实际成本降低率比计划成本降低率多降低了 10%，说明企业超额完成了可比产品成本降低任务，应在此基础上分析影响可比产品成本降低任务完成情况的各个因素，进一步挖掘降低成本的潜力。

2. 可比产品成本降低任务完成情况的因素分析

影响可比产品降低任务完成情况的因素有产量、产品品种结构和单位成本。

(1) 产量因素

产量变动必须会直接影响成本降低额。但当产品品种结构和产品单位成本不变时，产量变动不会影响成本降低率，因为当品种结构不变时，说明各种产品的产量计划完成率都相同，在

计算成本降低率时,因分子、分母都具有相同的产量增减比例而不变。产品产量变动对成本降低额影响的计算公式如下:

$$产量变动对成本降低额的影响 = \sum(实际产量×上年实际单位成本)$$

$$- \sum(计划产量×上年实际单位成本)]×计划成本降低率$$

假定上例中甲、乙产品的实际产量均比计划增加20%,当品种结构和单位成本不变时,其成本降低额和成本降低率见表10-8。

表10-8 单纯产量变动影响计算表

单位:元

可比产品	实际产量/件	单位成本		总成本		实际降低情况	
		上年实际平均	本年计划	按上年实际平均单位成本计算	按本年计划单位成本计算	降低额	降低率/%
甲	100×120%=120	500	420	60 000	50 400	9 600	16
乙	50×120%=60	1 000	960	60 000	57 600	2 400	4
合计				120 000	108 000	12 000	10

通过表10-6与表10-8比较,可知可比产品成本降低额比计划增加了2 000(12 000 - 10 000)元,降低率仍然保持不变为10%。产量变动对成本降低额的影响也可代入公式,得:

$$产量变动对成本降低额的影响 = (120\ 000 - 100\ 000)×10\% = 2\ 000(元)$$

(2) 产品品种结构因素

由于各种产品成本降低率不同,当产品产量不是同比例增长时,就会使降低额和降低率同时发生变动。如果提高成本降低率大的产品在全部可比产品中的比重,就会使成本降低额绝对值增大,并使成本降低率相对值增大;相反,则会减少成本降低额的绝对额和降低率的相对值。产品品种结构变动对成本降低额和降低率的影响的计算公式为:

$$产品品种结构变动对成本降低额的影响 = \sum(实际产量×上年实际单位成本) -$$

$$\sum(实际产量×计划单位成本) - \sum(实际产量×上年实际单位成本)×计划成本降低率$$

$$产品品种结构变动对成本降低率的影响 = \frac{品种结构变动对成本降低额的影响数}{\sum(实际产量×上年实际单位成本)}×100\%$$

根据表10-4、表10-5有关资料,代入上述公式:

$$产品品种结构变动对成本降低额的影响 = 120\ 000 - 105\ 600 - 120\ 000×10\%$$

$$= 14\ 400 - 12\ 000 = 2\ 400(元)$$

$$产品品种结构变动对成本降低率的影响 = \frac{2\ 400}{120\ 000}×100\% = 2\%$$

(3) 单位成本因素

可比产品成本降低计划和实际完成情况，都是以上年单位成本为基础计算的。这样，各种产品单位成本实际比计划降低或升高，必然引起成本降低额或降低率实际比计划相应的升高或降低。产品单位成本的变动与成本降低额或降低率的变动呈反方向。计算公式如下：

$$产品单位成本变动对成本降低额的影响=\sum\Big[实际产量\times\big(计划单位成本-实际单位成本\big)\Big]$$

$$产品单位成本变动对成本降低率的影响=\frac{单位成本变动的对成本降低额的影响数}{\sum(实际产量\times上年实际单位成本)}\times100\%$$

根据表 10-7 资料计算如下：

产品单位成本变动对成本降低额的影响 = 105 600 - 96 000 = 9 600(元)

$$产品单位成本变动对成本降低率的影响=\frac{9\,600}{120\,000}\times100\%=8\%$$

现将以上计算结果汇总如下，见表 10-9。

表 10-9　可比产品成本降低计划完成情况分析结果汇总表

分析影响因素	影响程度	
	降低额/元	降低率/%
产品产量的变动	2 000	—
产品品种结构的变动	2 400	2
产品单位成本的变动	9 600	8
合　　计	14 000	10

分析结果表明，由于产量、品种结构和单位成本三个因素的共同影响，使该企业已超额完成了成本降低任务。

(三) 产品单位成本计划完成情况的分析

产品单位成本分析，通常是选择最主要的或成本水平升降幅度较大的产品，深入研究其单位成本以及各个成本项目的计划完成情况，寻求进一步降低成本的具体途径和方法。

1. 主要产品单位成本计划完成情况分析

产品单位成本计划完成情况分析，应采用比较分析法，计算单位成本实际比计划、比上期、比历史先进水平的升降情况，然后着重对某些产品进一步按成本项目对比研究其成本变动情况，查明影响单位成本升降的原因。

现根据表 10-10 甲产品单位成本表中的资料编制分析表，如表 10-11 所示。

表 10-10　主要产品单位成本表

20××年度　　　　　　　　　　　　　　　　　　　　　　　　　　单位：元

产品名称	甲	本年计划产量		60	
规格		本年累计实际产量		50	
计量单位	件	销售单价		870	
成本项目	历史先进水平	上年实际平均	本年计划	本月实际	本年实际平均
直接材料	534	583	535	略	553
直接人工	95	112	99		110
制造费用	85	105	86		97
产品生产成本	714	800	720		760
主要经济指标	用量	用量	用量	用量	用量

表 10-11　甲产品单位成本分析表

单位：元

成本项目	比历史先进水平		比上年实际平均		比本年计划	
	降低额	降低率/%	降低额	降低率/%	降低额	降低率/%
直接材料	-19	-3.56	30	5.15	-18	-3.36
直接人工	-15	-15.79	2	1.79	-11	-11.11
制造费用	-12	-14.12	8	7.62	-11	-12.79
合　　计	-46	-6.44	40	5.0	-40	-5.55

从表 10-11 的分析结果可知，甲产品本年实际单位成本与上年相比，降低了 40 元，却没有完成计划，比计划超支了 40 元，和历史先进水平也有一定差距。

2. 主要成本项目的分析

为了进一步分析单位成本升降的原因，还必须按成本项目进行分析。

(1) 直接材料项目的分析

直接材料成本在产品成本中往往占有较大的比重，该项成本的升降对产品单位成本甚至总成本的高低都有着重要的影响，因此对直接材料项目的分析，是产品单位成本各成本项目分析的重点。

影响单位产品成本直接材料的基本因素是单位产品材料耗用量和材料单价。这两个因素变动对单位产品直接材料成本的影响程度，可分别按以下公式计算：

$$材料耗用量变动的影响 = \sum(实际耗用量 - 计划耗用量) \times 计划单价$$

$$材料单价变动的影响 = \sum(实际单价 - 计划单价) \times 实际耗用量$$

假定甲产品所耗用的A、B两种材料的有关资料如表 10-12 所示。

表 10-12　20××年产品直接材料成本分析表

单位：元

材料名称	计量单位	耗用量		材料单价		材料成本		差　异	
		计划	实际	计划	实际	计划	实际	数量	价格
A	千克	17	20	15	12.65	255	253	45	−47
B	千克	10	12	28	25	280	300	56	−36
合　计						535	553	101	−83

分析对象：553 − 535 = 18(元)

材料耗用量变动的影响 = (20 − 17) × 15 + (12 − 10) × 28 = 45 + 56 = 101(元)

材料价格变动的影响 = (12.65 − 15) × 20 + (25 − 28) × 12 = −47 − 36 = −83(元)

由此可知，产品直接材料成本实际比计划超支 18 元，是由材料耗用量变动超支 101 元和材料价格变动节约 83 元两因素的共同影响。

(2) 直接人工项目的分析

单位产品直接人工的多少，取决于生产单位产品的生产工时和小时工资率两个因素。单位产品工时消耗量和小时工资率的变化对单位产品直接人工的影响，可按下列公式计算：

单位产品工时变动的影响 = (单位产品实际生产工时 − 单位产品计划生产工时) × 计划小时工资率

小时工资率变动的影响 = (实际小时工资率 − 计划小时工资率) × 单位产品实际生产工时

假定甲产品的有关单位产品直接人工成本资料如表 10-13 所示。

表 10-13　单位产品直接人工成本资料

项　目	计　划	实　际	差　异
单位产品耗用工时/小时	11	10	−1
小时工资率/元/小时	9	11	2
单位产品直接人工成本/元	99	110	11

分析对象：110 − 99 = 11(元)

单位产品工时变动的影响 = (10 − 11) × 9 = −9(元)

小时工资率变动的影响 = (11 − 9) × 10 = 20(元)

两因素共同影响 = −9 + 20 = 11(元)

分析结果表明，甲产品直接人工成本超支 11 元，是由于单位产品生产工时变动使单位产品直接人工成本减少 9 元和小时工资增加使直接人工成本超支 20 元共同作用的结果。

(3) 制造费用项目的分析

产品单位产品成本中制造费用的分析，通常先要分析单位产品所耗工时变动和每小时制造费用变动两因素对制造用变动的影响，然后查明这两个因素变动的具体原因。

单位产品生产工时和费用分配率的变动对单位产品制造费用的影响，可按下列公式计算：

单位产品工时变动的影响 = (单位产品实际生产工时 − 单位产品计划生产工时)
× 计划小时费用分配率

小时费用分配率变动的影响 = (实际小时费用分配率 − 计划小时费用分配率)
× 单位产品实际生产工时

仍以甲产品为例,单位产品制造费用资料如表 10-14 所示。

表 10-14 单位产品制造费用资料

项　　目	计　　划	实　　际	差　　异
单位产品生产工时/小时	15	20	5
小时费用分配率/(元/小时)	1.353	1.035	−0.318
单位产品制造费用	20.295	20.70	0.405

分析对象: 20.70 − 20.295 = 0.405

单位产品工时变动的影响 = (20 − 15) × 1.353 = 6.765(元)

小时费用分配率变动的影响 = (1.035 − 1.353) × 20 = −6.36(元)

分析结果表明,单位制造费用比计划升高 0.405 元的原因是工时消耗量的升高造成的,这也体现出劳动生产率低下对产品单位成本的不利影响。

(四) 制造费用预算执行情况的分析

制造费用预算执行情况的分析,主要是通过实际与计划对比分析各种费用计划执行情况。

现以表 10-15 资料加以说明。

表 10-15 制造费用分析表

单位: 元

项　　目	本年计划	本年实际	实际比计划升降额
工　　资	5 450	5 600	150
职工福利费	763	784	21
折旧费	6 780	6 800	20
办公费	730	720	−10
水电费	1 560	1 680	120
物料消耗	2 750	2 740	−10
低值易耗品摊销	462	436	−26
劳动保护费	2 296	1758	−538
其　　他	2 987	3 246	259
合　　计	23 778	23 764	−14

表 10-15 中计算表明,本年度制造费用总额实际比计划降低 14 元,基本上符合计划。

由于制造费用所包括的费用项目具有不同的经济性质和经济用途,各项费用的变动又分别受不同因素变动的影响,因而在确定费用实际支出脱离计划差异时,应按各组成本项目分别进行,而不能只检查费用总额计划的执行情况,不能用其中一些费用项目的节约来抵补其他费用项目的超支。

分析时，除了以本年实际与本年计划相比，分析计划执行情况外，为了从动态上观察了解各项费用的变动情况和变动趋势，还可将本年实际与上年实际进行对比分析，并将这一分析与检查企业各项管理制度的贯彻执行情况，与各项组织措施的实施效果结合起来，以推动企业改进经营管理。

二、技术经济指标变动对产品成本影响的分析

技术经济指标，是指那些与企业生产技术特点具有内在联系的经济指标，如材料利用率、劳动生产率、设备利用率、产量增长率、产品合格率等。制造企业的技术经济指标涉及内容十分广泛，而且各企业因生产工艺技术特点不同，用于企业成本分析的技术经济指标也不相同。通常企业可从产品产量、产品质量、原材料利用率和劳动生产率等四个方面进行分析。

（一）产品产量变动对成本影响的分析

产品产量是企业的重要技术经济指标，企业的设备利用率、劳动生产率和产品质量等指标的变化都会影响产品产量。产品产量变动影响单位成本，是因为全部产品成本中包括变动成本和固定成本两部分。产量增加时，单位产品负担的固定成本相应减少；产量减少时，单位产品负担的固定成本增加，而单位产品负担的变动成本是不变的。因此，在企业现有生产能力允许且产品畅销的前提下，适当增加产品产量是降低产品单位成本的一条途径。产品产量变动对成本降低率和降低额的影响，可按下列公式计算：

$$产量变动影响的成本降低率 = \left(1 - \frac{1}{1 + 产量增长率}\right)$$

$$\times 计划固定成本占单位产品全部成本的比重$$

$$产量变动影响的成本降低额 = 实际产量按计划单位成本计算的总成本$$

$$\times 产量变动影响的成本降低率$$

【例10-3】某企业的甲产品产量对单位成本的影响资料如表10-16所示。

表10-16　产品产量变动对单位成本影响分析表

项　目	本年计划			本年实际			降低额		
	产量/件	总成本/元	单位成本	产量/件	总成本/元	单位成本	产量/件	总成本/元	单位成本
变动成本	—	100 000	200	—	110 000	200	—	10 000	0
固定成本	—	25 000	50	—	25 000	45.45	—	0	4.55
合　计	500	125 000	250	550	135 000	245.45	−50	10 000	4.55

通过上述资料，产品产量变动对成本影响分析如下。

$$产量增长率 = \frac{550 - 500}{500} \times 100\% = 10\%$$

计划固定成本占单位产品全部成本的比重 $=\dfrac{50}{250}\times100\%=20\%$

产品产量变动影响的成本降低率为：

$$\left(1-\dfrac{1}{1+10\%}\right)\times20\%=1.8\%$$

产品产量变动影响的总成本降低额为：

$$550\times250\times1.8\%=2\,475(元)$$

即产量提高 10%，使单位成本下降了 1.8%。

(二) 产品质量变动对成本影响的分析

在生产消耗水平不变的前提下，产品质量提高必然会影响产品单位成本的降低。衡量产品质量的指标通常有合格品率、废品率、等级品率等。在其他因素不变的条件下，合格品率越高，那么废品率就越低，单位产品的成本就越低。因为废品的耗费是由合格品来负担的。

【例 10-4】某企业因产品质量变动原因对产品单位成本变动的分析如表 10-17 所示。

表 10-17　产品质量变动对单位成本影响分析表

产品名称：甲　　　　　　　　　　20××年 12 月　　　　　　　　　　单位：元

项　目	计　划	实　际	降　低
产量/件	500	500	0
废品率/%	2	1	1
废品件数/件	10	5	5
单位成本(不含废品损失)	600	600	0
废品残留回收率/%	10	10	0
单位废品残值	60	60	0
废品损失	$10\times(600-60)=5\,400$	$5\times(600-60)=2\,700$	2 700
合格品成本	$\dfrac{5\,400+600\times490}{490}=611.02$	$\dfrac{2700+600\times495}{495}=605.45$	5.57

由上述分析可见，因产品质量提高了 1%，使产品单位成本下降了 5.57 元，降低率为 0.93%。

(三) 工作劳动生产率变动对成本影响的分析

劳动生产率的提高，意味着单位工作时间的产量增加或单位产品的工时消耗减少，从而它们负担的直接人工成本也会相应减少。但是劳动生产率的增长往往伴随着工资率的增长，从而使单位产品成本增加。因此，分析劳动生产率变动对成本的影响程度时，应当考虑工人平均工资的变动。只有当劳动生产率的增长超过平均工资的增长时，才会形成成本的降低额和降低率。具体计算公式如下：

$$劳动生产率变动影响的成本降低=\dfrac{劳动生产率提高百分比-小时生产率提高百分比}{1+劳动生产率提高百分比}$$
$$\times计划直接人工成本占单位产品成本比重$$

【例10-5】某企业生产甲产品，计划单位成本400元，其中，直接人工成本100元，本年劳动生产率比计划增长了15%，小时工资率增长了10%。由于劳动生产率变动对产品单位成本的影响程度为：

$$单位产品成本降低率 = \frac{15\% - 10\%}{1 + 15\%} \times \frac{100}{400} \times 100\% = 1.09\%$$

(四) 材料利用情况变化对成本影响的分析

构成产品实体的材料在投入生产过程后，经过一系列处理和加工形成各种各样的损耗，使得产品耗用的材料总量低于投入材料的总量。材料损耗越少，产品利用的材料越多，材料利用率就越高。投入同样的材料可生产更多的产品，使单位产品材料成本降低。材料利用率对产品成本的影响，可用下列公式计算：

$$材料利用率变动影响 = \left(1 - \frac{计划材料利用率}{实际材料利用率}\right) \times 计划单位成本中材料成本比重$$

【例10-6】某企业报告年度丙产品计划材料利用率为95%，计划单位成本中材料成本占65%，在其他条件不变的情况下，实际原材料利用率为97%，则产品单位成本下降的比率为：

$$\left(1 - \frac{95\%}{97\%}\right) \times 65\% = 1.34\%$$

即由于材料利用率提高2%，使单位成本下降1.34%。

项目小结

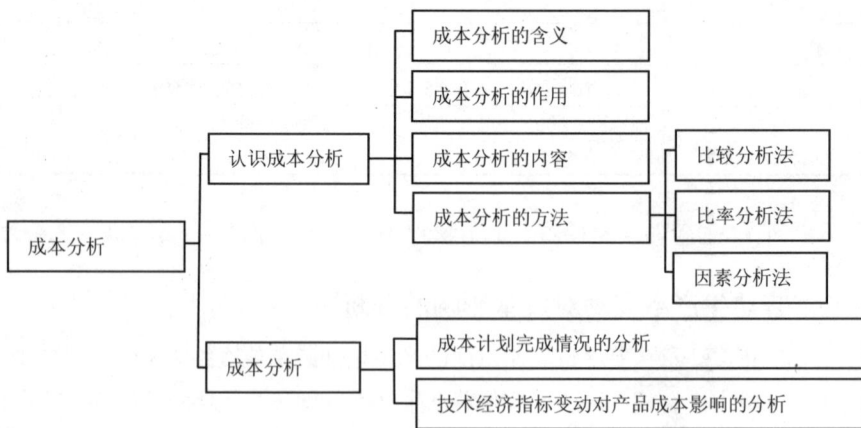

项目解析

各因素变化对材料费用总额变动的影响程度计算如下：

计划指标=118×5×3=1 770(元)   (1)

第一次替代 = 133 × 5 × 3 = 1 995(元)　　　　　(2)

第二次替代 = 133 × 4 × 3 = 1 596(元)　　　　　(3)

第三次替代 = 133 × 4 × 5 = 2 660(元)　　　　　(4)

据此测定的结果：

产量增加产生的影响 = (2) − (1) = 1 995 − 1 770 = 225(元)

材料单耗降低产生的影响 = (3) − (2) = 1 596 − 1 995 = −399(元)

材料价格上升产生的影响 = (4) − (3) = 2 660 − 1 596 = 1 064(元)

综合各因素变动的影响程度 = 225 − 399 + 1064 = 890(元)

任务实施

1. 在全面理解掌握【知识与技能】的基础上，各小组同学独立完成【技能训练】相关内容。

2. 各小组成员遵循实事求是、认真负责的原则，按照【任务评价】进行组内互评打分。

任务评价

为了考核学生对【任务一】【任务二】的理解程度，特制定了任务考核评价表(见表 10-18)，主要考核学生对成本报表编制与成本分析的掌握程度。

表 10-18　任务考核评价表

	成本分析		
	内　容	分　值	得　分
考评标准	认识成本分析	20	
	实施成本分析	80	
合　计		100	

注：考评满分为 100 分，60～70 分为及格；71～80 分为中等；81～90 分为良好；91 分以上为优秀。

技能训练

一、单项选择题

1. 比较分析法只适用(　　)。

　A. 数量指标对比　　　　　　　　　B. 质量指标对比

　C. 同质指标的对比　　　　　　　　D. 同质数量指标对比

2. 产值成本率属于(　　)。

　A. 构成比率　　　　　　　　　　　B. 相关指标比率

　C. 速动比率　　　　　　　　　　　D. 流动比率

3. 以下成本报表分析的方法中，能揭示产生差异的因素和各因素影响程度的方法是(　　)。

　A. 比较分析法　　　　　　　　　　B. 连环替代法

　C. 比率分析法　　　　　　　　　　D. 趋势分析法

4. 比较分析法是通过( )与基数的对比,借以了解经济活动的成绩和问题的一种分析方法。

    A. 计划数   B. 定额数   C. 实际数   D. 历史最好水平

5. 影响可比产品成本降低率的因素有( )。

    A. 产品产量   B. 产品单位成本

    C. 产品的种类和规格   D. 产品数量

6. 乙企业20××年成本为1 000元,利润总额为400万元。则成本利润率为( )。

    A. 40%   B. 60%   C. 166%   D. 250%

7. 某企业20××年可比产品按上年实际平均单位成本计算的本年累计总成本为1 600万元,按本年计划单位成本计算的本年累计总成本为1 500万元,本年累计实际总成本为1 450元。则可比产品成本降低额为( )万元。

    A. 200   B. 150   C. 100   D. 50

8. 某企业生产A产品,属于可比产品,上年实际平均单位成本为120元,上年实际产量为1 000件,本年实际产量为1 200件,本年实际平均单位成本为114元,则本年A产品可比产品成本降低额为( )元。

    A. 7 200   B. -16 800   C. 6   D. 6 000

9. 某企业生产A产品,属于可比产品,上年实际平均单位成本为120元,上年实际产量为1 000件,本年实际产量为1 200件,本年实际平均单位成本为114元,则本年A产品可比产品成本降低率为( )。

    A. 5%   B. 6%   C. 4 17%   D. -11 67%

10. 某企业A产品的单位成本为100元,其中,原材料60元,直接人工25元,制造费用15元。则A产品中原材料的构成比率为( )。

    A. 25%   B. 60%   C. 15%   D. 40%

二、多项选择题

1. 成本分析的方法主要有( )。

    A. 比较分析法   B. 比率分析法   C. 因素分析法   D. 余额法

2. 比较分析法在成本分析中,主要的比较方式有( )等。

    A. 分析期实际数据与计划数据对比

    B. 分析期实际数据与前期实际数据对比

    C. 分析期实际数据与行业平均实际对比

    D. 分析期实际数据与行业先进数据对比

3. 影响可比产品实际成本降低额的指标有( )。

    A. 本年实际产量   B. 上年实际产量   C. 本年计划产量

    D. 上年实际平均单位成本   E. 本年实际平均单位成本

4. 对可比产品成本降低计划的完成情况的分析,应从( )等方面进行。

    A. 产品产量变动的影响   B. 产品品种结构变动的影响

    C. 产品生产计划变动的影响   D. 产品单位成本变动的影响

5. 影响可比产品成本降低率的主要因素有( )。

 A. 产品产量　　　　B. 产品品种比重　　C. 产品价格　　　　D. 产品单位成本

三、判断题

1. 因素分析法不需要考虑因素的排列顺序。 ( )

2. 产值成本率是构成比率。 ( )

3. 比较分析法只适用于同质指标的数量对比。 ( )

4. 差额分析法是连环替代法的一种简化计算方法。 ( )

5. 产品成本降低额和降低率指标,计划数和实际数都是与上年比较来计算的。( )

四、计算分析题

1.【目的】练习采用连环替代法分析不同因素变动对产品成本变动的影响。

【资料】某产品单位成本表中所列原料费用为:计划 5 000 元,实际 4 950 元;单位产品原料消耗为:计划 50 千克,实际 55 千克;原料单价为:计划 100 元,实际 90 元。

【要求】(1) 计算单位产品原料费用脱离计划的差异。

(2) 采用连环替代法计算分析原料消耗量和原料单价变动对原料费用的影响。

2.【目的】练习可比产品成本降低计划完成情况的分析。

【资料】某企业 20×× 年成本计划和成本报表中有关可比产品的资料如表 10-19、表 10-20 所示。

表 10-19　产品成本计划

单位:元

可比产品	计划产量	单位成本		总成本		降低任务	
		上期	计划	上期	计划	降低额	降低率%
甲	50	10	9	500	450	50	10
乙	100	20	19	2 000	1 900	100	5
合　　计				2 500	2 350	150	6

表 10-20　产品成本报表

单位:元

可比产品	实际产量	单位成本			总成本		
		上　期	计　划	实　际	上　期	计　划	实　际
甲	80	10	9	8	800	720	640
乙	80	20	19	18	1 600	1 520	1 440
合　　计					2 400	2 240	2 080

【要求】(1) 分析全部产品成本计划完成情况。

(2) 分析可比产品成本降低任务完成情况及其各因素变动的影响程度,并进行评价。

实战模拟

【目的】练习产品成本分析。

【资料】"南洋公司" 2017 年生产甲、乙两种可比产品和不可比产品丙产品。2016 年甲、乙产品的单位成本分别为 500 元和 400 元，实际产量分别为 1 000 件和 800 件；2017 年甲、乙产品计划产量分别为 1 100 件和 1 000 件，计划单位成本分别为 490 元和 390 元，实际产量分别为 1 200 件和 1 100 件，累计实际总成本分别为 594 000 元和 434 500 元。2017 年丙产品计划产量为 500 件，计划单位成本为 200 元，实际产量为 600 件，累计实际总成本为 123 000 元。

【要求】(1) 计算 2017 年甲产品可比产品成本降低额和降低率。

(2) 计算 2017 年甲产品计划成本降低额和降低率。

(3) 计算 2017 年乙产品可比产品成本降低额和降低率。

(4) 计算 2017 年乙产品计划成本降低额和降低率。

(5) 计算 2017 年可比产品成本降低额和降低率。

(6) 计算 2017 年甲、乙两种产品计划成本降低额和降低率。

(7) 计算 2017 年丙产品计划成本降低额和降低率。

(8) 计算 2017 年全部产品计划成本降低额和降低率。

参 考 文 献

1. 中华人民共和国财政部. 会计准则——应用指南[M]. 北京：中国财政经济出版社. 2006.
2. 周列平，孙雅丽，兰霞. 成本会计实务[M]. 大连：东北财经大学出版社. 2013.
3. 鲁亮升. 成本会计[M]. 第6版. 大连：东北财经大学出版社. 2016.
4. 赵宝芳. 成本会计[M]. 第2版. 北京：北京大学出版社. 2015.